红色密档

《红色密档》主创团队 著

中国国际广播出版社

出版说明

《红色密档》是中央广播电视总台为献礼中国共产党成立100周年推出的大型纪录片《红色密档》同名图书。该纪录片由中央广播电视总台出品，中央广播电视总台影视剧纪录片中心和中央档案馆联合摄制。本书在《红色密档》纪录片的基础上，深挖档案背后的感人故事，从五个不同侧面系统展示中国共产党从建立到中华人民共和国成立这28年的光辉历程，探求中国共产党的精神品格和胜利密码。

本书精选多家档案机构收藏的珍贵档案图片数十幅，所选图片均经过各相关档案馆的授权及严格审核把关。

在本书编审过程中，我们发现仅有档案图片只能窥一斑而难见其全貌。为了让读者更全面、系统地了解当时的时代背景和党的重要决策，更细致、深入地了解纪录片中所涉及的人物、故事，我们设置了方便读者进一步延伸阅读的“档案揭秘”版块，对书中涉及的重要档案，在其相关章节后补充了档案原文。

“档案揭秘”版块所选用的档案原文均摘自中共中央文献研究室、中央档案馆编著的《建党以来重要文献选编（1921—1949）》，由中央文献出版社授权使用。在本书编辑中，注释由原尾注改为了页下注。

中国国际广播出版社有限公司

第一章 守望★光明

第二章 抉择★时刻

档案揭秘

目录
CONTENTS

第三章 制胜电波

档案揭秘

第四章 风雨同行

在北京西郊，矗立着一片占地面积四万多平方米的建筑群。这里就是中国共产党和中华人民共和国历史档案的核心保存地——中央档案馆。

据中央档案馆国家档案局档案资料利用部接待处处长谷欣介绍：“1954年，经中共中央批准，中央档案馆开始筹建，1959年正式建成，我们的首任馆长曾三同志，向周恩来总理报告了这个好消息，并请周总理题名。1959年10月8日，中央档案馆举行了隆重的开馆典礼，当天，朱德、董必武、林伯渠等党和国家领导人，以及多位专家学者到现场祝贺。”

在今天的中央档案馆，珍藏着从新文化运动至今一百多年来中国共产党和中华人民共和国最为重要的档案，它们既是党和国家档案的精华，也是一个国家、一个政党延续百年的传奇历程的见证。

第一章

守望★光明

当我们打开档案柜，捧起一份份文件时，目光所及之处，得以穿越百年时空，回到那段峥嵘岁月。

中央档案馆

中央文库的保管接力赛

中央档案馆国家档案局档案资料保管部中央处主任科员赵娟向我们介绍了1931年瞿秋白同志亲笔起草的《文件处置办法》。

谷欣指着其中一行字说："这里还有周恩来的一行批示：试办下，看可否便当。"

赵娟接着说："对，整个文件总共有7条，主要是对中共中央的文件的保存、管理、编目等一系列内容作了一些原则上的规定。"

1931年3月，瞿秋白在《文件处置办法》中写道："中央文件应当分下列四大类，并且均按时日编，切记注明年月日，愈详愈好。"

在末尾，瞿秋白特地写了一条："总注：如可能，当然最理想的是每种二份，一份存阅（备调阅，即归还），一份入库，备交将来（我们天下）之党史委员会。"

《文件处置办法》共7条、1239个字，内容言简意赅、易于操作，可以说是红色档案事业最早的原则和规范。

当年，和《文件处置办法》存放在一起的，有2万余件我党的重要档案资料。在那个战火纷飞的年代，为了让这些珍贵档案能够保存至今，十几位保管员隐姓埋名，甚至付出了生命的代价。

收藏于中央档案馆的中国共产党第一次全国代表大会通过的《中国共产党第一个纲领》，明确革命军队必须与无产阶级一起推翻资本家阶级的政权，承认无产阶级专政，直到阶级斗争结束，消灭资本家私有制，以及联合第三国际。

1921年7月23日晚，中国共产党第一次全国代表大会在上海开幕，由于敌探的干扰，最后一天的会议转移到浙江嘉兴南湖的游船上举行。会议宣告中国共产党成立，这是中华民族发展史上开天辟地的大事变。从此，中国革命有了正确的前进方向，中国人民有了强大的凝聚力量，中国命运有了光明的发展前景。

当时，中国最突出的问题就是帝国主义势力操纵下愈演愈烈的军阀混战。中国共产党人深刻地认识到，如果不先推翻祸国殃民的大小军阀及帝国主义，一切美好理想的实现都无从谈起。

1922年7月16日至23日，中国共产党在上海举行第二次全国代表大会。

大会通过了《中国共产党第二次全国代表大会宣言》、《中国共产党章程》和九个决议案，第一次明确提出党在现阶段的最低纲领是打倒军阀，推翻帝国主义的压迫，统一中国为真正的民主共和国。党的最高纲领是实现社会主义、共产主义。

以1922年1月香港海员罢工为起点，1923年2月京汉铁路工人大罢工为终点，掀起了中国工人运动的第一次高潮。

中国共产党人从京汉铁路工人大罢工失败的事实中看到，这时的革命力量远不如帝国主义和封建势力强大，决定联合孙中山领导的中国国民党，进行国共合作。

1923年6月12日至20日，中国共产党在广州举行第三次全国代表大会。大会通过《关于国民运动及国民党问题的议决案》《中国共产党第三次全国代表大会宣言》等文件。大会决定共产党员以个人身份加入国民党，以实现国共合作。大会明确规定共产党员加入国民党时，党必须在政治上、思想上保持自己的独立性。

1924年1月，中国国民党第一次全国代表大会在广州举行。国民党一大事实上确立了联俄、联共、扶助农工的三大革命政策，标志着第一次国共合作正式形成。

为加强对日益高涨的革命运动的领导，1925年1月11日至22日，中国共产党在上海举行第四次全国代表大会。这次大会在党的历史上第一次明确提出无产阶级在民主革命中的领导权和工农联盟问题。对民主革命的内容作了更加完整的规定。

此时，中国共产党的档案事业，也在艰难中开启了它的伟大历程。

1926年7月，中共中央秘书处在上海设立了文件保管处，这就是当时党内同志常说的“中央文库”，可以说是中共中央最早的档案库。

朱国明，曾在上海市档案馆从事档案研究工作40多年。因为工作关系，对中央文库当年在上海发生的故事，他做过系统的研究。

朱国明说：“当时我都剪下来了，是1991年7月1日（开始）连载的，正好是建党70周年。”

1991年7月1日，朱国明撰写的长篇报告文学《壮哉，脊梁——中共中央地下档案库纪事》开始被《解放日报》连载。创作期间，他曾和张纪恩、韩慧如、陈来生等当年健在的中央文库的几位关键人物有过面对面的交流，留下了大量鲜为人知的信息和故事。

朱国明发表在《解放日报》上的长篇报告文学《壮哉，脊梁——中共中央地下档案库纪事》

朱国明介绍说：“这就是当年的中央文件阅览处。当时文件阅览处的负责人叫张纪恩，他亲自带我来到这里，80多岁，但是他记忆力很好。他和爱人两个人就住在楼下。

“楼上亭子间住着两个用人，其实这两个用人就是（中共）地下党员，一个姓黄。”

张纪恩，中央文件阅览处负责人。当年，在他的领导下，中央文库秘密管理着中央的各种文件、书信，以及领导人的手稿和相关照片等大量重要档案。

张纪恩（左）

朱国明回忆道:“（张纪恩）他一边回忆一边对我说，他有一个房间，就是专门放文件的。当时门也关着，他就站在这里，对我说，就这个房间，中央领导人就是在后厢房里面看文件、起草稿子，这个房间就是文件保管处，就这个地方，是中央文库的前身吧。”

当时，中共中央在国民党反动派严密控制下的上海工作，敌人穷凶极恶地搜寻、破坏党的各级机关。

1931年4月的一天，一个人的叛变，让中央文库甚至整个中国共产党面临巨大危险。

顾顺章，时任中共中央政治局候补委员、中央特科负责人，长期负责党的保卫工作，了解党的许多重要机密。1931年4月下旬，顾顺章在汉口被捕叛变。千钧一发的紧要关头，中共中央得到打入国民党中央组织部调查科的钱壮飞转报的这一情况后，在周恩来沉着机智的指挥和周密细致的部署下，中共中央、中共江苏省委、共产国际远东局机关和中央文库全部文件第一时间安全转移。

1931年四五月间的一天深夜，周恩来敲开上海静安寺明月坊附近一户人家的房门，这户人家的主人就是陈为人。周恩来要陈为人将中央文库全部20多箱文件保管起来，陈为人一口答应。

陈为人，湖南江华人，1921年加入中国共产党，1927年9月受中共中央委派来到沈阳，负责筹建并担任中共满洲省委首任书记。1928年12月，陈为人被敌人逮捕。但他始终坚守党的秘密，没有暴露身份。由于敌人未获取任何证据，1929年7月陈为人获释，奉命调回上海，继续为党工作。1931年春，陈为人在上海再次被捕入狱，经党组织营救出狱。

陈为人

朱国明带着记者拜访了他的老朋友刘振红。她的父亲刘钊，也曾继陈为人等保管员之后，守护了中央文库一年多的时间，并且保管地点和陈为人的一样，在同一个小阁楼中。如今，她对父亲刘钊当年接管中央文库时的细节依然记忆犹新。

刘振红说："我爸爸他白天就把自己身上的棉袍拿到当店里面去当掉，就用这些钱作为晚上借手推车的费用。"

朱国明解释道："放在（手推车）上面堆着文件，文件上面做了伪装。"

朱国明（左一）拜访刘钊之女刘振红（右一）

刘振红接着说："对的，因为我爸那个时候住在小沙渡路合兴坊15号3楼。"

朱国明说："就原来陈为人住的。"

"对，陈为人也在那边住过。"刘振红说。

朱国明和刘振红带着记者来到了西康路，也就是当年的小沙渡路。

"这一条就是西康路，当年就是小沙渡路。"朱国明介绍说，"陈为人当时就是把那个中央文库转移到合兴坊里面15号。为什么会转移呢，就是因为他的爱人韩慧英被捕了。”

如今，小沙渡路存放过中央文库的狭小阁楼已被高楼大厦取代。

陈为人接受了保管中央文库的任务后，与妻子韩慧英一起开了一家湘绣店作掩护。陈为人和妻子商定，他不再与外界发生任何联系，所有接头工作由妻子和代号为“老太爷”的上海中共中央秘书处文书科科长张唯一单线联系，这也是陈为人夫妇与党组织的唯一联系渠道。

朱国明说：“韩慧英隔一天到张老太爷家里去一次，张老太爷隔一天到韩慧英家里去一次，互相交接文件。”

上海小沙渡路合兴坊 15 号中央文库旧址

1935年初，国民党特务机关突然对上海中共地下党组织进行大肆搜捕。一天时间，上海中共地下党组织多个机关遭到严重破坏，张唯一也不幸被捕，危险也悄悄靠近了陈为人的妻子韩慧英。

朱国明说："张老太爷被捕以后，他来不及撤下暗号，没有把暗号窗帘放下来。"

刘振红补充道："每一个（中共）地下党都有每一个的暗号，就像我爸爸被捕的时候，外面晾了一件白衣服，我妈妈给他收下来了。"

不明情况的韩慧英最终被守候的敌人抓住，而此时她身上还带有机密文件。

陈为人的妻子韩慧英

刘振红说："趁敌人不注意的时候，（韩慧英把）一个（文件）吃掉，还有一个（文件封皮）丢到了废纸堆里面。"

见妻子没有在规定的时间返回，陈为人知道，妻子一定发生了意外。他第一时间以木材行老板的身份紧急租下了这里的一栋阁楼，装作若无其事，白天佯装做生意，晚上就独自在隐蔽的房间内继续整理文件。

朱国明说："文库当时安全了，但是陈为人和党组织却脱离联系了，而且也没有了经济来源。"

在孤军奋战的时间里，陈为人饱受孤独和病痛的折磨，但他从没有停下秘密整理文件的工作。

"这时候陈为人的肺病复发了，咳嗽吐血，当时很困难的时候，每天只能吃两餐红薯。"

透过朱国明的讲述，我们仿佛看到了那位被肺病折磨、食不果腹却坚守使命的革命党人。

也许是预感到自己时日无多，为了中央文库的安全，陈为人给妻妹韩慧如写了封信。

据刘振红和朱国明讲述，陈为人在信中对韩慧如说，她姐姐病重，让她到上海来，并且为了她姐姐，外出时他需要与她假扮夫妻。

20世纪80年代，韩慧如曾再次回到当年和姐夫陈为人一起保护中央文库的小阁楼并合影留念。

就是在这样的生存环境中，陈为人最终把20多箱文件浓缩成了5箱。1936年，他还写下了一份归类管理中央文库档案的基本法则——《开箱必读》。

1936年春，因为敌人找不到关键证据，陈为人的妻子韩慧英最终被释放。然而，此时的陈为人因两次入狱，身体遭到严重摧残，加上拮据的生活，肺病越来越严重。不久之后，陈为人拖着病体来到一家饭店。一位自称"金老板"的男人正在等他。这位金老板就是隐蔽在上海的中共地下党员徐强。陈为人在生命即将终结的时候，将中央文库所有档案完整地交给了徐强，不久后病逝，年仅38岁。

从挑夫到将军

就在陈为人写下《开箱必读》同一年的1936年10月，一位比他小9岁的小伙子已经翻越了雪山草地，跟随毛泽东和中央红军胜利完成长征。陪伴他一路到达陕北的，是几皮箱红军档案文件。若不是他和战友们誓死保护，今天中国共产党的档案将会有巨大的缺失。这位小伙子就是龙开富。

龙开富的孙子龙小钢在沈阳南京一校给学生们讲述他爷爷龙开富的革命故事："我爷爷曾经在给部队上党课的时候，非常自豪地说：'你们学的毛主席著作，是毛主席写出来的，那也是我挑出来的。'"

龙开富

龙开富，1927年加入工农革命军，参加了土地革命战争、抗日战争、解放战争和抗美援朝战争，是一位久经沙场、战功赫赫的将军。

龙小钢回忆道："当时这个屋里，就在这个位置上摆了一个大办公桌。他的学习用品都摆在桌子上。"

龙开富的书桌

这是龙开富去世后，工作人员拍下的他的书桌全貌。家人回忆，他的书桌上一直摆放着《毛泽东选集》，翻开这套选集，瞬间就被龙开富在上面所作的密密麻麻的笔记吸引，例如："毛主席分析矛盾的普遍性有两方面的意义，第一，矛盾存在于一切事物的发展过程中……"

这些笔记不仅是学习心得体会，也体现了他和毛泽东同志之间的革命情谊。直到他去世后，家人在他的卧室的木箱里发现了这位将军深藏多年的情感寄托。

龙小钢介绍道："在爷爷的遗物里边发现了一个信封，这里边放着一张毛主席的照片，我们全家人从来也没有见过，很有可能是当年毛主席亲手送给我爷爷和奶奶留作纪念的。"

龙开富初次见到毛泽东是在1927年。那年，34岁的毛泽东带领工农革命军攻占茶陵县城，成立湘赣边界第一个红色政权——茶陵县工农兵政府。

龙开富此时就在毛泽东领导的前敌委员会担任警卫员兼通信员。

挑运随身的档案文件本是龙开富的分内之事，但一开始他对这份工作却比较排斥，尤其是当战友们叫他"挑夫"的时候。

湘赣省苏维埃政府在宁冈茅坪源头村的文件箱，珍藏于中国人民革命军事博物馆

龙小钢说：“我爷爷对挑夫这项工作吧，起初他觉得没有人家重要。后来毛主席发现之后呢，就对他说：‘小龙啊，这个担子啊，一头是我们前委的文件印章和底稿，另外一头呢，是我的一些书籍和文稿，你现在的工作很重要。’”

毛泽东的劝导让龙开富明白，他挑的东西非同寻常，挑夫岗位同样崇高。从此，一根扁担、两个皮箩成为他的标配。

龙小钢带着记者来到了东北军事后勤史馆（原沈阳军区后勤史馆），这里珍藏着许多他爷爷生前的物品。

东北军事后勤史馆馆长徐文涛给龙小钢介绍道：“这张照片是毛主席1938年在延安和参加井冈山斗争的同志们的合影，而且有毛主席亲自写的‘井冈山的同志们’。你爷爷龙开富将军就站在第2排右边数第4位。”

在东北军事后勤史馆，除了他和毛泽东的珍贵合影之外，还珍藏着许多龙开富生前的物品，其中一本本写满文字的工作笔记让人疑惑，因为龙开富刚参军的时候，完全不识字，为此还闹出了不少笑话。

1928年1月，毛泽东率领工农革命军攻占遂川县城后，龙开富兴致勃勃地把县衙一个房间的书全部挑了回来，他本以为一定会得到毛泽东的夸奖。

龙小钢说：“结果毛主席一看就乐了，说这哪是什么资料，就是地主家的一些田亩书册。后来毛主席就对他说：‘小龙，干革命没有文化可不行，我来教你学文化吧。’”

这次经历让龙开富感到了前所未有的羞愧。从此以后，龙开富把毛泽东教他时写的字纸揣在身上，一笔一画地练习，认识的字逐渐多了起来。每到一个地方，龙开富都会自告奋勇为毛泽东搜集各种书报资料。

今天的南部战区模范“红一连”，龙开富是第一任连长。如今，第56任连长汪柯一直在搜寻“红一连”革命先辈的故事，希望整理成文字资料，丰富连队档案。

“红一连”连长汪柯说：“对我们连队建设这么长时间累积起来的这些精神，（战士们）会有更深的理解。”

1934年10月，中央苏区第五次反围剿失败，中央红军被迫长征。此后发生的一切让龙开富刻骨铭心。

龙小钢说：“狂风和暴雪，加上山路又很崎岖，他差一点就被吹到陡峭的山崖之下了。毛主席非常心疼他，就说让他把背的那些文稿和书籍扔掉一部分轻装前进。但是我爷爷是一点儿也没舍得扔。”

长征结束时，仅交给中共中央秘书处的文件就有50余斤。龙开富所挑的文稿，也成了汇编《毛泽东选集》时珍贵的原始档案。

龙开富此后历任红军总政治部通信排长、中央军委警卫营营长以及沈阳军区后勤部第二政委等职，还参加了辽沈、平津、渡江和解放海南岛等战役，1955年被授予少将军衔。

1977年2月2日，龙开富去世，他的妻子高玉清将他生前珍视的《毛泽东选集》赠予“红一连”。岁月磨破了它的边角，但深藏其中的那份对党的忠诚与信念，被一代代“红一连”战士所铭记并传承。

白色恐怖下的“守库人”

相对于一直跟随毛泽东的历史档案，与中共中央一直处于隔绝状态的“中央文库”档案，在白色恐怖环境中，保存起来似乎更加艰难。继陈为人之后，中央文库历经徐强、刘钊、缪谷稔等十多位保管员的接力守护，直到1942年交到了年仅23岁的陈来生的手中。此时的上海已在日伪政权控制下变成了一座“孤岛”。

朱国明带摄制组来到了上海新闸路金家巷，回忆道：“金家巷、新闸路，当年陈来生就带着我在这条路上由西向东走，他一面走一面跟我说一些情况、一些故事。”

为了中央文库能够安全完成转移，陈来生不仅发动全家人佯装搬家，还提前在租赁的阁楼周边做了周密的安排。

朱国明说：“就是摆两个炒货摊，四个弟弟妹妹轮流看摊子。到了晚上，他和两个弟弟就跟文件相伴。当年他（陈来生）带我从刚才那个金家巷一路走过来就走到这里。你看现在一点儿影子都没有了。”

陈来生

当时日伪宪兵、特务、巡警遍布街头，即便是短短两公里的路程，要想安全通过也并非易事。

朱国明说："随时对行人进行搜查，这个路上还有游动的那个宪兵队啊、伪警察啊。"

经过仔细观察后，陈来生装扮成邮差的模样，组织父亲、弟弟等全家人出动，把文件化整为零，一批一批地全部搬运到阁楼中。

朱国明把这形象地比喻为"蚂蚁搬家"："他去的时候老缪（缪谷稔）已经把（文件）一捆一捆地用布包好了，'蚂蚁搬家'搬了一个月。"

虽然搬运顺利完成，但转移过程中的一个小插曲让陈来生一直感到不安。

"旁边有个（人问）哎呀，你们家先生是做生意的啊，就是旁敲侧击，好像对这个地方来搬东西的人有怀疑。"朱国明说。

为了确保中央文库的安全，陈来生果断决定再次转移，改租了成都北路974号两层阁楼，楼上存放档案，一楼则开设面粉店作为掩护。

朱国明带着记者来到了成都北路974号，并指给记者看："面粉店楼上的夹墙里就放文件，外面再用木板钉起来，木板外面再糊上报纸，2万多份文件就放在这里面。"

陈来生手指当年藏文件的位置

20世纪80年代，陈来生曾经回到他日夜守护过的中央文库的阁楼里，留下了这张照片。照片中陈来生手指的地方就是他改造墙体藏文件的位置。中央文库的全部2万余份文件，当年就保存在这面夹墙中。

据朱国明讲述，1949年9月14日，陈来生雇了一辆胶轮大车，把由他保管的104包中央文库（档案）装在车上，亲自押车，从成都北路他的家，也就是向荣面坊，来到中共上海市委组织部，完整地交给了党组织。

上海市档案馆收藏的《中共上海市委组织部关于接收陈来生保管的中共中央档案的收据及证明》中写道：“兹收到陈来生同志自1942年7月起所负责保管的从我党诞生时起至抗战时止的各种文件、资料，计104包，共16箱……未受到霉烂、虫蛀、鼠咬等半点的损伤。1949年9月14日。”

至此，历经18年动荡岁月，中央文库全部档案文件无一缺损地送达党组织。

1949年9月18日，中共中央办公厅主任杨尚昆亲自起草了《中央办公厅复华东局办公厅电——历史材料请妥送中央》三A电报。毛泽东亲自审阅时，将电报稿中“对保存文件有功的同志，请你处先予奖励”一句中的“同志”两个字改为“人员”。两个字的改动，就是对18年来所有参与保护中央文库党内外人员的认可。

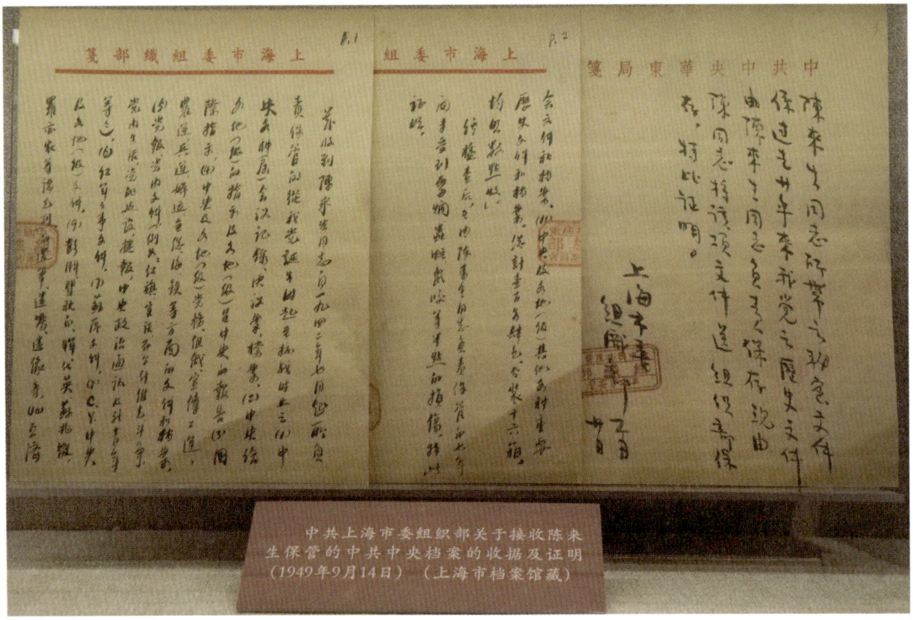

中共上海市委组织部开具的接收凭证，珍藏于上海市档案馆

现存于中央档案馆的这些写有密密麻麻的蝇头小字的文件，体现出十余位中央文库历任保管员和他们家人曾经的危难和艰辛，闪耀着革命先辈们坚守的信仰之光。若不是他们18年呕心沥血、舍生忘死的保护，今天中国共产党的档案事业，甚至是中国共产党的历史记录，都将留下巨大的缺失与遗憾。

中央档案馆国家档案局政策法规司副司长常建宏说："中央档案馆保存的一是革命历史档案，就是中华人民共和国成立前中国共产党及其领导下的政权、军队和团体所形成的档案，二是中华人民共和国成立后，中央以及党、政、群、机关所形成的档案，除了公共过程中所形成的档案以外，还有党的领导人和革命烈士等个人所形成的档案，比如说书信、日记，等等。"

赵毅敏的题字及护照复印件。六大期间，他是负责接送六大代表的交通员

六大中的农民代表

中共中央秘书处手写的中国共产党第六次全国代表大会代表名单，是曾经保存在中央文库中的珍贵档案，名单细数有142位代表。为了保密需要，每位

代表的名字前都有一个数字代号。116号来耀先就是其中之一。与众多代表相比，他还有一个特别的身份——农民。

来耀先也叫来宝坤，大革命时期担任浙江省长河农民协会负责人，因此他被选为中共六大浙江省农民代表。

来芬琴是来耀先的孙女，但从没有见过爷爷。她听父亲说，爷爷自从参加完中共六大回国后不久，就离家继续参加革命，从此失去了消息。直到解放后才偶然得知，自己的爷爷曾经参加过中共六大，从此他们一家两代人踏上了探寻来耀先革命之路的历程，也为我们还原中共六大召开的一些细节，提供了诸多线索。

来芬琴接受采访时说："父亲也花了一辈子的心血，现在他们这代人都走了。那我们还想继续完成他们的遗愿。"

为回击国民党反动派的血腥屠杀，中国共产党发动了一系列武装起义，由于敌强我弱，领导者实行错误政策或客观条件不成熟，这些起义大多失败了。而一些起义部队在数省边界地区的偏僻山村里坚持下来，开展游击战争，为以后红军和根据地的更大发展奠定了初步基础。当时党还处于幼年阶段，政治上还不成熟，对中国社会性质和中国革命的性质、动力、前途等重大问题，党内还存在着认识上的分歧和争论。因此召开一次党的全国代表大会已刻不容缓。

由于国内白色恐怖异常严重，中共中央报请共产国际同意后，决定中共六大在苏联召开。1928年6月18日至7月11日，中国共产党第六次全国代表大会在莫斯科近郊举行。

作为中国共产党唯一在国外召开的一次代表大会，如今一小部分档案资料被珍藏在俄罗斯，大部分收藏于今天的中央档案馆。这些档案讲述着中国共产党人为寻求正确革命道路所进行的艰辛探索。

参加会议的142名代表被编成若干小组，或乘船直接到符拉迪沃斯托克（原名海参崴），或到大连再转乘火车到哈尔滨，分东西路线前往莫斯科，一路上有专门的交通员负责接送。

中共六大旧址

然而，即便行程安排得如此周到详尽，中共六大代表的赴苏之路也是危机重重。

瞿秋白、杨之华之女瞿独伊说：“为了保密，我的母亲就跟我说，我们跟代表们、跟叔叔们一块走的时候，外面的人要是问这些人是谁？你说是爸爸，你叫他爸爸，说（是）我的爸爸。”

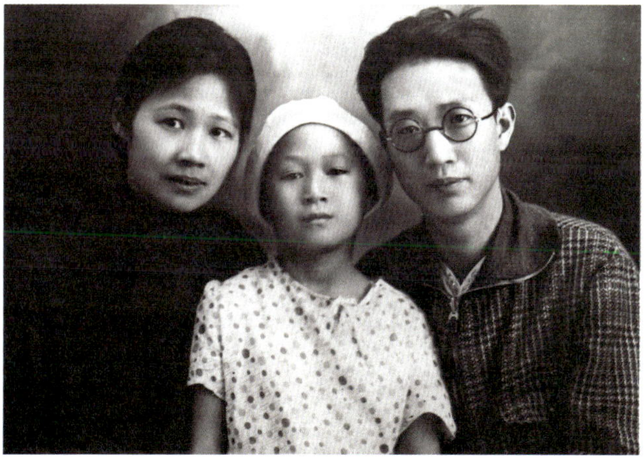

瞿独伊与父母合照

1928年，她跟随母亲杨之华前往莫斯科参加中共六大。年仅6岁的她，以女儿的身份掩护了一些中共六大代表。

原中共中央党史研究室研究员李蓉说："他们采取了很多比较隐蔽的暗号，比如说火柴盒，来作为一个接头的暗号。"

与危机四伏中凸显的机智相比，来耀先等中共六大代表千里迢迢奔赴莫斯科，为中国革命寻求出路的初心更让我们敬重。

他们抵达莫斯科后，会议的召开地点在哪里？会议又通过了哪些重大决策？来芬琴的爷爷在会议上具体做了什么呢？

李蓉对中共六大研究多年，曾亲自前往俄罗斯查阅中共六大的相关档案，来芬琴在与她的会面中获得了一个新的线索。

来芬琴说："我们家（画的）爷爷那个照片一直看不太清，都想看他的原貌。"

李蓉说："只能去绥芬河了。"

在李蓉的建议下，来芬琴踏上了前往黑龙江绥芬河的火车。

绥芬河市政府组成代表团曾于2009年前往莫斯科寻找中共六大的资料。

据黑龙江省绥芬河市人大常委会教科文卫委主任闫春光说："我们到了五一村的一个图书室，俄罗斯的档案中记录了一句话，就是1928年6月份，在这个村里中国共产党召开了一次秘密会议。就这么一句。"

在随后走访俄罗斯国家社会政治历史档案馆的过程中，他们收获了更多惊喜。

黑龙江省绥芬河市档案馆副馆长张岩说："我们这个档案有两部分，一部分就是当时关于六大的所有会场和所有代表的发言，还有报告；再一个就是当时六大代表个人的档案。"

如今，这些档案文件和一些文物辗转回到了绥芬河中共六大历史资料馆，而就在这批档案中，来芬琴发现了关于她爷爷的重大线索。

中共绥芬河市委史志研究室主任王玉富说："这几位专家正在对我们从莫斯科搜集到的文物进行布展。这些文物都很重要。"

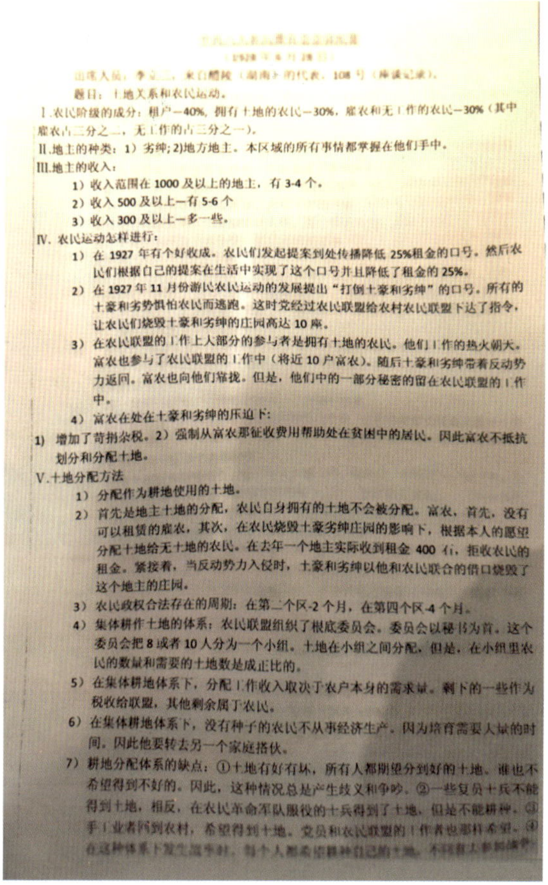

出席人员：李立三，来自醴陵（湖南）的代表，108 号（座谈记录）。

题目：土地关系和农民运动。

I.农民阶级的成分：租户—40%，拥有土地的农民—30%，雇农和无工作的农民—30%（其中雇农占三分之二，无工作的占三分之一）。

II.地主的种类：1）劣绅；2)地方地主。本区域的所有事情都掌握在他们手中。

III.地主的收入：

1）收入范围在 1000 及以上的地主，有 3-4 个。

2）收入 500 及以上—有 5-6 个

3）收入 300 及以上—多一些。

IV. 农民运动怎样进行：

1）在 1927 年有个好收成。农民们发起提案到处传播降低 25%租金的口号。然后农民们根据自己的提案在生活中实现了这个口号并且降低了租金的 25%。

2）在 1927 年 11 月份游民农民运动的发展提出“打倒土豪和劣绅”的口号。所有的土豪和劣势惧怕农民而逃跑。这时党经过农民联盟给农村农民联盟下达了指令，让农民们烧毁土豪和劣绅的庄园高达 10 座。

3）在农民联盟的工作上大部分的参与者是拥有土地的农民。他们工作的热火朝天。富农也参与了农民联盟的工作中（将近 10 户富农）。随后土豪和劣绅带着反动势力返回。富农也向他们靠拢。但是，他们中的一部分秘密的留在农民联盟的工作中。

4）富农在处在土豪和劣绅的压迫下：

1) 增加了苛捐杂税。2）强制从富农那征收费用帮助处在贫困中的居民。因此富农不抵抗划分和分配土地。

V.土地分配方法

1）分配作为耕地使用的土地。

2）首先是地主土地的分配，农民自身拥有的土地不会被分配。富农，首先，没有可以租赁的雇农，其次，在农民烧毁土豪劣绅庄园的影响下，根据本人的愿望分配土地给无土地的农民。在去年一个地主实际收到租金 400 石，拒收农民的租金。紧接着，当反动势力入侵时，土豪和劣绅以他和农民联合的借口烧毁了这个地主的庄园。

3）农民政权合法存在的周期：在第二个区-2 个月，在第四个区-4 个月。

4）集体耕作土地的体系：农民联盟组织了根底委员会。委员会以秘书为首。这个委员会把 8 或者 10 人分为一个小组。土地在小组之间分配，但是，在小组里农民的数量和需要的土地数是成正比的。

5）在集体耕地体系下，分配工作收入取决于农户本身的需求量。剩下的一些作为税收给联盟，其他剩余属于农民。

6）在集体耕地体系下，没有种子的农民不从事经济生产。因为培育需要大量的时间。因此他要转去另一个家庭搭伙。

7）耕地分配体系的缺点：①土地有好有坏，所有人都期望分到好的土地。谁也不希望得到不好的。因此，这种情况总是产生歧义和争吵。②一些复员士兵不能得到土地，相反，在农民革命军队服役的士兵得到了土地，但是不能耕种。③手工业者回到农村，希望得到土地。党员和农民联盟的工作者也那样希望。④

《中共六大农民委员会会议纪要》，珍藏于俄罗斯国家社会政治历史档案馆

在诸多档案资料中，这份《中共六大农民委员会会议纪要》十分珍贵，原件是俄文，现在已翻译成中文。纪要中详细记述了大会中代表们关于中国当时农民农村问题的讨论，集中展示了代表们对中国革命问题的思考。这其中就记录了116号代表来耀先在这次大会中所作的发言——土地占有状况：地主30%，农民30%。

在这份珍贵的档案中我们可以看到，农民代表来耀先以自己家乡为例，讲述了中国当时的土地问题和农民生存状况，为共产国际了解中国农村的现实情况，提供了宝贵的信息。

绥芬河秘密交通线纪念馆

虽然没有找到照片，但是这里珍藏的中共六大代表的物品让来芬琴激动不已，也让我们得以窥见中共六大代表在莫斯科开会的情形。

王玉富边陪着来芬琴走过她爷爷曾经走过的路，边对她说：“他们当年从这儿走过的时候，不是更困难吗？这得有多大的毅力、多大的牺牲，（才能）走过这条路。”

踏上爷爷当年走过的路，几十年的寻找，这是来芬琴和爷爷距离最近的一次接触。

穿越90余年的雪雾，仿佛看到了当年中共六大代表们风雨兼程，不远万里赴会，为中国革命寻路之景。

中共六大科学分析了大革命失败后中国社会的性质，明确指出中国仍然是一个半殖民地半封建社会，中国革命现在阶段的性质是资产阶级民主革命。

中共六大同时指出当前中国的政治形势是处于两个革命高潮之间，第一个革命浪潮已经过去，而新的浪潮还没有到来。党的总路线是争取群众。中共六大把党的中心工作从千方百计地组织暴动，转到从事长期的艰苦的群众工作，确定以争取群众作为党的首要任务。中共六大的路线基本是正确的，在党内思想十分混乱的情况下统一了全党的思想。六大以后，全党贯彻执行六大路线，恢复和重建党的组织，领导开展群众斗争，中国革命走向复兴和发展的局面。

这些中国共产党早期的档案资料，连同中央文库和跟随中央红军的重要历史档案，成为中国共产党人总结中国革命正反两方面历史经验教训的重要来源。正是基于尊重事实和深入思考，中国共产党终于寻找到新民主主义伟大道路，中华民族的前途命运就此开辟崭新天地。

在土地革命战争时期，每一次面临抉择的紧要关头，是那些凝聚着中国共产党人智慧的重大决议，引领着革命者前行的方向。那些记录着这些重要决议的档案，见证了中国共产党人从血泊中坚毅前行、在失败中总结经验教训的艰辛探索，他们高擎起马克思主义旗帜，把马克思主义与中国实际相结合，大胆探索，从失败的实践中总结经验教训，最终摸索出一条走向成功的革命道路。

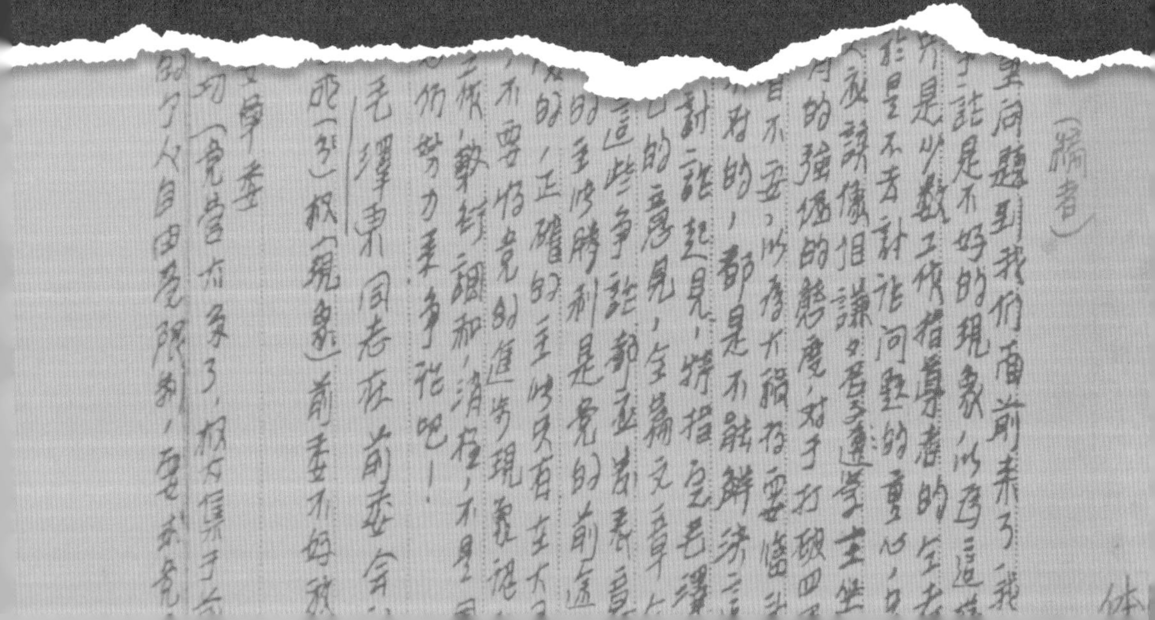

第二章

抉择★时刻

这是中国共产党第五次全国代表大会通过的《政治形势与党的任务议决案》《组织问题议决案》等，以及《中国共产党第五次全国代表大会宣言》。

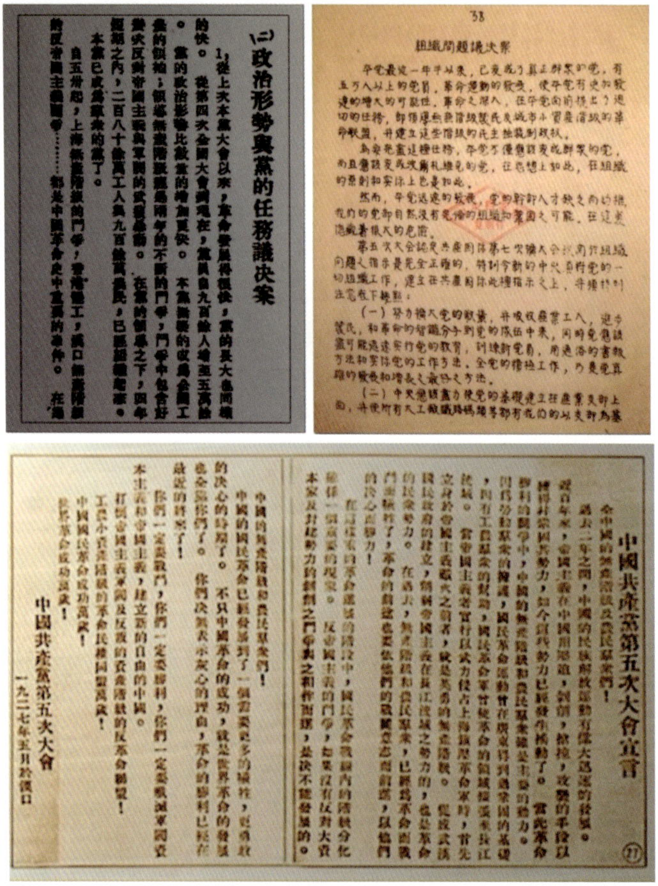
(二)政治形勢與黨的任務議決案

1，從上次本黨大會以來，革命發展得很快，黨的長大也同樣的快。 從第四次全國大會到現在，黨員自九百餘人增至五萬餘。 黨的政治影響比數量的增加更快。 本黨確實的成爲全國工人的領袖，領導無產階級經過兩年的不斷的鬥爭，鬥爭中包含好幾次反對帝國主義與軍閥的武裝暴動。 在黨的領導之下，四年短期之內，二百八十餘萬工人與九百餘萬農民，已經組織起來。

本黨已成爲群衆的黨了。

自五卅起，上海無產階級的鬥爭，香港罷工，漢口無產階級的反帝國主義鬥爭……都是中國革命史中重要的事件。 在

38

組織問題議決案

本黨最近一年半以來，已變成了真正群衆的黨，有五萬人以上的黨員，革命運動的發展，使本黨有更加猛進的增大的可能性，革命之深入，在本黨面前提出了迫切的任務，即領導無產階級農民及城市小資產階級的革命聯盟，并建立這些階級的民主獨裁制政權。

爲要完盡這種任務，本黨不僅應該變成群衆的黨，而且應該變成布爾塞維克的黨，在思想上如此，在組織的原則和實際上也是如此。

然而，本黨迅速的發展，黨的幹部人才缺乏而幼稚，現有的黨部自然沒有完備的組織和鞏固之可能，在這裏隱藏着很大的危險。

第五次大會認定共產國際第七次擴大會議關於組織問題之指示是完全正確的，特別令新的中央負責黨的一切組織工作，建立在共產國際此種指示之上，并須特別注意在下幾點：

（一）努力擴大黨的數量，并吸收產業工人，進步農民，和革命的智識分子到黨的隊伍中來，同時黨應該盡可能地迅速實行黨的教育，訓練新黨員，用適當的書報方法和實際黨的工作方法，全黨的擴張工作，乃是黨員的發展和增長之最好之方法。

（二）中央應該盡力使黨的基礎建立在產業支部上面，并使所有大工廠鐵路碼頭等都有很固的以支部爲基

中國共產黨第五次大會宣言

全中國的無產階級及農民群衆們！

過去二年之間，中國的民族解放運動有偉大迅速的發展。 近百年來，帝國主義在中國用壓迫，剝削，欺騙，攻擊的手段以維持封建宗法勢力，如今這些勢力已經發生搖動了。 當此革命勝利的鬥爭中，中國的無產階級和農民群衆總是主要的動力。

……

中國的無產階級和農民群衆們！

中國的國民革命已經發展到了一個需要更多的犧牲，更堅決的決心的時期了。 不只中國革命的成功，就是世界革命的發展也全靠你們了。 你們決無表示灰心的理由，革命的勝利已經在最近的將來了！

你們一定要戰鬥，你們一定要勝利，你們一定要撲滅帝國資本主義和帝國主義，建立新的自由的中國。

打倒帝國主義軍閥及反叛的資產階級的反革命聯盟！

工農小資產階級的革命民權同盟萬歲！

中國國民革命成功萬歲！

世界革命成功萬歲！

中國共產黨第五次大會

一九二七年五月於漢口

27

中国共产党第五次全国代表大会通过的部分议决案

从中共五大到八七会议

今天的武汉市武昌区都府堤20号，曾经是武昌第一小学。1927年4月27日至5月9日，中共五大在这里召开。这是中国大革命危急关头召开的一次重要会议，也是党在探索中国革命道路过程中的一个重要环节。

就在半个月前，蒋介石发动“四一二”反革命政变，大肆屠杀共产党人和革命群众，这是大革命从高潮走向失败的转折点。党的五大是在这样一个非常时刻召开的。全党上下最焦虑、最关切的问题是：如何正确认识严峻复杂的局势，如何从危难中挽救革命。

这次大会虽然提出了争取无产阶级对革命的领导权、建立革命民主政权和实行土地革命的一些正确原则，但对无产阶级如何争取革命领导权，如何领导农民实行土地革命，如何对待武汉国民政府和国民党，特别是如何建立党领导的革命武装等问题，都没有提出有效的具体措施，这样自然难以承担起挽救革命的任务。

7月15日，汪精卫召开国民党中央常务委员会扩大会议，以“分共”的名义正式同共产党分裂，对共产党员和革命群众实行大逮捕、大屠杀。国共两党合作发动的大革命宣告失败，大批优秀中华儿女倒在了反革命的血雨腥风之中。据不完全统计，从1927年3月到1928年上半年，被杀害的共产党员和革命群众达31万多人。

大革命失败后，全国陷入一片白色恐怖之中。中国共产党和中国人民没有被吓倒、被征服、被杀绝，他们以武装斗争的实际行动，面对反动派的血腥屠杀。

1927年8月1日，南昌城头的枪声标志着中国共产党独立领导革命战争，创建人民军队和武装夺取政权的开端，开启了中国革命的新纪元。6天后的8月7日，在距南昌300多公里之外，武汉俄租界的一栋公寓内，中共中央召开了一次紧急会议，即八七会议。

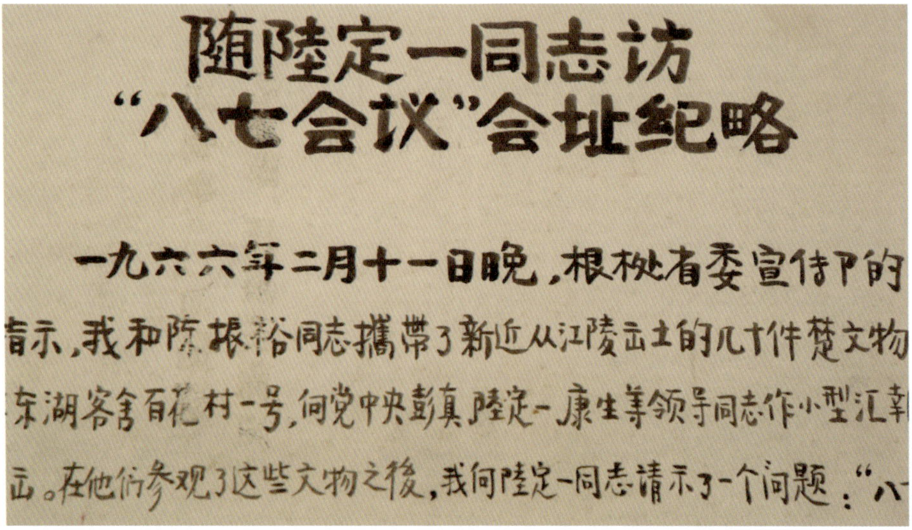
随陆定一同志访
"八七会议"会址纪略

一九六六年二月十一日晚，根据省委宣传部的
示，我和陈根裕同志携带了新近从江陵出土的几十件楚文物
东湖客舍百花村一号，向党中央彭真、陆定一、康生等领导同志作小型汇报
出。在他们参观了这些文物之後，我向陆定一同志请示了一个问题："八一

随陆定一同志访“八七会议”会址纪略，珍藏于八七会议会址纪念馆

再一次打开这些档案时，八七会议会址纪念馆前馆长赵晓琳依旧难以抑制心中的激动。

赵晓琳说："八七会议会址纪念馆（的）这个（记录）记录了陆定一来寻找八七会议会址的经过。"

20世纪70年代以来，根据当年亲历者们的回忆，八七会议的一些细节逐渐清晰。

1927年8月，武汉的夏天格外闷热，整座城市都处在焦灼和不安中。来到武汉后，为了适应白色恐怖下秘密工作的需要，邓希贤把名字改为邓小平。

8月6日的晚上，中共中央秘书邓小平进入了召开八七会议的公寓。这是他留法归国后第一次参加中央级别的重要会议。

1980年7月，邓小平来到武汉，在参观八七会议会址时谈到了南昌起义和八七会议彼此的关联。他说："八七会议的时候我们在武昌……在八一以前（已经决定了）一部分去搞南昌起义，一部分人开这个会。八七会议是号召全国武装起义，八一就开始了。"

八七会议会址

邓小平回忆道："为保证会议绝对安全，会议代表有20多人，分三天三批由党内交通员带进去的。八七会议是武汉最热的时候，开会甚至连门也不能开，进去了就不能出来。我是一个晚上带着行李进去的，我们进去就睡地铺。"

在由邓小平执笔完成的八七会议记录稿中，完整地记录了这次会议的全过程。同时，记录者以最简洁的方式记录下了这次会议的参与者，有李维汉、瞿秋白、张太雷、邓中夏、任弼时等十位中央委员，毛泽东、李震瀛等三位中央候补委员及中央监察委员，还有中央军委、共青团中央、中央秘书处，湖南、湖北的代表和负责人，共产国际代表罗米那兹等参加了会议。会议由瞿秋白、李维汉主持。在极其危险的环境下，会议只开了一天。

在这次会议上，一位带着浓浓的湘潭口音的发言者吸引了邓小平，那些深刻而极富远见的观点对他此后影响很大，这个人就是毛泽东。

中央党史和文献研究院研究员刘金田告诉记者："在会议上，邓小平第一次见到了毛泽东，而且听到了毛泽东的发言，给他的印象很深。对他后来领导广西左右江起义都产生了很重要的作用。"

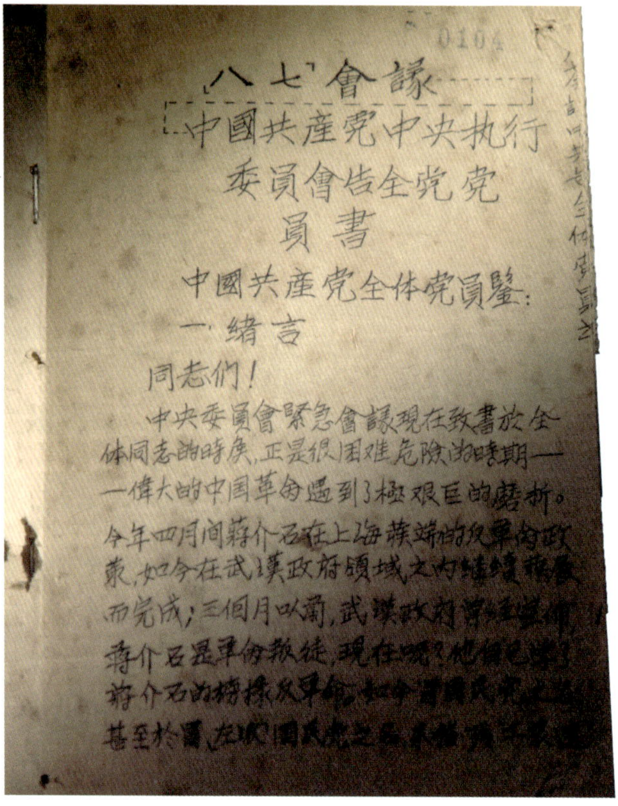
"八七"會議
中國共產党中央执行委员會告全党党員書
中國共產党全体党員鑒：
一 绪言
同志們！
中央委員會緊急會議現在致書於全体同志的時候，正是很困难危險的時期——偉大的中國革命遇到了極艰巨的磨折。

《"八七"会议中国共产党中央执行委员会告全党党员书》复制件，原件珍藏于中国人民革命军事博物馆

在大会讨论阶段，毛泽东先后七次发言，他的分析和看法触动了各位参会者。对军事方面，他尖锐地指出："以后要非常注意军事，须知政权是由枪杆子中取得的。"

会议确定了土地革命和武装反抗国民党反动派的总方针。这是党在付出了大量鲜血的代价后换得的正确结论，给正处于思想混乱和组织涣散中的中国共产党指明了新的出路，为挽救党和革命作出了巨大贡献。这是由大革命失败到土地革命战争兴起的历史性转变。

八七会议后，党派出许多干部分赴各地，恢复和整顿党组织，发动武装起义。

1927年8月3日，八一南昌起义后的第三天，中共中央就发布了《湘鄂粤赣四省农民秋收暴动大纲》，决定在工农运动基础较好的湖南、广东、湖北、江西四省发动秋收起义。

8月9日，中共中央临时政治局决定，毛泽东以中央特派员身份到湖南，传达八七会议精神，改组中共湖南省委，领导秋收起义。以毛泽东为书记的中共湖南省委前敌委员会，将参加起义的各路武装5000余人，统编为工农革命军第一军第一师，于1927年9月9日发动湘赣边界秋收起义。

秋收起义纪念馆雕塑

在攻打中心城市长沙受挫后，毛泽东果断改变计划，决定到敌人统治力量薄弱的农村山区寻找落脚点。从进攻大城市转到向农村进军，这是中国革命发展史上具有决定意义的新起点。

莲花一枝枪

《湘赣边界的斗争》是1928年11月25日毛泽东写给中央的报告，在编入《毛泽东选集》之前，毛泽东对这篇文章做了整体的修订，名字由《湘赣边界的斗争》改为《井冈山的斗争》。毛泽东逐字逐句地做了全篇校阅，仅前两页的修订就达90多处。他对一些说法做了修整，让词句的意思表达更准确。

在谈到军事问题时，毛泽东特地对比了1927年5月湖南长沙反革命政变马日事变前后江西、湖南境内的几个县所保留枪支数量的变化。他说："马日事变后，除袁、王两部无损失外，仅遂川保存六支，莲花保存一支，其余概被豪绅缴去。"

莲花，江西省西南部的一座普通县城。1927年9月下旬，短短三天在这里发生的一切，让小城莲花永远载入了中国革命的史册。

从莲花一枝枪纪念馆退休以后，吴栋山把大部分时间都花在了文物的整理上。

莲花一枝枪纪念馆原馆长吴栋山告诉记者："这几本书详细记载了毛泽东1927年率领秋收起义部队进入我们莲花境内（的情况）。"

调查记录是在20世纪60年代完成的，这些宝贵的资料还原了毛泽东所率秋收起义部队，在莲花三天里发生的一切。

来到莲花之前，毛泽东率领的秋收起义部队遭受了很大的挫折，谭政大将在回忆录中说道："湖南的敌人，拼命地跟着我们后面跑，总想把我们这个摊子，一下弄个精光。民团、保卫团也来欺负我们，沿途不准许我们借路。真像'老鼠子过街，人人喊打'的神气。"

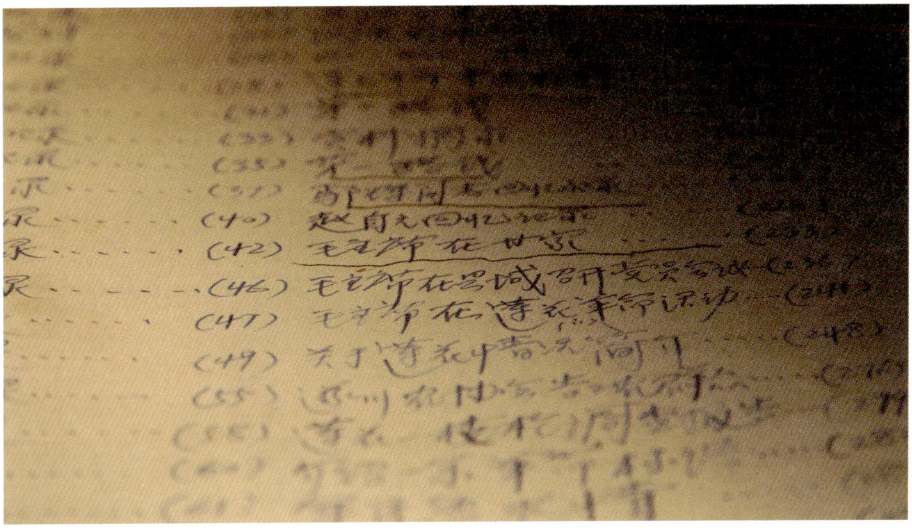

莲花一枝枪纪念馆原馆长吴栋山收集整理的回忆录目录

谭政回忆文章《三湾改编》

在和莲花本地的共产党组织接洽后，毛泽东很快获悉：9月18日，莲花县同样爆发了一场农民暴动。这场由60位农民发动的暴动，由于缺乏经验而很快被镇压。这场暴动唯一留存的硕果，则是班长贺国庆冒死保存的一支枪。

吴栋山说:“1927年9月，马日事变以后，我们农村的60支枪，59支先后被敌人缴去了。余下的一支，是由贺国庆冒着生命危险保存下来的俄国造步枪。

“敌人找不到这支枪，恼羞成怒，把他的父亲活活烧死，还杀死了他的弟弟，逼疯了他的母亲。”

时年29岁的贺国庆，冒着危险把这支枪藏在了被当地人称作狮子崖的下面的一座小煤窑里。此后，中共莲花县委重新组织赤卫队，由贺国庆保存的那支枪，成了这支部队最重要的武器。

贺国庆冒着生命危险保存的枪

刘金田分析道:“毛泽东在《井冈山的斗争》当中提到的莲花一支枪，实际上就是人民武装。从一支枪开始发展到17支枪，然后再发展到最后成立了一个莲花独立团。”

在一片肃杀而悲壮的失败氛围中，这些散落在各地的枪杆子成了一种象征，一种可以与敌人对抗的力量的象征。

1927年9月25日，在莲花县的一座古老建筑里，一次会议紧锣密鼓地召开了。

吴栋山说：“在宋任穷回忆录中说，他在莲花赶上了秋收起义部队，把江西省委的信交给了毛泽东同志。毛主席接到信以后，非常高兴。”

这份由宋任穷带来的中共江西省委的指示信中谈道：“宁冈有我们党领导的几十支枪，还有党的组织，必要时应向江西的宁冈转移。”在莲花宾兴馆的这次会议上，这支年轻的队伍决定了自己未来的方向，离开人口密集的城市，进入广袤的井冈山地区。

见证历史的大榕树

在即将入伍的年轻人正式踏入军营之前，县里武装部特地组织他们来听一次课。三年前，何继明回到家乡，把这座简单的乡村粮库改造成了一个大讲堂。

三湾粮仓大讲堂

中国人民解放军战略支援部队信息工程大学原副校长何继明告诉记者：“我的父亲对这个地方有感情，对我影响很大，（促使我）进一步思考，‘党指挥枪’怎么形成的。”

1927年9月29日，秋收起义部队从莲花县一路走来时，他们或许会和今天一样，首先看到这棵硕大的榕树。三天后，这棵大树见证了一件对这支队伍影响深远的事件。

见证历史的大榕树

地处湘赣边区的三湾是茶陵、莲花、永新、宁冈四县的交界地，这是毛泽东和起义军离开莲花后的又一个落脚点。

何继明带领记者踏上了湘赣古驿道，他边走边说："这就是湘赣古驿道，1927年9月29日，毛委员带领起义部队，就是顺着这条路走进了我们的三湾村。

"谭希林中将回忆说，同志们发现毛泽东脚上有伤，立即扎了担架，要安排战士们来抬他。但是毛泽东拒绝了，说：'你们走我也走，你们歇我也歇，走不赢，我跟着你们后面慢慢走。'他就要系统观察秋收起义部队的各个单位，要找人谈话了解情况。毛泽东在调查研究的过程中，那么多的连队，只有一个连队状态最好。这个连队团结，战斗力强，逃兵少，还能适当地监督军官，领导（这个连队）的就是何挺颖指导员。"

老战士们在回忆录中谈到，何挺颖是一位参加过北伐战争的同志，毛泽东对何挺颖印象深刻，一路上多次找他谈话。就是在这样的调查和思考中，新型人民军队的建设思想逐渐萌生。

来到三湾的当晚，毛泽东就提出，希望给他安排一间安静的房间。

何继明说："那个时候叫毛委员。刘日久的家就在这儿，就是毛泽东的房东。

"刘日久说：'毛委员住在我家里，我每天把油灯加得满满的，第二天早上全都是干的。'那么这个细节告诉我们，毛泽东这两天彻夜难眠，在研究部队的问题、解决的办法以及它的出路。"

1927年，何继明将军的父亲李立还是协盛和杂货铺的一名帮工。他已经是中共三湾乡党支部书记。在毛泽东身边的那些天里，这位青年感受到了毛泽东在一刻不停地思考。

李立在回忆录中说："在三湾的日子里，毛泽东在协盛和杂货铺住了5个夜晚。9月30日在这里召开了前委会议，讨论决定了有关改编工农革命军的一系列具有深远历史意义的问题。"

何继明说："通过一夜的会议，统一了思想，统一了意志，最后毛委员说了话，我们这个军队是党领导的一支武装。"

会议作出了三项决定，由原来的一个师缩编为一个团，建立各级党的组织和党代表制度，将党的支部建在连上。班排有小组，连以上设党代表，营团建立党委；在连以上建立各级士兵委员会，实行民主制度，在政治上官兵平等。全军由前委统一领导。由此开始改变起义军中旧军队的习气和不良作风，从组织上确立了党对军队的领导，是建设无产阶级领导的新型人民军队的重要开端。

毛泽东后来在《井冈山的斗争》中指出："红军所以艰难奋战而不溃散，'支部建在连上'是一个重要原因。"

第二天，在这棵大榕树下，毛泽东向士兵们宣布了会议的决定。

李立在生前的录音中曾回忆这段往事："毛委员说：'贺龙同志两把菜刀起家，现在当了军长啦。我们不是两把菜刀啊，现在有两个营，你们都是暴动过来的。一个当十个，十个当百个，还怕干不起来吗？'"

红军离开三湾时，毛泽东给三湾党组织留下了3支步枪和30发子弹。依靠着这些武器，李立组建了乡游击队，不断壮大队伍。1934年，他率领250名地方武装加入红六团，随军参加了二万五千里长征。

直到今天，许多三湾镇的人都会唱《三湾来了毛委员》。三湾改编在连队层面建立了党的组织，然而如何增强基层党员力量，成了亟待解决的问题。

多年以后，当年秋收起义中的一位普通士兵——赖毅，依旧清晰记得那个夜晚，那个毕生难忘的一刻："房间里放着几条长板凳，靠北墙有一张四方桌，桌边上压着两张下垂的长方形红纸，一张上写着入党誓词，另一张上写着三个弯弯曲曲的外国字。我知道要举行入党宣誓了，心不禁激烈地跳动起来。会场上充满严肃的气氛，毛委员举起握着拳头的右手，亲自带领我们宣誓：'牺牲个人，努力革命，阶级斗争，服从组织，严守秘密，永不叛党。'"

三湾改编纪念碑

最早的入党誓词

水口连队建党成为真正把“支部建在连上”付诸实践的开端。也正是由此，入党誓词和入党仪式有了雏形。

中国人民革命军事博物馆中保存着这份现在留存下来的、最早的中国共产党入党誓词。六行誓词抄写在一块红色的织布上，字迹生涩笨拙却工整有力，24个字中有6个错字。在红布两边，入党者留下了自己的入党时间、地点和姓名：贺页朵。这究竟是怎样的一位共产党员？在那个白色恐怖当头的时期，以这样无畏的方式把自己的所有信息留在了这份誓词旁。

现存最早的中国共产党入党誓词，珍藏于中国人民革命军事博物馆

2021年3月，贺佐智和大哥贺佐才、弟弟贺佐武，回到了祖父的榨油坊。他们此行的目的，是和村里商定爷爷贺页朵铜像安放的地点。

中共永新县东南特别区委地下交通站旧址

保存至今的榨油坊，曾是他们爷爷贺页朵工作的地方。

贺页朵的孙子贺佐智说："当时红军的指挥所就在这里，毛主席、朱德、陈毅都在这棵槐树下。朱德要我爷爷把伤员送到宁冈，有100多里地，翻山越岭，非常艰苦。他们还是圆满地完成了任务。"

1927年，这座榨油坊成了红军的秘密交通站。从那一年起，41岁的贺页朵参加了工农革命军，他把榨油坊当作秘密联络点，搜集情报、运送伤病员，积极参加了红军攻打永新和吉安的战斗。正是由于贺页朵的出色表现，永新县的中共党组织批准了他的入党申请。

1931年1月25日的那个寒夜，在自己的榨油坊内，已经45岁的贺页朵点燃了青油灯，在入党介绍人的带领下，一笔一画地写下了自己的誓词，表现了这位质朴的农民，对共产党坚定无悔、毫无保留的追随。

贺佐智说："1934年，我爷爷就将入党誓词用油纸层层包裹藏在了榨油坊的屋檐底下，藏了20年，始终践行入党誓词的承诺。"

1934年10月，中央红军主力部队踏上了北上长征之路。贺页朵由于在战斗中身负重伤，无法随大部队转移，只能留在永新继续斗争，继而失去了与党组织的联系。然而，贺页朵始终不忘初心和使命，坚守信仰和信念。

这一天，贺家三兄弟完成了爷爷贺页朵塑像的安放仪式，何继明也完成了毛泽东来到三湾的塑像的安放仪式。90年前的那些瞬间，投射出中国共产党不断发展和壮大的道路。

古田会议确立建党建军原则

1928年4月，朱德、陈毅率领南昌起义保留下来的部队和湘南农军1万余人陆续转移到井冈山地区，与毛泽东领导的部队会师，成立工农革命军第四军，后改称为红四军，朱德任军长，毛泽东任党代表和军委书记。

1928年12月，彭德怀、滕代远等率领平江起义后组成的红五军700多人到达井冈山，与红四军会师。这两支红军的会师，进一步增强了井冈山地区工农武装的力量。

同月，湘赣两省国民党军3万人分五路向井冈山进攻。1929年1月，毛泽东、朱德、陈毅率红四军主力向赣南出击，随后同从井冈山突围出来的红五军会合，并向闽西出发。

红四军在转战赣南、闽西的过程中，领导人之间在军队建设问题上产生了不同看法，军内存在的单纯军事观点、流寇思想和军阀残余等非无产阶级思想有所发展。1929年6月22日，红四军党的七大在福建龙岩召开。毛泽东打算在中共红四军七大上，通过总结建军以来的经验，解决争论问题，但他的正确主张未能为多数同志所认识和接受。

古田会议纪念馆馆长曾汉辉说：“到了闽西之后，不断打胜仗不断有所收获，但是对于怎么建党建军，怎么加强思想政治工作，可以说各有看法。”

在这次会议上，中央指定的前委书记毛泽东没有当选。这一职务改由陈毅担任。大会结束后，毛泽东离开红四军主要领导岗位，到闽西协助指导地方工作。陈毅到上海参加中共中央召开的军事会议汇报红四军工作。失去毛泽东正确领导的红四军，在政策上发生了许多错误，党及红军组织皆松懈。

1929年9月下旬，在福建上杭召开红四军党的第八次代表大会。由于认识不一致，会议未获得结果。红四军八大后，出击东江失败，部队思想混乱、士气低迷，面临严峻考验。

1929年10月以来，在福建省上杭县苏家坡村的一处祠堂里，毛泽东度过了一段特别的时光。来到苏家坡后，身患疟疾的毛泽东一边养病，一边思考一个问题：中国共产党究竟要建立一支怎样的武装？党又要如何领导好这支武装？

红四军党的七大结束时，红四军前委即将大会决议及其他有关文件上报中共中央。中央收到红四军七大文件后，立即察觉到红四军领导层分歧的严重性。周恩来代表中央起草了一封给红四军前委的指示信，即“八月来信”，赞同毛泽东的观点。

8月下旬，陈毅到达上海，先后完成了《关于朱毛红军的历史及其状况的报告》等五份书面材料。根据中央政治局决定，陈毅按照中央政治局会议精神和周恩来、李立三多次谈话要点，代中央起草给红四军前委的指示信，并经周恩来审定。信中肯定了毛泽东提出的红军建设基本原则，要求红四军前委和全体干部战士维护朱德、毛泽东的领导，毛泽东应仍为前委书记。9月28日，中共中央发出给红四军前委的指示信，即“九月来信”。

1929年11月26日，毛泽东从苏家坡回到长汀，与红四军会合。

1929年12月28日，红四军第九次党代会在福建上杭县古田召开。

曾汉辉说：“（古田会议）确立了思想建党、政治建军等一系列的原则。古田会议之后，人民军队为谁扛枪、为谁打仗的问题解决了。”

古田会议选举产生了新的中共红四军前委，毛泽东当选为书记。

古田会议决议是中国共产党和红军建设的纲领性文献，是党和人民军队建

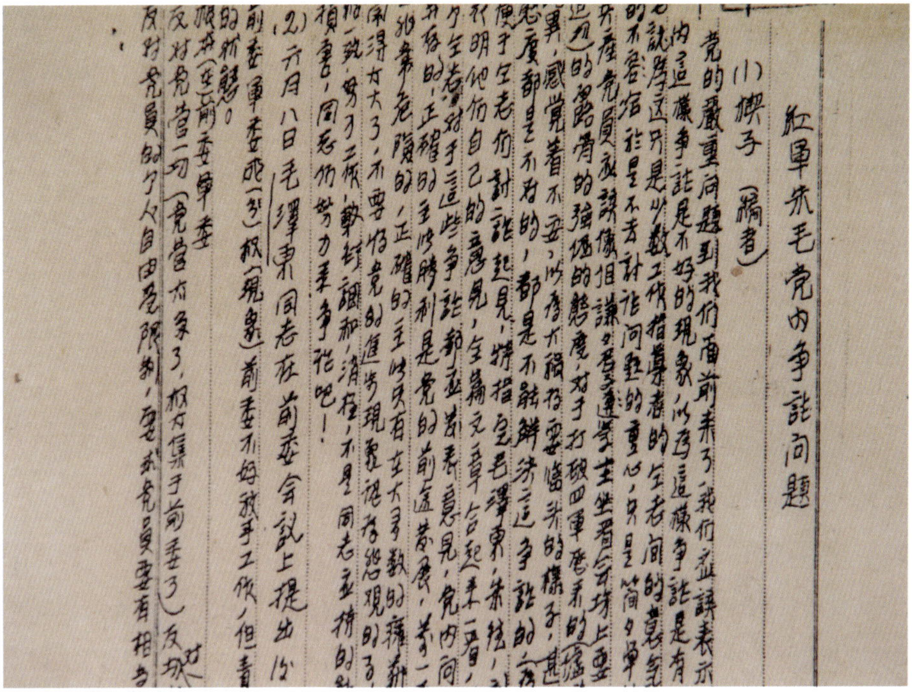
红軍朱毛党内争論问题

(小)楔子(編者)

党的嚴重问題到我们面前来了,我们並該表示

内這樣争論是不好的現象,以為這樣争論是有

《红军朱毛党内争论问题》复制件，珍藏于中共闽西特委历史陈列馆

设史上的重要里程碑。古田会议确立了马克思主义建党建军原则，确立了军队政治工作的方针、原则、制度，提出了解决把以农民为主要成分的军队建设成为无产阶级性质的新型人民军队这个根本性问题的原则方向，使军队实现了浴火重生、凤凰涅槃。

建党建军原则确立后，红军迎来了大发展的好时机。1930年6月，赣西南、闽西地区的红军合编为红一军团。8月，红一军团同彭德怀、滕代远领导的红三军团共3万余人合编为红一方面军，朱德任总司令，毛泽东任总前委书记兼总政治委员，成为全国红军中战斗力最强的一支队伍。

1930年10月至1933年3月，红一方面军连续粉碎了国民党军队的四次“围剿”。1933年9月下旬，蒋介石调集50万军队，对中央革命根据地进行第五次“围剿”。这时，临时中央负责人博古把军事指挥权交给共产国际派来的军事顾问李德。他们不了解中国实际情况，搬用正规的阵地战经验，进攻受挫后，又采取消极防御的战略方针和短促突击的战术，同装备优良的敌人打阵地战、堡垒战，使红军日益陷于被动。1934年9月上旬，国民党军队加紧对中央根据地腹地发动进攻，红军已无在原地扭转战局的可能。10月，中共中央、中央军委率中央红军主力8.6万多人，踏上了战略转移的漫漫征程。

国民党“追剿”军达16个师77个团，布置了四道封锁线。12月1日17时，中央领导机关和红军大部队渡过湘江，突破了国民党重兵设防的第四道封锁线。

渡过湘江后，中央红军从长征出发时的8.6万余人减至3万余人。为避免中央红军覆灭的危险，中共中央负责人和中央政治局先后召开通道会议、黎平会议、猴场会议，根据毛泽东的建议，中央红军向敌军力量薄弱的贵州北部前进。

1935年1月15日至17日，党中央在遵义召开政治局扩大会议，集中解决当时具有决定意义的军事和组织问题，事实上确立了毛泽东在党中央和红军的领导地位，开始形成了以毛泽东为核心的第一代中央领导集体，开启了党独立自主解决中国革命实际问题的新阶段。在最危急关头挽救了党，挽救了红军，挽救了中国革命。遵义会议后，中央红军在毛泽东的指挥下开展了机动灵活的运动战。

刘伯承与小叶丹的故事

在中央档案馆中，保存着一份特别的布告——《中国工农红军布告》。这份由朱德签署的布告第一次提出了“万里长征”的说法。1935年5月22日，这份布告被张贴在四川冕宁县城内。

小叶丹的外孙伍龙在全国人大民族委员会工作，多年以来，他陆续搜集的史料让80多年前的那段往事更加完整。

伍龙说：“（我外公）1942年就牺牲了，我是没有见过我外公的，在我心中，（他的）形象是十分高大的，很英俊、很睿智的一位有英雄气概的人物。”

彝海结盟纪念碑

伍龙的外公就是当年的彝族首领小叶丹。每年过年，伍龙都会回到生他养他的土地，他对自己永远敬重的外公从未间断过思念。

1935年5月19日朱德发给刘伯承的电报中写道："在不利的条件下，应坚［监］视之，掩护野战军主力通过""第一军团主力应向泸沽方向前进五六十里……军委并派刘参谋长赶往为先遣司令……"

1935年5月上旬，中央红军渡过金沙江后继续北上。此时，后有蒋介石十余万中央军围追，前有五六万川军堵截。为迅速抢渡大渡河，刘伯承根据形势的变化，决定取道冕宁到安顺场，这必然要经过彝区。

中央民族大学教授陈国光介绍说："到了冕宁后，就找当地的地下党了解情况。国民党时期，一直实行民族压迫。当地的彝族群众普遍对这些国民党政府是不满的，甚至是有恨的。"

正是在这种境地下，朱德总司令签署了这份布告，要求全体指战员尊重彝族群众的风俗习惯和三大纪律八项注意，做到秋毫无犯。

《中国人民解放军总部关于重行颁布三大纪律八项注意的训令》指出："本军三大纪律八项注意，实行多年，其内容各地各军略有出入。现在统一规定，重行颁布。”毛泽东为此亲自动手修改起草。

1947年10月10日，该训令正式发布。

刘金田说：“我们说今天讲三大纪律八项注意，实际上开始是三大纪律六项注意。”

1927年10月下旬，毛泽东率部上井冈山时，看到有的战士因饥饿到农田里挖红薯吃，有的打土豪时把财物往自己口袋里装，为此，毛泽东提出了三大纪律：行动听指挥；打土豪款子要归公；不拿老百姓一个红薯。后来，毛泽东发现部队战士存在不少问题，又宣布了六项注意：上门板；捆铺草；说话和气；买卖公平；借东西要还；损坏东西要赔。以后又增加了洗澡避女人和不搜俘虏腰包两项内容，从而发展成了“三大纪律八项注意”。

1935年5月22日，时任先遣队司令的刘伯承与彝族首领小叶丹完成了结盟。小叶丹忠实地执行刘伯承的嘱托，将彝民组织起来，护送中央红军后续部队过境。经过七天七夜，中央红军大部队一路畅通无阻，顺利地通过了彝区。

将台堡——红军长征会师地

在中国人民革命军事博物馆，这面用被面制成的旗帜，绣有一颗五角星及“中国夷民红军沽鸡支队”字样。这是“彝海结盟”后刘伯承代表红军授予小叶丹的队旗。从此之后，这支武装一直在彝族地区活动，坚持着与国民党反动派的斗争。

中央红军在毛泽东等的指挥下，摆脱了几十万国民党军队的围追堵截，战胜了雪山、草地、江河、天险的阻隔，于1935年10月19日到达陕北吴起镇。至此，中央红军主力行程二万五千里、纵横11个省的长征胜利结束。1936年10月，红一、红二、红四方面军在会宁和将台堡会师。

中国工农红军长征是一次理想信念的伟大远征，是一次检验真理的伟大远征，是一次唤醒民众的伟大远征，是一次开创新局面的伟大远征。长征的胜利，充分表明中国共产党及其领导的中国工农红军是一支不可战胜的力量。

中共中央紧急会议（八七会议）记录*

（一九二七年八月七日）

迈[①]：宣布开会。在七月四日（十二？）[②]以后国民党政府背叛以前，常委之组成为特恩立迈大[③]五人，后特、恩、立到前方，现留的仅迈、大二人。在国际代表未来以前，国际曾有一训令，对中央提出许多错误，指明中国共产党有机会主义，并要中党开一紧急会议，指出此倾向并改组中央。后国际代表[④]到，对此亦谈得很多，并决定召集紧急会议。此会议原定七月二十八开，后因种种关系不果，直至今日才实现。今天仍不能到齐，中央委员不过半数。此会议是一紧急会议，议程有三：

---

* 一九二七年八月七日在汉口召开的中共中央紧急会议，又称"八七会议"。参加会议的有：中央委员李维汉、瞿秋白、张太雷、邓中夏、任弼时、苏兆征、顾顺章、罗亦农、陈乔年、蔡和森，中央候补委员李震瀛、陆沉、毛泽东，中央监察委员杨匏安、王荷波，共青团代表李子芬、杨善南、陆定一，湖南代表彭公达，湖北代表郑超麟，军委代表王一飞，中央秘书邓小平，还有共产国际代表罗米那兹，以及纽曼、洛蜀莫娃。这次会议在中国革命的紧急关头，坚决地纠正和结束了陈独秀的右倾机会主义错误，确定了实行土地革命和武装反抗国民党反动派屠杀政策的总方针。

① 即李维汉。

② 原记为七月十二日，又改为四日。应在六日到十二日之间。

③ 即张国焘、周恩来、李立三、李维汉、张太雷。

④ 指罗米那兹。

1. 国际代表报告——指出党的过去错误及新的路线。

2. 常委代表报告——将来工作方针，过去我们与国际代表对于各种问题讨论得很多，并已提出草案。常委报告人已推定秋白[1]。

3. 改组中央政治局。

今天的会只能开一天，发言请扼要。

（一）国际代表报告，并讨论此报告

在未开始报告之先，我以国际名义向大家致一敬礼。此敬礼非平常的敬礼。国际要中国共产党集此会的原因是因中国共产党的指导错得太远了，不召集此会来纠正则C.P.将不成其为C.P.了。现在中国共产党的错误已经很深了，非召集此会不可。过去的错误是在指导机关，国际对于群众方面的英勇的行为仍是非常满意的。党的指导与国际的指导及群众要求差得如此之远，是非常奇怪的。

在国际中央看到的在现在中国环境中召集此会是非常困难而且是非常困难的。假使反动的国民政府知道我们在此开会，必定要将我们一网打尽的。但因非召集此会不能改正过去的错误，所以仍坚决的召集一些与群众比较接近的领导者来开此会。我们要指出过去的错误，并须使此错误为大家所认识。因为过去不但中央的指导者错误，而且各地方的指导者也错误。所以如果不将此错误使大家都知道都认识，仅有几个领袖知道，这是非常危险的。

国际中央决议认为，此次紧急会议不仅是讨论过去错误，还应实行改组指导机关。现在的问题，是否此会有改组指导机关（中央）的权力。因为中央与各地的隔离，今天的会仅有两个地方的代表参加。但因现处于秘密环境中，故可叫此会为“紧急讨论会”。此会虽无权改组中央，但有权可以选举临时中央政治局。此临时中央政治局有权

①　即瞿秋白。

通告全党，指出过去的错误及将来方针，并有权可以召集代表大会代临时代表大会。

此临时中央政治局要得到国际的同意后，方能正式成立。

在今天的会议中我们要估计过去的工作。关于此点，常委已提出一个很详细的告同志书，同时又因时间的关系，今天的报告中，只能指出重要的错误。

在未批评之先，我们要指出的是：如果党过去的指导是照多数主义及国际决议做去的，则现在的情势决不如此。这并非看过主观的力量而是客观的事实。中国无产阶级的数量少、经验小，这是不能否认的。但其他任何阶级却都不能及他的力量之大。中国资产阶级是非常薄弱的，如无国际资本的帮助，则他久已倒了。中国的资本多在外人手中，外国资本组织了中国无产阶级。故中国资产阶级的力量比无产阶级小。至于农民、小资产阶级虽多，但事实上已经证明了他们不能领导革命。这般农民、小资产阶级不是跟着无产阶级走便是跟着资产阶级走。在现在的阶级争斗中，中国无产阶级是以阶级的力量来反对中外资产阶级了，其他任何阶级都不及他有力量。

目前中国已进到土地革命时期。土地革命可以引中国革命到另一新的阶段，虽然，我们仍要指出中国农民仍不能有独立的阶级的政策，他不跟无产阶级走即跟资产阶级走。中国资产阶级在一定阶段中他是革命的，现在已经反动了。只有无产阶级能领导农民，农民也只有在无产阶级的领导之下才能求得自身之解放。中国共产党两年来领导无产阶级已有许多争斗的经验，如果中央能够正确的不动摇的来领导无产阶级，则中国阶级间的关系一定不是现在这样的局面：不仅武汉即其他地方亦不会有此反动的局面。

要考察过去党的指导是有很大的意义的。四月一直到七月底，党的指导都是照着改良主义去决定他的策略。他不但对小资产阶级即对反动的小资产阶级也有很大的让步，对国民党的让步，甚至失掉了我们党自己的独立性。到现在他们要赶跑我们了，在街上杀戮我们了。我们的党为要阻止农民的运动，结果使农民运动遭了大的摧残，农民群众遭了大的屠杀。我们的党为要使工人让步，结果使工人运动大大失败。一直让步到党不能公开的成立。直到八月初南昌事变起，于是才开始有一坚决的转机，如此，我们可以断定以后的情形一定与过去不同了，这是因为我们能坚决照革命路线上走。此次事变，我们多少有点武器。因此，我们如果实行坚决的革命策略，现时的环境一定与从前不同。

拿中央的理论及实际来看，他简直是少数派的，不革命的，社会民主党的党，这是我们根据中国党决定各种问题而得到的结论。中国少数主义的基础是没有的，因为少数主义是建筑在工人贵族的基础上。如照中国党中央的路线上走则可说无C.P.了。好在中国工人阶级无工人贵族的基础，故无此危机，这从上海、广东、湖北的争斗我们可以看出，从武汉工人革命性之充分可以看出。他们的行为要不是照中央的指示而是自然的表现。好在中国党中央尚无集权的指导群众的力量，这实是过去的幸事。如此会是随便召集的，或群众与指导机关的意识是一样的，那召集此会为无意义。正因为群众与中央的指导不一样，所以我们能希望很快的得到党的指导之错误改换过来。

在那封信里（告同志书）指出之主要的有中国革命之性质及在革命中各个阶级的作用。这种作用过去中央的认识可说是纯粹的少数主义的。他认为在反帝国主义的民族的战线中必然要有资产阶级，不知资产阶级当工人运动发展的时候必然退出此战线，这是在国际第七次扩大会议明明白白指出的。现在有两条路：一是仍然维持此民族统一战线而反工农利益；一是为工农利益而反此民族统一战线，这两条路线我们要来找。我们应很坚决的不仅反对帝国主义封建余孽，并且还应坚决的反对资产阶级。中国共产党中央过去造出一些少数派的理论，以为阶级争斗与国民革命是冲突的，这我们根据上月中央给上海党部的信中可以看出。在此信中说要扩大反帝国主义运动，可以不需要坚决的阶级争斗，并应号召第二次“五卅”。这无异乎是要拿工人去牺牲。实则工运愈发展打击资产阶级愈利害，阶级斗争愈剧烈，也就愈能打击帝国主义。

关于此问题不但对于过去即对于将来工作也是很有意义的。现在我们要问：以后是否还应维持资产阶级反帝国主义的力量？中国资产阶级总想戴些假面具，蒋介石一面与日美勾结，一面又要做反日运动。现在武汉政府现尚未成为帝国主义的工具，虽然我们明知他将来必成为帝国主义的工具。所以现在我们应问：我们是否应帮助武汉政府反对帝国主义？其实，如果C.P.党员来帮助资产阶级反对帝国主义，则C.P.党员的身份必失去。民族资产阶级内部在经济上虽有问题，但在政治上是一致的。现在他们虽与帝国主义有纠纷，但此纠纷是逐渐减少的。他们怕工人阶级比怕帝国主义厉害得多。他们不惜如何与帝国主义妥协来压迫无产阶级。所以我们不应帮助资产阶级来反对帝国主义，我们在利用资产阶级的反帝国主义运动来揭破他们的阴谋，来达到反资产阶级的目的。我们须知道，只有资产阶级打倒后帝国主义才能打倒。

民族解放斗争还要继续下去，此重担仍是无产阶级担负。“取消不平等条约”、“收回租界”等口号仍要存在，这些口号也是用来反资产阶级的。

过去党的策略是反工农的，是可耻的。比如说中央不要工人运动有过分的要求而要为反帝国主义来牺牲，并要与国民党组织强迫仲裁来制止罢工。对农民运动的策略也可说是变节的，在湖南的运动的指导可说是改良的。

现在又说关于国民党的策略问题。国民党与其他政党不同的地方是他是多阶级的联合。蒋介石四月以前的国民党的指导作用是在资产阶级手中。我们当时的任务是夺取资产阶级的指导，将国民党的资产阶级都赶出去。此任务在国民党下层的同志都实现了，但中央的策略却不能巩固此任务，将我们独立的政策及批评国民党的权限取消。比如联席会议中的决议说：联席会议的决议不能以联席会议名义公布，只能经过国民党公布。又如说：民族革命应由国民党来领导，并且还有教我们在报馆中的同志不要根据我们的主义来作文章的事实。甚而至于工农运动也要国民党来做。这是非常错误的方法。在联合战线中我们应有独立存在及坚决的批评的自由。中央的主张恰与此相反。湖南则不同，他能用联席会议的名义公布决议案。列宁说：如果在联合战线中不能独立的存在不能有批评的自由，则等于出卖阶级的利益。过去我们仅依靠与国民党几个上层的领袖的联合，这实在是一个很好的方法，但是一个取消本党甚至国民党的好法子。

在对于国民党的错误，有些同志说：要与国民党联合，必不能很自由的革命。好了，现在南昌独立了，我们可以独立的自由的革命了。这个结论也是同样错误的。主张退出国民党的有俄国反对派，中国共产党中的谭平山也要组织第三党来消灭国民党和共产党。所谓第三党即是少数党。甚而独秀[①]同志也说：如要留在国民党则不能有充分的表示，要有充分的表示则必退出国民党。这些都是非常不对的，至少现时不对。

南昌这次政策是对的。我们的政策不要依靠到几个国民党的领袖上，而要依靠到国民党的群众上面。现在不应退出国民党，与国民党破裂时，要在国民革命成功社会革命时才能提出。现既有一新的联

① 即陈独秀。

合，我们有了过去的经验，我们要坚决的批评。只有照革命的路线不怕小资产阶级的动摇，然后才能巩固革命。

再讲一讲中国党中央对国际的关系和错误的责任问题。有些同志说这些错误，国际方面应当负责任的。关于这方面，我们要问一问国际有无一指令与现在的方向不同的。无论关于哪一方面我都可以坚决的声明：国际无一天不打算将中国党的路线引上正轨的。过去最大的错误是中央未将国际的指导传达到群众中去，比如第八次扩大会议对中国问题的主要决议案尚未译出，许多中央委员都还不知道。即第七次大会的决议都未传达到群众中去讨论。中央委员即知道了也不过仅口头上的承认，甚至不接受。所以国际要唤起其所有的各国支部及中国全体党员来批评此错误。国际有时自然也是有错误的，但我们相信他有许多争斗的经验，我们应诚意接受他的指令，不然必遭失败。过去在西欧的党有许多事实可以证明。国际有许多的经验，我们应当相信，接受他的指导，不然我们将会走到非共产主义的道路上去。

至于过去错误的责任问题，中央的领袖独秀同志有许多问题，虽然决议后，他仍要以个人的意思来改变此决议。但此责任应政治局大家来负。比如对工农下层领袖的说话以为不足听，所以指导党的工农分子是很少的。因此党发生许多奇怪的理论。我们可以说上海工人领袖的意识比中央的意识高百倍，他们的理论比中央的理论正确得多。工人阶级的经济斗争，无论何人都不及由工人出身的人来领导得正确。

以后我们党的指导要集体化，不要族长化。党的问题要使群众知道。现在一定有人以为他自己是在党之上的，或者他要非难我们今天选出的临时政治局。我们对此应用党的纪律去与之实行坚决的斗争，然后党的指导才能巩固起来。至于其他问题因时间关系不能多说。

迈：国际代表的报告已完，他报告中包括几个重要问题：1.阶级争斗与国民革命。2.工人问题。3.农民问题。4.对国民党的关系问题。5.对国际的关系问题。此报告常委已经接受。现在各同志可以发言，但要简单。

（休息半小时食饮食）

东[1]：国际代表报告的全部是很重要的。第一，国民党问题在吾党是很长久的问题，直到现在还未解决。首先是加入的问题，继又发生什么人加入，即产业工人不应加入的问题。实际上不仅产业工人，即农民都无决心令其加入。当时大家的根本观念都以为国民党是人家的，不知它是一架空房子等人去住。其后像新姑娘上花轿一样勉强挪到此空房子去了，但始终无当此房子主人的决心。我认为这是一大错误。其后有一部分人主张产业工人也加入，闻湖北亦有此决定，但仅是纸上空文，未能执行。过去群众中有偶然不听中央命令的抓住了国民党的下级党部，当了此房子的主人翁，但这是违反中央意思的。直到现在，才改变了策略，使工农群众进国民党去当主人。第二，农民问题。农民要革命，接近农民的党也要革命，但上层的党部则不同了。当我未到长沙之先，对党完全站在地主方面的决议无由反对，及到长沙后仍无法答复此问题。直到在湖南住了三十多天，才完全改变了我的态度。我曾将我的意见在湖南作了一个报告，同时向中央也作了一个报告，但此报告在湖南产生了影响，对中央则毫无影响。广大的党内党外的群众要革命，党的指导却不革命，实在有点反革命的嫌疑。这个意见是农民指挥着我成立的。我素以为领袖同志的意见是对的，所以结果我未十分坚持我的意见。我的意见因他们说是不通于是也就没有成立，于是党的意见跟着许克祥走了。甚可怪的，唐军还仅承认只有八处军官家庭被毁，我党反似乎承认不知有多少军官家庭被

① 即毛泽东。

毁。总之，过去群众对于党的领导的影响太少。第三，对军事方面，从前我们骂中山[①]专做军事运动，我们则恰恰相反，不做军事运动专做民众运动。蒋唐都是拿枪杆子起的，我们独不管。现在虽已注意，但仍无坚决的概念。比如秋收暴动非军事不可，此次会议应重视此问题。新政治局的常委要更加坚强起来注意此问题。湖南这次失败，可说完全由于书生主观的错误，以后要非常注意军事。须知政权是由枪杆子中取得的。第四，组织问题。以后上级机关应尽心听下级的报告，然后才能由不革命的转入革命的。

中[②]：国际代表起草的信和今日的报告完全是对的。过去也有许多同志感觉到中央的指导不好，现在再拿事实去看更见明确。机会主义发生不自今日始，已早有由来。为什么现在才表现出来呢?这是因为阶级斗争加剧的关系。阶级争斗与国民革命大家在理论上亦颇认识，但在实行上却大不同了，误解了阶级争斗与国民革命的理论。国际第七次扩大会议决议中有两点：1.工农小资产阶级联合；2.土地革命，使同志发生问题。大家对这两点未认清。以前我们将小资产阶级看得太低，第五次大会又把小资产阶级看得太高了。甚至将谭延闿、唐生智、孙科等等地主买办军阀都看成为小资产阶级了，这样还说什么土地革命呢?！中央对国际决议并未了解，以致将小资产阶级看得比土地革命更重。我们的党自从成立一直到现在可说都是些小资产阶级，其中还夹着有些封建关系，和政客概念。每对一问题总是喜欢用手腕，利用某来打某，并非由于阶级出发点来决定一切问题。同时我们党的书生气概也非常之重，因此，中央自然要犹豫动摇，发生机会主义了。产业工人加入党的指导机关工作说了好几年了，但未实行，大家总以为工人的政治观点不清楚，自然工人同志不能如知识分

① 即孙中山。
② 即邓中夏。

子那样开口数万言。但我们要知道上海工人的政治意识比中央要高百倍。荷波[①]是个工人，他虽现已近乎知识分子化了，但他仍未脱离工人的意识。他曾对我说了好几次：他以为现在用不着这样看重小资产阶级，只要我们有力量，小资产阶级自然要跟着我们走的。我们过去失掉了好多机会，所以我对国际代表的报告是完全同意的。

和[②]：完全同意国际代表的报告及国际决议。过去一切错误都无五次大会后的错误那样厉害。直到现在，此错误我们实不能宽恕。现在已经很显然的是机会主义，我们现在不能仍然说国际也有错误，应由政治局负担，不然便是文饰自己的错误。我是过去政治局的一人，我应负此错误的责任。五次大会后的错误主要的是未实行五次大会的决议：1.五次大会的中心集中到土地革命，成立了很好的决议，但大会后中央不实行而且相反。2.五次大会以前的失败完全由于退守，南京如此广东亦如此，五次大会即指明此点，但大会后仍照此方针。第一个决议即是要向小资产阶级让步，所以完全受了小资产阶级的影响而反对一切“过火”的运动。当时政治局以为小资产阶级动摇，我们孤立了，实则农民已经跟我们来，我们何尝孤立。小资产阶级是全体的动摇吗？还是几个上层的领袖呢？政治局没有看清楚，所以当时政局的呼声便是要对小资产阶级让步。3.素来党的指导即未建筑在群众方面，以致中央完全成了普通的政治团体，非阶级的指导。直到以后，政治局的指导简直与国民党一样，并且还以小资产阶级几个上层领袖的意识为转移。这当然，不是国际的错误。我们应承认过去的错误。现在的问题是如何改正过去的错误。自国际训令来，党的上层有一个恐慌，以为这样旧的指导人必完全去掉，必有组织上的恐慌，这并不是群众的忧虑而是上层的忧虑，我以为这是不足恐慌的。因为要改变

① 即王荷波。

② 即蔡和森。

党的指导必换新的指导人不可，过去党的家长制到现在已经不适用了，非打倒不可。我们要相信群众的力量。无产阶级的政党只要有政治的路线组织上则不成问题，我们应将此点向群众解释。最后，我说的是：过去的党的错误未达到群众中去，这次的错误要传达到群众中去，使群众都认识此错误，然后党才能建立一个新的领导权。

达[①]：完全同意国际代表的报告。1.过去中央完全是一个和平的、不革命的党，不是一个争斗的党。乡村农民已经起来夺取政权了，党反而阻挡，党对农民运动完全与顾孟余一样的见解。党以为农民暴动是原始的，这是逃避群众的争斗，完全走到不革命反革命的路上去。2.国际是无错误的，错的责任全在政治局。政治局完全带着国民党几个领袖的意识来成立党的决议，五次大会以土地革命为中心的决议政治局完全抛弃了。3.过去党的指导不好，有绅士的气概。过去曾有群众愤怒欲杀上层同志的事实，如湖南有许多同志要杀夏曦，把夏曦也当一个劣绅看待。党对这些现象不能解决，只能当书生坐在屋中决定策略。

亦[②]：中央对于各种运动无一坚定的策略。我时常有这样一个感觉：中国共产党无一坚决夺取政权的决心，我意党的机会主义根本出发于此。第五次大会以前党对大资产阶级估量太高，大会时对小资产阶级估量得太高，所以对国民党看得太高。党不注意夺取政权的武装，上海湖南都是半途而废，这是非常错误的。所以我看中国共产党是革命的做客者不是革命的主人。中国共产党需要有不郎基主义的精神，在国际的正确指导之下来工作。大家都说国际是无错误的，我要公开的批评国际：国际的政治指导不成问题，是对的，但在技术工作问题非常之坏。既认中国革命非常重要，但同时又派魏金斯基、罗易

① 即彭公达。
② 即罗亦农。

来指导，他们都是无俄国革命经验的。魏金斯基在一九一七年以后才加入党，我们在上海要暴动时他要反对，并且不帮助。至于罗易谁也知道是国际犯了左派理论幼稚病的人，这种人如何能指导中国的革命。国际的决议是好的，但派来的人不好使人不满意。这是国际要负责任的。听说这次国际代表很有革命的经验，我们自然满意，并希望国际代表能将此点转告国际。此外我还有一点意见，在告同志书中应加一点：指出过去党是不能争斗的，这是在组织上的错误。还有一问题，即是党的指导的问题。五次大会时还是一些元老来指导这是大错的。湖南代表及其他同志说：要将群众意识来作党的指导和要吸收工人来作领导这是很对的。

弼[①]：接受国际代表的报告及国际决议。1.国际对中央的批评主要的是中国共产党有机会主义的倾向，这完全是事实，其原因是我们仅仅作了上层的工作而忽视了要以革命的力量来领导小资产阶级，比如五次大会后第一问题是北伐问题，国际代表罗易主张深入，鲍罗廷主张扩大，结果深入扩大并进。武汉政府的封建势力为要扩张其势力是需要北伐的，我们可以帮助他们北伐，但要借此机会来抓住群众。结果不然，不但未深入领导民众而且还要抑制群众的争斗。北伐结果，唐等势更大，其影响汪[②]等小资产阶级的力量越大，民众遭致摧残，我们反失掉群众。2.土地革命问题。在国际电报告说C.P.与C.Y.意见冲突，主要的就是土地革命问题。党无土地革命的决心，并造出一个理论说，土地革命是很长很远的过程，不知这是目前的行动纲领。党不但无土地革命决心，并且还有与国民党组织土地委员会来解决土地问题的幻想。党无土地革命的决心，未明白要土地革命才能引革命于新时期。3.党怕群众，如对学生代表大会不召集是因为孙科反对。劳

① 即任弼时。

② 指汪精卫。

动大会如此，工纠之解散也是如此。因此党处处迁就小资产阶级使党失去了独立的作用。4.关于组织问题。现在党要改变过去的错误原则，要实行，非有新的领导机关不可，并须吸引下级作实际工作的工人同志来作领导。老头子可去莫。

芬[①]：1.过去党的错误问题。党的指导的意识不是建筑在阶级及群众之上的。五次大会是群众意识之表现，成立了许多正确的决议。但五次大会后，党不发展群众运动。但群众运动仍然发展上去，党连尾巴都跟不上了。特立[②]说：土地革命无法做，如做，则不但国民党反对，即党内的群众也必有三分之二反对，这是非常错误的说法。2.第二农民问题，秋收暴动问题，同志有以为要秋收暴动则须解决武装问题，忘记了农民武装要在农民暴动过程中来创造。我们也不是定要在此次暴动来得到政权，而是要以此暴动提高乡村中的争斗。3.过去党对青年问题，党的指导机关忽视了，五次大会独秀对C.Y.说了许多消极的话，他对C.Y.并且有家长的态度表现出来。以后应积极的指导C.Y.工作。

秋[③]：以为草案中应加增几点：1.国民革命与阶级斗争中对小资产态度说得不详细。应加说明党过去只看见上面的小资产阶级领袖没有看见群众。以后仍要与小资产阶级联合，但不能如前之态度。2.中央政策与国际政策中加说我们党团太无作用。3.对国民党中应加我们对国民党的态度，并攻击平山[④]的第三党的主张。4.C.P.对于政权的性质为造成工农民权独裁制，以真正的国民党的旗帜为号召。这几点已与国际代表商议，现在只是文字的修改。

---

① 即李子芬。
② 即张国焘。
③ 即瞿秋白。
④ 即谭平山。

和：还加一点，关于土地革命的解释。老鲍[①]的解释与国际的解释不同。中央政治局过去渐渐采取了老鲍的意见，现应加入说明此点。

迈：国际代表提议停止讨论。我意：1.过去党的指导错误问题大家同意；2.指导机关改选大家也是同意。所以可以停止讨论，由国际代表作结论。

D[②]：大家都同意，结论自无甚说的。亦、和说：鲍罗庭、罗易、魏金斯基之错误，鲍的理论自然是错的，土地革命不是能在学校中可以训练得出来的。谁也不敢担保没有错误，我也许将来有错误的。不管罗魏等的路线如何，总比我们中央有错不改要好些。不管国际代表有无错误，主要的还是中共中央机关之健全。只要我们是革命的机关，纵然国际代表有错也是不十分严重的。最重要的还是我们如何能实行国际的指导。

至于指导成分问题，大家的要求是选出工人同志来作领导。但有一困难，此会无权改选中央。还有一层，选出此等人还须得从事调查一下是否他能执行此新政策。新政治局提出正式七人，候补五人。

至目前状况的估计：现在又是一种情形：农工都遭了摧残，反动势力高涨，革命遭了一严重的打击和损失，但革命并未停止。现在仍是资产阶级德谟克拉西革命，但由民权革命的发展中而发展的阶级冲突仍未消灭。

民族革命中有五矛盾：1.上面说过我们仍要反帝国主义，从帝国主义铁蹄下解放出来，此第一矛盾仍然存在；2.生产力不发达的矛盾，土地革命便是解决此矛盾之最好的方法；3.工人阶级的生活状况之改良仍未实行，因此，必然要号召工人反对资产阶级；4.工农城市贫民

① 即鲍罗廷。
② 即罗米那兹。

必然起来反抗一切压迫夺取政权；5.统一中国现在不但未做到，而且更加分裂了。所有德谟克拉西的五个任务我们未实现一个。现在的问题是革命的浪潮何时爆发？反动势力能维持到何时？这只有在革命中才可看出。现在我们的党应尽力号召坚决的斗争。我们先要有一正确的策略然后才能作此争斗。如还有人主张第三党，我们要很坚决的处以党的纪律。

最后，关于告同志书，提议在原则上付一表决，文字上则可推出三人组织一小委员会去修改。

迈：照国际代表提议付表决：

决：

1.全体通过在原则上同意告同志书的草案。

2.以秋、迈、兆[①]三人组织委员会修改文字。

（二）秋报告

在未报告之先我要说两点：1.在中国革命中中国资产阶级是否与封建阶级斗争？我们要知道此是一重要问题。蒋介石等拿着政权不但得帝国主义帮助，还得封建阶级的帮助。可见中国资产阶级是与封建阶级无大冲突的。说明了此点，可以去掉以为中国革命分两阶段的幻想。此幻想可以容许我们党外合作，实则此幻想是错误的。中国资产阶级一点民权性也没有。现在只有我们包办国民党或国民党消灭两条路。2.革命的指导机关犯了绅士的毛病。我们的党缺乏平民的精神。

现在事实已经证明国民党已与我们分裂了。我们再不能以退让手段来争得民权，是要以革命方法来争得民权的。有一次政治局会议中曾有向国民党提出条件退出国民党的倾向。过去当我们能包办国民党的时候，中央又不允许我们包办，现在想包办又不可能了。过去我

① 即苏兆征。

们觉得只要利用某打某便可以得到一点民权，这种方法过去也是有效的，但现在已经不适宜了。七月十三日我党的宣言是党的新政策之开始，中央政治局与国民党反脸的宣言的内容是很坚决的。汪之反脸，其主因不是ROY①给电报他看，ROY给电报与汪看自然是错误的，给了汪以反脸的口实。在汪接到冯②不反蒋的电报时非常震怒，于是他更加力宣传反蒋。唐等于是以反共挟之，在最后一次联席会议上，汪表示被人强奸，并表示不能在武汉立足。恰好，此时得到了ROY给他的电报，得到了新的出路，于是将此电报来作为他反脸投降唐等的工具，于是公然主张反共。此后，汪的主要敌人便是张发奎部下的共产分子了。张此时亦有点动摇，曾有叶③暂时退出C.P.的要求，我们党内当时也有人有此感觉但结果并未成为事实。同时孙邓④宣言之发出，所以我们党的宣言比较坚决。这次南昌的行动，至少是无意识的走到新的方针。七月十五以前，我们参加政府还有由上面来帮助发展下层工作的条件，现已全国反动，现在主要的是要从土地革命中造出新的力量来。我们的军队则完全是帮助土地革命。

叶贺⑤发动之后，张非常慌张和震怒，于是马上带了几百卫队坐火车去阻挡自己的部队。他自以为是为党工作，所有的旧部仍应归其指挥。结果自己身边的一支枪都被缴去，这也许是客气了一点。张第二次的讨伐命令是非常软弱的，是相机发展。由此可知张已无进攻之能力。朱培德的力量亦很薄弱，两师皆不能作战。今日报载我们已离开南昌，据我推测这一定是前方胜利了。从前中央曾有一命令去前委，大概他们已照此命令进行。现在我们的主要敌军是三十五、

① 指罗易。
② 指冯玉祥。
③ 指叶挺。
④ 指宋庆龄、邓演达。
⑤ 指贺龙。

三十六两军，但唐决不肯用此力量来为张出力而要用来夺取江苏的。第三派势力在此次事变前已有酝酿，由白崇禧、李宗仁担保南京和平，朱培德担保武汉，以汪为领袖，并由白李要蒋下野。第三派与唐有冲突，但现不会马上暴露，因尚要共同反共产军。

将来的局面与以前不同，以前有大的领袖，如奉张[①]、宁蒋、吴佩孚等，以后则分为许多小军阀，进到很紊乱的时期。这证明封建阶级之倒台，资产阶级之软弱。这一堆反革命的冲突是非常厉害的，这是革命前途之一优点，因为他们内部极不稳定。

土地革命已进到最高点，要以我们的军队来发展土地革命，叶挺已如此，在相当时期，北方之张兆丰也应如此。这是一定有胜利的机会的。

农民要求暴动，各地还有许多的武装。有这样好的机会，这样多的力量，我们必须要燃着这爆发的火线，造成土地革命。

在此种情形之下，我们的策略是独立的工农阶级斗争，老实不客气的我们要包办国民党和国民革命。1.在此时我们更要注意与资产阶级争领导权。他们戴了一个民权的假面具，汪便是此派之代表。所以我们目前最主要的敌人是汪。列宁过去也非常注意打击这种人。这是我们目前最主要的策略。我们要宣布他们是假的国民党。2.我们要纠正过去错误，要注意群众，要由下而上，谁赞成我们，就是左派。3.现在的目的，并不是与政府绝缘，我们对政府有三个阶段：a.不参加政府；b.参加政府，但发生许多错误，失掉了参加政府的作用；c.在革命暴动中组织临时的革命政府，此政府仍用国民党的名义，但我们要占多数，成为工农民权独裁的政权，乡村中要农会政权。我们要坚决的干，我们要告诉群众，武汉、南京、北京政府都是反革命的。打

① 指张作霖。

倒汪精卫是不容[①]的，我们必须努力做，这是我们的主要方针。

因各种要求，常委及国际代表起草了三种决议，提出今天讨论。除此之外还有几个问题：1. 如何做国民党工作，团结国民党左派。我们已发表了一个告国民党同志书，此书应为左派政纲。2. 军队中及兵士中工作，现在也很重要，我已与一飞[②]商议要作此工作，临时政治局应注意此工作。3. 对国民党左派的政纲要追认。

A. 工运决议案之讨论。

迈：现在提出"工人运动决议案"讨论（由秋念草案全文）。

沉[③]：1. 反叛的人对于工运第一步是反对；第二步是组织工会参加工会。在第一步时我们即应作很大的反对的宣传，向工人指出第二步的危险。如此，则能使他不能实行第二步。2. 国民党派人组织的假工会，必不能代表工人本身的利益和要求。我们在这些假工会中则可多多提出要求予此假工会以非难，使他在工人群众中失去信仰。3. 他们一面组织工会一面压制工人的要求，我们则应提出政治的要求实行政治斗争。4. 各级党部工人部不取消，同时在工人部之下设一职工运动委员会，全体常委参加。5. 应提出店员及手工业者在争斗中的态度。

弼：1. 手工业工人以后的经济斗争应保障其胜利；2. 只有现在秘密工会不够，还应组织一些争斗团体。

秋：结论：沉的意见之 1. 是临时的应付，意思好但可不加；2. 可以加上；3. 已有可以不加；4. 仍以取消为好；5. 可以加入经济斗争条文内。弼的意见之 1. 可另一条；2. 应具体一点。

B. 农民运动决议案之讨论。

迈：现在提出农民运动决议案来讨论。（由秋读草案，附全文）

① 原文如此。
② 即王一飞。
③ 即陆沉。

此决议草案农民部已根据之拟定四省秋暴计划。

东：1. 大中地主标准一定要定，不定则不知何为大地主中地主。我意以为可以五十亩为限，五十亩以上不管肥田瘦田通通没收。2. 小地主问题是土地问题的中心问题。困难的是在不没收小地主土地，如此，则有许多没有大地主的地方，农协则要停止工作。所以要根本取消地主制，对小地主应有一定的办法，现在应解决小地主问题，如此方可以安民。3. 自耕农问题，富农中农的地权不同。农民要向富农进攻了，所以要确定方向。4. 土匪问题是非常大的问题。因此种会党土匪非常之多，我们应有一策略，有些同志以为只可以利用他们，这是中山的办法，我们不应如此。只要我们实行土地革命，那一定是能领导他们的。我们应当他们是我们自己的弟兄，不应看作客人。

秋：土地问题党无一致的意见。东之1、2两项有点冲突。五次大会讨论此问题，决定“耕者有其田”，此五大字什么问题都可包括了。当时要没收小地主土地。革命政府可以在土地革命中得着生命。现在应重新审定五次大会对农民问题的决议案。

达：1. 对土地问题以为无大小地主之分。标准是无法可以定的，只有完全取消地主制。农民自然要解决小地主土地的。在没收地主土地后富农必定动摇起来。2. 对会党，没收地主土地后分配自然不成问题，不分配则定有问题。应组土地委员会来分配。3. 乡村完全应为“农会专政”，不要什么乡村自治。

D：关于此问题用不着再讨论了。土地的根本问题是土地国有，这非有一个工农德谟克拉西的政权是无法解决的。此决议的目的是最近要叫起农村的扰乱暴动。我以为条文可仍照旧，谁是大小中地主，是无法确定的，且带地方性。此问题应由农协自己来决定，一切权力属于农协。我们要使城市小资产阶级中立。如开始即要没收一切土地，则必使城市小资产阶级动摇来反对我们。我们的口号一出去，马上即会引起小地主的动摇，要紧的是我们不要怕干下去甚或惊慌起来，因此，不必争论，至于东提出的会党问题，我们不但不利用，并且还应确定其经济地位。

东：现在是往下去的问题。湖南三四月已达到一个从新分配的时期，广东已将达到此时期。我们一定要对此问题有个明确的回答和规定。在得着政权的地方，应当全般计划此问题。我的标准也是指这些地方说的。

D：如我们有政权，我们的政纲很明显的是土地国有化。

沉：对农民运动的策略，党始终无定见的，最近的决定是非常重要的。应加详细的说明，这是全体的要求。决议案应马上发出去，而且应答复各地的问题。现在至少要提出以杀戮暴动来对付土豪劣绅军阀等的杀戮暴动。应领导农民反抗国民政府。对伪农协也要使群众认识其并非代表农民利益的。平民法庭可以不要，因为政权即归农协，当然应由农协来审判一切案件。

D：同意沉的意见。取消平民法庭的组织，土匪问题可另列一条。

芬：关于小地主问题，同意决议草案上意见。

迈：还有国际代表没有答复的问题请答复。

D：对于富农，同意东意见，但可不写出。

秋：1.要号召农民暴动。2.过去所以有不同的意见是无农民问题的党纲。五次会之拒绝讨论此党纲是错误的。第六次大会无论如何应讨论并决定一个农民问题的党纲。

C.组织问题决议案之讨论。

迈：现在提出组织问题决议案讨论，请大家发表意见。（由秋读草案原文，另录）。

亦：以为北方局可以不成立。

迈：同意。

东：在草案第七条应加一农字，即应以工农参加指导。

弼：1.交通要弄好；2.恢复乡村组织；3.对C.Y.关系亦应加入。

东：交通问题是一贯的问题，不单是中央与省的交通问题，应在全国组成交通网。

D：提议：1.各级党部应有C.Y.代表。2.北方应派人去作报告。

迈：1.交通可加上一条。2.恢复组织是对的。3.党与团的关系前已有决定，仅是执行问题。4.局的制度我怀疑，我意只要交通组织好，北方可不组织局，南方因有特别情形可以组织。请国际代表答复。

D：对北方政治局分局无定见。

善[①]：以为北方有需要，因北方有许多省委不健全。

秋：如有人才是可以的，但实际不可能。且北方现无南方那样需要，只要与中央交通接头就够了。但需要一人去北方考察一下。

决：北方不组织政治分局。

迈：三决议文字修改权交谁？

和：秋今日的报告，无法讨论。中央应确定秋提出之问题发布全党。又南昌军队何以离赣去粤亦应讨论。

大：过去是决定去广东。

决：1.三决议案文字修改权交临时政治局。

2.政治局应根据今日决议讨论新的政策发布各地。

（三）D.改组新政治局问题

D：提议政治局委员7人，候补7人。

提出名单为，正式：特，秋，兆，迈，弼，亦，中。候补：立，恩，湃[②]，大，顺[③]，忠[④]，和。

---

① 即杨善南。

② 即彭湃。

③ 即顾顺章。

④ 即向忠发。

和：要求不加入自己，因：1.过去错误；2.已决定去湖南，正式名单去张加入东、沉、达。因要吸收新的分子。

东：我现在担任土匪工作不能加入。

迈：赞成加入东取消自己。

东：不同意迈的提议，自己非外面去做工不可。

沉：主东加入，沉、达都不加入。

达：不能担任此工作。

顺：自己适宜做下层工作，不要挂一虚名。

秋：现在不是法律问题是工作问题事实的问题，大家不能如此。

D：可将名单提出付表决。

决：1.临时政治局委员为正式九人，候补七人。

2.推出政治局委员名单如下：

正式委员

1.兆20票；2.忠20票；3.秋19票；

4.亦18票；5.顺17票；6.荷17票；

7.维17票；8.湃16票；9.弼14票。

候补委员

1.中13票；2.恩12票；3.东12票；

4.达11票；5.大11票；6.特9票；

7.立7票。

（根据《中央档案馆丛刊》一九八七年第二期刊印）

中共中央关于湘鄂粤赣四省农民秋收暴动大纲

（一九二七年八月三日）

（一）根据中央最近农民斗争之议决案，决定这个行动大纲，准备在湘粤鄂赣四省实现。

（二）中国革命正转向一个新的前途——工农德谟克拉西独裁，土地革命将占最重要的过程。在这里党的政策需要新的变更，革命的社会势力需要新的聚集和训练。现时反动的统治始终没有稳定，农民群众满心期望秋收胜利，因为新遭了挫折，正在寻找他们新的奋斗的方略，“秋收暴动”是对于这个客观情势的适当的答案。这次抗租抗税的暴动是土地革命急剧发展之新阶段，他至少要动摇反动的新旧军阀的政权，在湘粤则有建立新的革命政权的可能的前途。

（三）党过去对农民革命有一错误政策，就是抑制农民保护小地主利益的政策；具体的表现便是强农民建设与小地主联盟的乡村自治，及五次大会后对于国民党种种限制农民革命的训令不加反抗，反在实际上指令下级党部执行国民党之反动训令。这个错误是由党对小资产阶级的整个政策来的，现在国际第八次扩大会对中国革命的前途是工农德谟克拉西独裁联合小资产阶级，这一个新的指示证明过去湖南农民实行农会专政反对乡村自治是对的，对小地主不可免的打击所谓“幼稚”、“过火”的现象不足害怕而应当积极的去领导的。明白了这个才能不自陷于矛盾的狭巷中，而可以勇往直前的领导秋收的暴动。

（四）暴动的战略：

（1）以农会为中心，号召一切接近农民的社会力量（如土匪会党等）于其周围，实行暴动，宣布农会为当地的政府。

除夺取乡村政权之外，于可能的范围应夺取县政权，联合城市工人贫民（小商人）组织革命委员会，使成为当地的革命中心，对各地的暴动及革命的政权尽可能的联络，向反革命势力进攻。

（2）由农会通告，对祠堂、庙宇、一切公地及五十亩以上之大地主一律抗租不缴，对五十亩以下之地主实行减租，其租率由农民协会规定，以佃七东三为大致的标准。

（3）夺取一切政权于农民协会，歼灭土豪劣绅及一切反革命派，并没收其财产。

（4）实行对反动政府拒绝交纳任何税捐，并实行对于反革命势力的经济封锁如阻禁拒卖军米等。

（5）自耕农土地不没收，自耕农及已取得大地主田地之佃农应对其革命政权（农会）交纳田税，税额由农民协会决定之。

（6）农民协会组织土地委员会决定土地之分配。

兹将四省农民秋收暴动的每省具体工作抄一份于下：

鄂：湖北暴动大纲政治上给现统治者一个扰乱，使其不能稳定，牵制其对江西压迫；经济上实行四抗（租，税，捐，粮）。

其他可根据大纲拟一具体的计划。

湘：准备于不久时期内在湘南计划一湘南政府，建设革命政权及一切革命团体，在广东革命委员会指挥之下。现即须组织湘南特别委员会受省委指挥，于交通不灵通时得有权独立指挥此委员会所能活动的地方工作。

特委：夏曦、郭亮、泽东、卓宣[1]（书记泽东）。

赣：1. 马上夺取乡县政权；2. 实行中央土地革命政纲；3. 尽量杀戮土豪劣绅与反革命派；4. 积极参加革命军对反革命派的军事战争。

粤：革命军所占地方，原则与江西相同，军力暂未达到地方即起来暴动响应，夺取乡村政权，建设农会威力并实行土地革命政纲；如有可能立即夺取县政权，因此引导革命政权夺取全省。

安中原[2]

三日

（根据中共中央党校出版社一九八九年出版的

《中共中央文件选集》第三册刊印）

① 即毛泽东、任卓宣。

② 中共中央的代号。

井冈山的斗争 *

（一九二八年十一月二十五日）

毛泽东

湘赣边界的割据和八月失败

一国之内，在四围白色政权的包围中间，产生一小块或若干小块的红色政权区域，在目前的世界上只有中国有这种事。我们分析它发生的原因之一，在于中国有买办豪绅阶级间的不断的分裂和战争。只要买办豪绅阶级间的分裂和战争是继续的，则工农武装割据的存在和发展也将是能够继续的。此外，工农武装割据的存在和发展，还需要具备下列的条件：（1）有很好的群众；（2）有很好的党；（3）有相当力量的红军；（4）有便利于作战的地势；（5）有足够给养的经济力。

在统治阶级政权的暂时稳定的时期和破裂的时期，割据地区对四围统治阶级必须采取不同的战略。在统治阶级内部发生破裂时期，例如两湖在李宗仁唐生智战争时期，广东在张发奎李济深战争时期，我们的战略可以比较地冒进，用军事发展割据的地方可以比较地广大。但是仍然需要注意建立中心区域的坚实基础，以备白色恐怖到来时有所恃而不恐。若在统治阶级政权比较稳定的时期，例如今年四月以后

* 这是毛泽东写给中共中央的报告。

的南方各省，则我们的战略必须是逐渐地推进的。这时在军事上最忌分兵冒进，在地方工作方面（分配土地，建立政权，发展党，组织地方武装）最忌把人力分得四散，而不注意建立中心区域的坚实基础。各地许多小块红色区域的失败，不是客观上条件不具备，就是主观上策略有错误。至于策略之所以错误，全在未曾把统治阶级政权暂时稳定的时期和破裂的时期这两个不同的时期分别清楚。有些同志在统治阶级政权暂时稳定的时期，也主张分兵冒进，甚至主张只用赤卫队保卫大块地方，好像完全不知道敌人方面除了挨户团之外还有正式军队集中来打的一回事。在地方工作方面，则完全不注意建立中心区域的坚实的基础，不顾主观力量的可能，只图无限量的推广。如果遇到什么人在军事方面主张采取逐步推广的政策，在地方工作方面主张集中力量建立中心区域的坚实基础，以求自立于不败之地，则谥之曰“保守主义”。他们的这种错误意见，就是今年八月湘赣边界失败以及同时红军第四军在湘南失败的根本原因。

湘赣边界的工作，从去年十月做起。开头，各县完全没有了党的组织，地方武装只袁文才、王佐各六十支坏枪在井冈山附近，永新、莲花、茶陵、酃县四县农民自卫军枪支全数缴给了豪绅阶级，群众革命情绪已经被压下去了。到今年二月，宁冈、永新、茶陵、遂川都有了党的县委，酃县有了特别区委，莲花亦开始建立了党的组织，和万安县委发生了关系。地方武装，除酃县外，各县都有了少数。在宁冈、茶陵、遂川、永新，特别是遂川、永新二县，进行了很多次打倒豪绅、发动群众的游击暴动，成绩都还好。这个时期，土地革命还没有深入。政权机关称为工农兵政府。军中组织了士兵委员会。部队分开行动时，则组织行动委员会指挥之。这时党的高级指导机关，是秋收起义时湖南省委任命的前敌委员会（毛泽东任书记）。三月上旬，前委因湘南特委的要求而取消，改组为师委（何挺颖为书记），变成单管军中党的机关，对地方党不能过问。同时毛部又因湘南特委的要求调往湘南，遂使边界被敌占领者一个多月。三月底湘南失败，四月朱、毛两部及湘南农军退到宁冈，再开始边界的割据。

四月以后，湘赣边界的割据，正值南方统治势力暂时稳定的时候，湘赣两省派来"进剿"的反动军队，至少有八九个团，多的时候到过十八个团。然而我们以不足四个团的兵力，和敌人斗争了四个月之久，使割据地区一天一天扩大，土地革命一天一天深入，民众政权一天一天推广，红军和赤卫队一天一天扩大，原因就在于边界党（地方的党和军队的党）的政策是正确的。当时边界特委（毛泽东为书记）和军委（陈毅为书记）的政策是：坚决地和敌人作斗争，造成罗霄山脉中段政权，反对逃跑主义；深入割据地区的土地革命；军队的党帮助地方党的发展，军队的武装帮助地方武装的发展；对统治势力比较强大的湖南取守势，对统治势力比较薄弱的江西取攻势；用大力经营永新，创造群众的割据，布置长期斗争；集中红军相机迎击当前之敌，反对分兵，避免被敌人各个击破；割据地区的扩大采取波浪式的推进政策，反对冒进政策。因为这些策略的适当，加以边界地形的利于斗争，湘赣两省进攻军队的不尽一致，于是才有四月至七月四个月的各次军事胜利和群众割据的发展。虽以数倍于我之敌，不但不能破坏此割据，且亦不能阻止此割据的发展。此割据对湘赣两省的影响，则有日益扩大之势。八月失败，完全在于一部分同志不明了当时正是统治阶级暂时稳定时期，反而采取在统治阶级破裂时期的政策，分兵向湘南冒进，致使边界和湖南同归失败。湖南省委代表杜修经和省委派充边界特委书记的杨开明，乘力持异议的毛泽东、宛希先诸人远在永新的时候，不察当时的环境，不顾军委、特委、永新县委联席会议不同意湖南省委主张的决议，只知形式地执行湖南省委向湘南去的命令，附和红军第二十九团（成分是宜章农民）逃避斗争欲回家乡的情绪，因而招致边界和湖南两方面的失败。

原来七月中旬，湖南敌人第八军吴尚侵入宁冈，再进永新，求战不得（我军从间道出击不值），畏我群众，仓卒经莲花退回茶陵。这时红军大队正由宁冈进攻酃县、茶陵，并在酃县变计折赴湘南，而江西敌人第三军王均、金汉鼎部五个团，第六军胡文斗部六个团，又协力进攻永新。此时我军只有一个团在永新，在广大群众的掩护之下，用四面游击的方式，将此十一团敌军困在永新县城附近三十里内至二十五天之久。最后因敌人猛攻，才失去永新，随后又失去莲花、宁冈。这时江西敌人忽然发生内讧，胡文斗的第六军仓皇退去，随即和王均的第三军战于樟树。留下的赣军五个团，亦仓皇退至永新城内。设我大队不往湘南，击溃此敌，使割据地区推广至吉安、安福、萍乡，和平江、浏阳衔接起来，是完全有可能的。大队已不在，我一团兵复疲惫不堪，乃决留一部分会同袁、王两部守井冈山，而由我率兵一部往桂东方向迎还大队。此时大队已由湘南退向桂东，八月二十三日我们在桂东得到会合。

红军大队七月中刚到酃县时，第二十九团官兵即因政治动摇，欲回湘南家乡，不受约束；第二十八团反对往湘南，欲往赣南，但也不愿回永新。杜修经导扬第二十九团的错误意见，军委亦未能加以阻止，大队遂于七月十七日由酃县出发，向郴州前进。七月二十四日与敌范石生战于郴州，先胜后败，撤出战斗。第二十九团随即自由行动，跑向宜章家乡，结果一部在乐昌被土匪胡凤章消灭，一部散在郴宜各地，不知所终，当日收集的不过百人。幸主力第二十八团损失不大，于八月十八日占领桂东。二十三日，会合从井冈山来的部队，议决经崇义、上犹重回井冈山。当到崇义时，营长袁崇全率一步兵连一炮兵连叛变，虽然追回了这两个连，但牺牲了团长王尔琢。八月三十日敌湘赣两军各一部乘我军欲归未归之际，攻击井冈山。我守军不足一营，凭险抵抗，将敌击溃，保存了这个根据地。

此次失败的原因是：（1）一部官兵动摇思家，失掉战斗力；一部官兵不愿往湘南，缺乏积极性。（2）盛暑远征，兵力疲惫。（3）从酃县冒进数百里，和边界失去联系，成了孤军。（4）湘南群众未起来，成了单纯的军事冒险。（5）敌情不明。（6）准备不好，官兵不了解作战的意义。

割据地区的现势

今年四月以来，红色区域逐渐推广。六月二十三日龙源口（永新宁冈交界）一战，第四次击破江西敌人之后，我区有宁冈、永新、莲花三个全县，吉安、安福各一小部，遂川北部，酃县东南部，是为边界全盛时期。在红色区域，土地大部分配了，小部在分配中。区乡政权普遍建立。宁冈、永新、莲花、遂川都有县政府，并成立了边界政府。乡村普遍组织了工农暴动队，区县两级则有赤卫队。七月赣敌进攻，八月湘赣两敌会攻井冈山，边界各县的县城及平原地区尽为敌据。为虎作伥的保安队、挨户团横行无忌，白色恐怖布满城乡。党的组织和政权的组织大部塌台。富农和党内的投机分子纷纷反水。八月三十日井冈山一战，湘敌始退往酃县，赣敌仍盘踞各县城及大部乡村。然而山区是敌人始终无法夺取的，这在宁冈有西北两区，在永新有北乡的天龙区、西乡的小江区、南乡的万年山区，在莲花有上西区，在遂川有井冈山区，在酃县有青石冈和大院区。七、八两月，红军一个团配合各县赤卫队、暴动队大小数十战，仅失枪三十支，最后退入山区。

我军经崇义、上犹向井冈山回军之际，赣南敌军独立第七师刘士毅部追至遂川。九月十三日，我军击败刘士毅，缴枪数百，占领遂川。九月二十六日回到井冈山。十月一日，与敌熊式辉部周浑元旅战于宁冈获胜，收复宁冈全县。此时湘敌驻桂东的阎仲儒部有一百二十六人投入我军，编为特务营，毕占云为营长。十一月九日，我军又击破周旅一个团于宁冈城和龙源口。翌日进占永新，随即退回宁冈。目前我区南自遂川井冈山南麓，北至莲花边界，包括宁冈全县，遂川、酃县、永新各一部，成一南北狭长的整块。莲花的上西区，永新的天龙区、万年山区，则和整块不甚连属。敌人企图以军事进攻和经济封锁消灭我们的根据地，我们正在准备打破敌人的进攻。

军事问题

边界的斗争，完全是军事的斗争，党和群众不得不一齐军事化。怎样对付敌人，怎样作战，成了日常生活的中心问题。所谓割据，必须是武装的。哪一处没有武装，或者武装不够，或者对付敌人的策略错了，地方就立即被敌人占去了。这种斗争，一天比一天激烈，问题也就非常地繁复和严重。

边界红军的来源：（一）潮汕叶贺[1]旧部；（二）前武昌国民政府警卫团；（三）平浏的农民；（四）湘南的农民和水口山的工人；（五）许克祥、唐生智、白崇禧、朱培德、吴尚、熊式辉等部的俘虏兵；（六）边界各县的农民。但是叶贺旧部、警卫团和平浏农民，经过一年多的战斗，只剩下三分之一。湘南农民，伤亡也大。因此，前四项虽然至今还是红军第四军的骨干，但已远不如后二项多。后二项中又以敌军俘虏为多，设无此项补充，则兵员大成问题。虽然如此，兵的增加和枪的增加仍不相称，枪不容易损失，兵有伤、亡、病、逃，损失甚易。湖南省委答应送安源工人来此，亟盼实行。

红军成分，一部是工人、农民，一部是游民无产者。游民成分太多，当然不好。但因天天在战斗，伤亡又大，游民分子却有战斗力，能找到游民补充已属不易。在此种情形下，只有加紧政治训练的

① 指叶挺、贺龙。

一法。

红军士兵大部分是由雇佣军队来的，但一到红军即变了性质。首先是红军废除了雇佣制，使士兵感觉不是为他人打仗，而是为自己为人民打仗。红军至今没有什么正规的薪饷制，只发粮食、油盐柴菜钱和少数的零用钱。红军官兵中的边界本地人都分得了土地，只是远籍人分配土地颇为困难。

经过政治教育，红军士兵都有了阶级觉悟，都有了分配土地、建立政权和武装工农等项常识，都知道是为了自己和工农阶级而作战。因此，他们能在艰苦的斗争中不出怨言。连、营、团都有了士兵会，代表士兵利益，并做政治工作和民众工作。

党代表制度，经验证明不能废除。特别是在连一级，因党的支部建设在连上，党代表更为重要。他要督促士兵委员会进行政治训练，指导民运工作，同时要担任党的支部书记。事实证明，哪一个连的党代表较好，哪一个连就较健全，而连长在政治上却不易有这样大的作用。因为下级干部死伤太多，敌军俘虏兵往往过来不久，就要当连排长；今年二三月间的俘虏兵，现在有当了营长的。从表面看，似乎既称红军，就可以不要党代表了，实在大谬不然。第二十八团在湘南曾经取消了党代表，后来又恢复了。改称指导员，则和国民党的指导员相混，为俘虏兵所厌恶。且易一名称，于制度的本质无关。故我们决定不改。党代表伤亡太多，除自办训练班训练补充外，希望中央和两省委派可充党代表的同志至少三十人来。

普通的兵要训练半年一年才能打仗，我们的兵，昨天入伍今天就要打仗，简直无所谓训练。军事技术太差，作战只靠勇敢。长时间的休息训练是不可能的，只有设法避开一些战斗，争取时间训练，看可能否。为着训练下级军官，现在办了一个百五十人的教导队，准备经常办下去。希望中央和两省委多派连排长以上的军官来。

湖南省委要我们注意士兵的物质生活，至少要比普通工农的生活好些。现在则相反，除粮食外，每天每人只有五分大洋的油盐柴菜钱，还是难乎为继。仅仅发油盐柴菜钱，每月也需现洋万元以上，全靠打土豪供给。现在全军五千人的冬衣，有了棉花，还缺少布。这样冷了，许多士兵还是穿两层单衣。好在苦惯了。而且什么人都是一样苦，从军长到伙夫，除粮食外一律吃五分钱的伙食。发零用钱，两角即一律两角，四角即一律四角。因此士兵也不怨恨什么人。

作战一次，就有一批伤兵。由于营养不足、受冻和其他原因，官兵病的很多。医院设在山上，用中西两法治疗，医生药品均缺。现在医院中共有八百多人。湖南省委答应办药，至今不见送到。仍祈中央和两省委送几个西医和一些碘片来。

红军的物质生活如此菲薄，战斗如此频繁，仍能维持不敝，除党的作用外，就是靠实行军队内的民主主义。官长不打士兵，官兵待遇平等，士兵有开会说话的自由，废除烦琐的礼节，经济公开。士兵管理伙食，仍能从每日五分的油盐柴菜钱中节余一点作零用，名曰“伙食尾子”，每人每日约得六七十文。这些办法，士兵很满意。尤其是新来的俘虏兵，他们感觉国民党军队和我们军队是两个世界。他们虽然感觉红军的物质生活不如白军，但是精神得到了解放。同样一个兵，昨天在敌军不勇敢，今天在红军很勇敢，就是民主主义的影响。红军像一个火炉，俘虏兵过来马上就熔化了。中国不但人民需要民主主义，军队也需要民主主义。军队内的民主主义制度，将是破坏封建雇佣军队的一个重要的武器。

党的组织，现分连支部、营委、团委、军委四级。连有支部，班有小组。红军所以艰难奋战而不溃散，“支部建在连上”是一个重要原因。两年前，我们在国民党军中的组织，完全没有抓住士兵，即在叶挺部也还是每团只有一个支部，故经不起严重的考验。现在红军中党员和非党员约为一与三之比，即平均四个人中有一个党员。最近决定在战斗兵中发展党员数量，达到党员非党员各半的目的。现在连支部缺乏好的书记，请中央从各地不能立足的活动分子中派遣多人来此充当。湘南来的工作人员，几乎尽数在军中做党的工作。可是八月间在湘南跑散了一些，所以现在不能调出人去。

地方武装有赤卫队和工农暴动队。暴动队以梭镖、鸟枪为武器，乡为单位，每乡一队，人数以乡的大小为比例。职务是镇压反革命，保卫乡政权，敌人来了帮助红军或赤卫队作战。暴动队始于永新，原是秘密的，夺取全县以后，公开了。这个制度现已推行于边界各县，名称未改。赤卫队的武器主要是五响枪，也有九响和单响枪。各县枪数：宁冈百四十，永新二百二十，莲花四十三，茶陵五十，酃县九十，遂川百三十，万安十，共六百八十三。大部是红军发给的，小部是自己从敌人夺取的。各县赤卫队大都经常地和豪绅的保安队、挨户团作战，战斗力日益增强。马日事变以前，各县有农民自卫军。枪数：攸县三百，茶陵三百，酃县六十，遂川五十，永新八十，莲花六十，宁冈（袁文才部）六十，井冈山（王佐部）六十，共九百七十。马日事变后，除袁、王两部无损失外，仅遂川保存六支，莲花保存一支，其余概被豪绅缴去。农民自卫军如此没有把握枪支的能力，这是机会主义路线的结果。现在各县赤卫队的枪支还是很不够，不如豪绅的枪多，红军必须继续在武器上给赤卫队以帮助。在不降低红军战斗力的条件之下，必须尽量帮助人民武装起来。我们业经规定红军每营用四连制，每连步枪七十五支，加上特务连，机关枪连，迫击炮连，团部和三个营部，每团有步枪一千零七十五支。作战缴获的枪，则尽量武装地方。赤卫队的指挥官，由各县派人进红军所办的教导队受训后充当。由红军派远地人到地方去当队长，必须逐渐减少。朱培德、吴尚亦在武装保安队和挨户团，边界各县豪绅武装的数量和战斗力，颇为可观。我们红色地方武装的扩大，更是刻不容缓。

红军以集中为原则，赤卫队以分散为原则。当此反动政权暂时稳定时期，敌人能集中大量军力来打红军，红军分散是不利的。我们的经验，分兵几乎没有一次不失败，集中兵力以击小于我或等于我或稍大于我之敌，则往往胜利。中央指示我们发展的游击区域，纵横数千里，失之太广，这大概是对我们力量估计过大的缘故。赤卫队则以分散为有利，现在各县赤卫队都采取分散作战办法。

对敌军的宣传，最有效的方法是释放俘虏和医治伤兵。敌军的士兵和营、连、排长被我们俘虏过来，即对他们进行宣传工作，分为愿留愿去两种，愿去的即发路费释放。这样就把敌人所谓"共匪见人就杀"的欺骗，立即打破。杨池生的《九师旬刊》，对于我们的这种办法有"毒矣哉"的惊叹。红军士兵们对于所捉俘虏的抚慰和欢送，十分热烈，在每次"欢送新弟兄大会"上，俘虏兵演说也回报我们以热烈的感激。医治敌方伤兵，效力也很大。聪明的敌人例如李文彬，近来也仿效我们的办法，不杀俘虏，医治被俘伤兵。不过，在再作战时，我们的人还是有拖枪回来的，这样的事已有过两回。此外，文字宣传，如写标语等，也尽力在做。每到一处，壁上写满了口号。惟缺绘图的技术人才，请中央和两省委送几个来。

军事根据地：第一个根据地是井冈山，介在宁冈、酃县、遂川、永新四县之交。北麓是宁冈的茅坪，南麓是遂川的黄坳，两地相距九十里。东麓是永新的拿山，西麓是酃县的水口，两地相距百八十里。四周从拿山起经龙源口（以上永新）、新城、茅坪、大陇（以上宁冈）、十都、水口、下村（以上酃县）、营盘圩、戴家埔、大汾、堆子前、黄坳、五斗江、车坳（以上遂川）到拿山，共计五百五十里。山上大井、小井、上井、中井、下井、茨坪、下庄、行洲、草坪、白银湖、罗浮各地，均有水田和村庄，为自来土匪、散军窟宅之所，现在作了我们的根据地。但人口不满两千，产谷不满万担，军粮全靠宁冈、永新、遂川三县输送。山上要隘，都筑了工事。医院、被服厂、军械处、各团留守处，均在这里。现在正从宁冈搬运粮食上山。若有充足的给养，敌人是打不进来的。第二个根据地是宁冈、永新、莲花、茶陵四县交界的九陇山，重要性不及井冈山，为四县地方武装的最后根据地，也筑了工事。在四围白色政权中间的红色割据，利用山险是必要的。

土地问题

边界土地状况：大体说来，土地的百分之六十以上在地主手里，百分之四十以下在农民手里。江西方面，遂川的土地最集中，约百分之八十是地主的。永新次之，约百分之七十是地主的。万安、宁冈、莲花自耕农较多，但地主的土地仍占比较的多数，约百分之六十，农民只占百分之四十。湖南方面，茶陵、酃县两县均有约百分之七十的土地在地主手中。

中间阶级问题：在上述土地状况之下，没收一切土地重新分配，是能得到大多数人拥护的。但农村中略分为三种阶级，即大、中地主阶级，小地主、富农的中间阶级，中农、贫农阶级。富农往往与小地主利害联在一起。富农土地在土地总额中占少数，但与小地主土地合计，则数量颇大。这种情形，恐全国亦差不多。边界对于土地是采取全部没收、彻底分配的政策；故在红色区域，豪绅阶级和中间阶级，同被打击。政策是如此，实际执行时却大受中间阶级的阻碍。当革命初期，中间阶级表面上投降贫农阶级，实际则利用他们从前的社会地位及家族主义，恐吓贫农，延宕分田的时间。到无可延宕时，即隐瞒土地实数，或自据肥田，把瘠田让人。此时期内，贫农因长期地被摧残及感觉革命胜利无保障，往往接受中间阶级的意见，不敢积极行动。必待进至革命高涨，如得了全县甚至几县政权，反动军队几次战败，红军的威力几次表现之后，农村中才有对于中间阶级的积极行动。如永新南乡，是中间阶级最多的地方，延宕分田及隐瞒土地也最厉害。到六月二十三日龙源口红军大胜之后，区政府又处理了几个延宕分田的人，才实际地分下去。但是无论哪一县，封建的家族组织十分普遍，多是一姓一个村子，或一姓几个村子，非有一个比较长的时间，村子内阶级分化不能完成，家族主义不能战胜。

白色恐怖下中间阶级的反水：中间阶级在革命高涨时受到打击，白色恐怖一来，马上反水。引导反动军队大烧永新、宁冈革命农民的房子的，就是两县的小地主和富农。他们依照反动派的指示，烧屋、捉人，十分勇敢。红军再度到宁冈新城、古城、砻市一带时，有数千农民听信反动派的共产党将要杀死他们的宣传，跟了反动派跑到永新。经过我们“不杀反水农民”、“欢迎反水农民回来割禾”的宣传之后，才有一些农民慢慢地跑回来。

全国革命低潮时，割据地区最困难的问题，就在拿不住中间阶级。中间阶级之所以反叛，受到革命的过重打击是主因。然若全国在革命高涨中，贫农阶级有所恃而增加勇气，中间阶级亦有所惧而不敢乱为。当李宗仁唐生智战争向湖南发展时，茶陵的小地主向农民求和，有送猪肉给农民过年的（这时红军已退出茶陵向遂川去了）。李唐战争结束，就不见有这等事了。现在全国是反革命高涨时期，被打击的中间阶级在白色区域内几乎完全附属于豪绅阶级去了，贫农阶级成了孤军。此问题实在严重得很。

日常生活压迫，影响中间阶级反水：红区白区对抗，成为两个敌国。因为敌人的严密封锁和我们对小资产阶级的处理失当这两个原因，两区几乎完全断绝贸易，食盐、布匹、药材等项日常必需品的缺乏和昂贵，木材、茶油等农产品不能输出，农民断绝进款，影响及于一般人民。贫农阶级比较尚能忍受此苦痛，中等阶级到忍不住时，就投降豪绅阶级。中国豪绅军阀的分裂和战争若不是继续进行的，全国革命形势若不是向前发展的，则小块地区的红色割据，在经济上将受到极大的压迫，割据的长期存在将成问题。因为这种经济压迫，不但中等阶级忍不住，工人、贫农和红军亦恐将有耐不住之时。永新、宁冈两县没有盐吃，布匹、药材完全断绝，其他更不必说。现在盐已有卖，但极贵。布匹、药材仍然没有。宁冈及永新西部、遂川北部（以上均目前割据地）出产最多的木材和茶油，仍然运不出去。

土地分配的标准：以乡为分配土地的单位。山多田少地方，如永新之小江区，以三四乡为一个单位去分配的也有，但极少。所有乡村中男女老幼，一律平分。现依中央办法，改以劳动力为标准，能劳动的比不能劳动的多分一倍。

向自耕农让步问题：尚未详细讨论。自耕农中之富农，自己提出要求，欲以生产力为标准，即人工和资本（农具等）多的多分田。富农觉得平均分和按劳动力分两种方法都于他们不利。他们的意思，在人工方面，他们愿意多努力，加上资本的力量，他们可以多得收获。若照普通人一样分了，蔑视了（闲置了）他们的特别努力和多余的资本，他们是不愿意的。此间仍照中央办法执行。但此问题，仍当讨论，候得结论再作报告。

土地税：宁冈收的是百分之二十，比中央办法多收半成，已在征收中，不好变更，明年再减。此外，遂川、酃县、永新各一部在割据区域内，都是山地，农民太苦，不好收税。政府和赤卫队用费，靠向白色区域打土豪。至于红军给养，米暂可从宁冈土地税取得，钱亦完全靠打土豪。十月在遂川游击，筹得万余元，可用一时，用完再讲。

政权问题

县、区、乡各级民众政权是普遍地组织了，但是名不副实。许多地方无所谓工农兵代表会。乡、区两级乃至县一级，政府的执行委员会，都是用一种群众会选举的。一哄而集的群众会，不能讨论问题，不能使群众得到政治训练，又最便于知识分子或投机分子的操纵。一些地方有了代表会，亦仅认为是对执行委员会的临时选举机关；选举完毕，大权揽于委员会，代表会再不谈起。名副其实的工农兵代表会组织，不是没有，只是少极了。所以如此，就是因为缺乏对于代表会这个新的政治制度的宣传和教育。封建时代独裁专断的恶习惯深中于群众乃至一般党员的头脑中，一时扫除不净，遇事贪图便利，不喜欢麻烦的民主制度。民主集中主义的制度，一定要在革命斗争中显出了它的效力，使群众了解它是最能发动群众力量和最利于斗争的，方能普遍地真实地应用于群众组织。我们正在制订详细的各级代表会组织法（依据中央的大纲），把以前的错误逐渐纠正。红军中的各级士兵代表会议，现亦正在使之经常建立起来，纠正从前只有士兵委员会而无士兵代表会的错误。

现在民众普遍知道的“工农兵政府”，是指委员会，因为他们尚不认识代表会的权力，以为委员会才是真正的权力机关。没有代表大会作依靠的执行委员会，其处理事情，往往脱离群众的意见，对没收及分配土地的犹豫妥协，对经费的滥用和贪污，对白色势力的畏避或斗争不坚决，到处发现。委员会也很少开全体会，遇事由常委处决。区乡两级政府则常委会也少开，遇事由主席、秘书、财务或赤卫队长（暴动队长）各自处理决定，这四个人是经常驻会的。所以，民主集中主义，在政府工作中也用得不习惯。

初期的政府委员会中，特别是乡政府一级，小地主富农争着要干。他们挂起红带子，装得很热心，用骗术钻入了政府委员会，把持一切，使贫农委员只作配角。只有在斗争中揭破了他们的假面，贫农阶级起来之后，方能去掉他们。这种现象虽不普遍，但在很多地方都发现了。

党在群众中有极大的威权，政府的威权却差得多。这是由于许多事情为图省便，党在那里直接做了，把政权机关搁置一边。这种情形是很多的。政权机关里的党团组织有些地方没有，有些地方有了也用得不完满。以后党要执行领导政府的任务；党的主张办法，除宣传外，执行的时候必须通过政府的组织。国民党直接向政府下命令的错误办法，是要避免的。

党的组织问题

与机会主义斗争的经过：马日事变前后，边界各县的党，可以说是被机会主义操纵的。当反革命到来时，很少坚决的斗争。去年十月，红军（工农革命军第一军第一师第一团）到达边界各县时，只剩下若干避难藏匿的党员，党的组织全部被敌人破坏了。十一月到今年四月，为重新建党时期，五月以后为大发展时期。一年以来，党内机会主义现象仍然到处发现：一部分党员无斗争决心，敌来躲入深山，叫做“打埋伏”；一部分党员富有积极性，却又流于盲目的暴动。这些都是小资产阶级思想的表现。这种情形，经过长期的斗争锻炼和党内教育，逐渐减少了。同时，在红军中，这种小资产阶级的思想，也是存在的。敌人来了，主张拼一下，否则就要逃跑。这两种思想，往往在讨论作战时由一个人说出来。经过了长时间党内的斗争和客观事实的教训，例如拼一下遭了损伤，逃跑遭了失败，才逐渐地改变过来。

地方主义：边界的经济，是农业经济，有些地方还停留在杵臼时代（山地大都用杵臼舂米，平地方有许多石碓）。社会组织是普遍地以一姓为单位的家族组织。党在村落中的组织，因居住关系，许多是一姓的党员为一个支部，支部会议简直同时就是家族会议。在这种情形下，“斗争的布尔什维克党”的建设，真是难得很。说共产党不分国界省界的话，他们不大懂，不分县界、区界、乡界的话，他们也是不大懂得的。各县之间地方主义很重，一县内的各区乃至各乡之间也有很深的地方主义。这种地方主义的改变，说道理，至多发生几分效力，多半要靠白色势力的非地方主义的压迫。例如反革命的两省“会剿”，使人民在斗争中有了共同的利害，才可以逐渐地打破他们的地方主义。经过了许多这样的教训，地方主义是减少了。

土客籍问题：边界各县还有一件特别的事，就是土客籍的界限。土籍的本地人和数百年前从北方移来的客籍人之间存在着很大的界限，历史上的仇怨非常深，有时发生很激烈的斗争。这种客籍人从闽粤边起，沿湘、赣两省边界，直至鄂南，大概有几百万人。客籍占领山地，为占领平地的土籍所压迫，素无政治权利。前年和去年的国民革命，客籍表示欢迎，以为出头有日。不料革命失败，客籍被土籍压迫如故。我们的区域内，宁冈、遂川、酃县、茶陵，都有土客籍问题，而以宁冈的问题为最严重。前年至去年，宁冈的土籍革命派和客籍结合，在共产党领导之下，推翻了土籍豪绅的政权，掌握了全县。去年六月，江西朱培德政府反革命，九月，豪绅带领朱培德军队“进剿”宁冈，重新挑起土客籍人民之间斗争。这种土客籍的界限，在道理上讲不应引到被剥削的工农阶级内部来，尤其不应引到共产党内部来。然而在事实上，因为多年遗留下来的习惯，这种界限依然存在。例如边界八月失败，土籍豪绅带领反动军队回宁冈，宣传客籍将要杀土籍，土籍农民大部分反水，挂起白带子，带领白军烧屋搜山。十月、十一月红军打败白军，土籍农民跟着反动派逃走，客籍农民又去没收土籍农民的财物。这种情况，反映到党内来，时常发生无谓的斗争。我们的办法是一面宣传“不杀反水农民”，“反水农民回来一样得田地”，使他们脱离豪绅的影响，安心回家；一面由县政府责令客籍农民将没收的财物退还原主，并出布告保护土籍农民。在党内，加紧教育，务使两部分党员团结一致。

投机分子的反水：革命高涨时（六月），许多投机分子乘公开征收党员的机会混入党内，边界党员数量一时增到一万以上。支部和区委的负责人多属新党员，不能有好的党内教育。白色恐怖一到，投机分子反水，带领反动派捉拿同志，白区党的组织大半塌台。九月以后，厉行洗党，对于党员成分加以严格的限制。永新、宁冈两县的党组织全部解散，重新登记。党员数量大为减少，战斗力反而增加。过去党的组织全部公开，九月以后，建设秘密的组织，准备在反动派来了也能活动。同时多方伸入白区，在敌人营垒中去活动。但在附近各城市中还没有党的基础。其原因一因城市中敌人势力较大，二因我军在占领这些城市时太损害了资产阶级的利益，致使党员在那里难于立足。现在纠正错误，力求在城市中建设我们的组织，但成效尚不多见。

党的领导机关：支部干事会改称委员会。支部上为区委，区委上为县委。区委县委之间因特别情况有组织特别区委的，如永新的北乡特区及东南特区。边区共有宁冈、永新、莲花、遂川、酃县五个县委。茶陵原有县委，因工作做不进去，去冬今春建设的许多组织大部被白色势力打塌了，半年以来只能在靠近宁冈永新一带的山地工作，因此将县委改为特别区委。攸县、安仁均须越过茶陵，派人去过，无功而返。万安县委一月间曾和我们在遂川开过一次联席会议，大半年被白色势力隔断，九月红军游击到万安，才又接一次头。有八十个革命农民跟随到井冈山，组织万安赤卫队。安福没有党的组织。吉安邻接永新，吉安县委仅和我们接过两次头，一点帮助不给，奇怪得很。桂东的沙田一带，三月八月两度分配土地，建设了党的组织，属于以龙溪十二洞为中心的湘南特委管辖。各县县委之上为湘赣边界特委。五月二十日，边界党的第一次代表大会在宁冈茅坪开会，选举第一届特委会委员二十三人，毛泽东为书记。七月湖南省委派杨开明来，杨代理书记。九月杨病，谭震林代理书记。八月红军大队往湘南，白色势力高压边界，我们曾在永新开过一次紧急会议。十月红军返至宁冈，乃在茅坪召集边界党的第二次代表大会。十月四日起开会三天，通过了《政治问题和边界党的任务》等决议，选举了谭震林、朱德、陈毅、龙超清、朱昌偕、刘天干、盘圆珠、谭思聪、谭兵、李却非、朱亦岳、袁文才、王佐农、陈正人、毛泽东、宛希先、王佐、杨开明、何挺颖等十九人为第二届特委会的委员。五人为常委，谭震林（工人）为书记，陈正人（知识分子）为副书记。十一月十四日红军第六次全军大会，选举二十三人组织军委，五人为常委，朱德为书记。特委及军委统辖于前委。前委是十一月六日重新组织的，依中央的指定，以毛泽东、朱德、地方党部书记（谭震林）、一工人同志（宋乔生）、一农民同志（毛科文）五人组成，毛泽东为书记。前委暂设秘书处、宣传科、组织科和职工运动委员会、军事委员会。前委管理地方党。特委仍有存在的必要，因为前委有时要随军行动。我们感觉无产阶级思想领导的问题，是一个非常重要的问题。边界各县的党，几乎完全是农民成分的党，若不给以无产阶级的思想领导，其趋向是会要错误的。除应积极注意各县城和大市镇的职工运动外，并应在政权机关中增加工人的代表。党的各级领导机关也应增加工人和贫农的成分。

革命性质问题

我们完全同意共产国际关于中国问题的决议。中国现时确定还是处在资产阶级民权革命的阶段。中国彻底的民权主义革命的纲领，包括对外推翻帝国主义，求得彻底的民族解放；对内肃清买办阶级的在城市的势力，完成土地革命，消灭乡村的封建关系，推翻军阀政府。必定要经过这样的民权主义革命，方能造成过渡到社会主义的真正基础。我们一年来转战各地，深感全国革命潮流的低落。一方面有少数小块地方的红色政权，一方面全国人民还没有普通的民权，工人农民以至民权派的资产阶级，一概没有言论集会的权利，加入共产党是最大的犯罪。红军每到一地，群众冷冷清清，经过宣传之后，才慢慢地起来。和敌军打仗，不论哪一军都要硬打，没有什么敌军内部的倒戈或暴动。马日事变后招募"暴徒"最多的第六军，也是这样。我们深深感觉寂寞，我们时刻盼望这种寂寞生活的终了。要转入到沸热的全国高涨的革命中去，则包括城市小资产阶级在内的政治的经济的民权主义斗争的发动，是必经的道路。

对小资产阶级的政策，我们在今年二月以前，是比较地执行得好的。三月湘南特委的代表到宁冈，批评我们太右，烧杀太少，没有执行所谓"使小资产变成无产，然后强迫他们革命"的政策，于是改变原来前委的领导人，政策一变。四月全军到边界后，烧杀虽仍不多，但对城市中等商人的没收和乡村小地主富农的派款，是做得十分厉害的。湘南特委提出的"一切工厂归工人"的口号，也宣传得很普遍。这种打击小资产阶级的过左的政策，把小资产阶级大部驱到豪绅一边，使他们挂起白带子反对我们。近来逐渐改变这种政策，情形渐渐好些。在遂川特别收到了好的效果，县城和市镇上的商人不畏避我们了，颇有说红军的好话的。草林圩上逢圩（日中为市，三天一次），到圩两万人，为从来所未有。这件事，证明我们的政策是正确的了。豪绅对人民的税捐很重，遂川靖卫团在黄坳到草林七十里路上要抽五道税，无论什么农产都不能免。我们打掉靖卫团，取消这些税，获得了农民和中小商人全体的拥护。

中央要我们发布一个包括小资产阶级利益的政纲，我们则提议请中央制订一个整个民权革命的政纲，包括工人利益、土地革命和民族解放，使各地有所遵循。

以农业为主要经济的中国的革命，以军事发展暴动，是一种特征。我们建议中央，用大力做军事运动。

割据地区问题

广东北部沿湖南江西两省边界至湖北南部，都属罗霄山脉区域。整个的罗霄山脉我们都走遍了；各部分比较起来，以宁冈为中心的罗霄山脉的中段，最利于我们的军事割据。北段地势不如中段可进可守，又太迫近了大的政治都会，如果没有迅速夺取长沙或武汉的计划，则以大部兵力放在浏阳、醴陵、萍乡、铜鼓一带是很危险的。南段地势较北段好，但群众基础不如中段，政治上及于湘赣两省的影响也小些，不如中段一举一动可以影响两省的下游。中段的长处：（1）有经营了一年多的群众基础。（2）党的组织有相当的基础。（3）经过一年多的时间，创造了富有斗争经验的地方武装，这是十分难得的；这个地方武装的力量，加上红军第四军的力量，是任凭什么敌人也不能消灭的。（4）有很好的军事根据地——井冈山，地方武装的根据地则各县都有。（5）影响两省，且能影响两省的下游，比较湘南赣南等处只影响一省，且在一省的上游和僻地者，政治意义大不相同。中段的缺点，是因割据已久，"围剿"军多，经济问题，特别是现金问题，十分困难。

湖南省委对于此间的行动计划，六七月间数星期内，曾三变其主张。第一次袁德生来，赞成罗霄山脉中段政权计划。第二次杜修经、杨开明来，主张红军毫不犹豫地向湘南发展，只留二百支枪会同赤卫队保卫边界，并说这是"绝对正确"的方针。第三次袁德生又来，相隔不过十天，这次信上除骂了我们一大篇外，却主张红军向湘东去，又说是"绝对正确"的方针，而且又要我们"毫不犹豫"。我们接受了这样硬性的指示，不从则迹近违抗，从则明知失败，真是不好处。当第二次信到时，军委、特委、永新县委举行联席会议，认为往湘南危险，决定不执行省委的意见。数天之后，却由杜修经杨开明坚持省委意见，利用第二十九团的乡土观念，把红军拉去攻郴州，致边界和红军一齐失败。红军数量上约损失一半；边界则被焚之屋、被杀之人不可胜数，各县相继失陷，至今未能完全恢复。至于往湘东，在湘鄂赣三省豪绅政权尚未分裂之前，亦决不宜用红军的主力去。设七月无去湘南一举，则不但可免边界的八月失败，且可乘国民党第六军和王均战于江西樟树之际，击破永新敌军，席卷吉安、安福，前锋可达萍乡，而与北段之红第五军取得联络。即在这种时候，也应以宁冈为大本营，去湘东的只能是游击部队。因豪绅间战争未起，湘边酃县、茶陵、攸县尚有大敌，主力北向，必为所乘。中央要我们考虑往湘东或往湘南，实行起来都很危险，湘东之议虽未实现，湘南则已有证验。这种痛苦的经验，是值得我们时时记着的。

现在是豪绅阶级统治还没有破裂的时期，环边界而"进剿"的敌军，尚有十余团之多。但若我们于现金问题能继续找得出路（粮食衣服已不成大问题），则凭借边界的基础，对付此数敌人，甚至更多的敌人，均有办法。为边界计，红军若走，则像八月那样的蹂躏，立可重来。赤卫队虽不至完全消灭，党和群众的基础将受到极大的摧残，除山头割据可以保存一些外，平地均将转入秘密状态，如八九月间一样。红军不走，以现在的基础可以逐渐向四周发展，前途的希望是很大的。为红军计，欲求扩大，只有在有群众基础的井冈山四周即宁冈、永新、酃县、遂川四县，利用湘赣两敌利害不一致，四面防守，无法集中的情况，和敌人作长期的斗争。利用正确的战术，不战则已，战则必胜，必有俘获，如此可以逐渐扩大红军。以四月至七月那时边界群众的准备，红军大队若无湘南之行，则八月间红军的扩大是没有疑义的。虽然犯了一次错误，红军已卷土重来此地利人和之边界，前途希望还是不恶。红军必须在边界这等地方，下斗争的决心，有耐战的勇气，才能增加武器，练出好兵。边界的红旗子，业已打了一年，虽然一方面引起了湘鄂赣三省乃至全国豪绅阶级的痛恨，另一方面却渐渐引起了附近省份工农士兵群众的希望。以士兵论，因军阀们把向边界"剿匪"当做一件大事，"剿匪经年，耗费百万"（鲁涤平），"人称二万，枪号五千"（王均），如此等类的话，逐渐引起敌军士兵和无出路的下级官长对我们注意，自拔来归的将日益增多，红军扩充，又是一条来路。并且边界红旗子始终不倒，不但表示了共产党的力量，而且表示了统治阶级的破产，在全国政治上有重大的意义。所以我们始终认为罗霄山脉中段政权的创造和扩大，是十分必要和十分正确的。

（根据人民出版社一九九一年出版的《毛泽东选集》第一卷刊印）

中共中央给红军第四军前委的指示信 *

——关于军阀混战的形势与红军的任务

（一九二九年九月二十八日）

四军前委并转全体同志：

陈毅同志来，详谈一切。中央于其口头及书面报告后，决定给前委以下列之指示：

一、目前军阀混战的形势

中国政局自蒋①桂、蒋冯②战争后，表面上蒋系的南京政府得了胜利，资产阶级的政治影响加大了些，但实际上一切引起战争的矛盾并未解决，且日益加深的向前发展，因此反蒋的军阀混战又由酝酿至于爆发。美帝国主义与中国定了航空合同，英帝国主义定了中英海军协定，日本帝国主义满蒙计划的急进，各帝国主义都努力在华的军事布置，这都表示帝国主义间互相冲突的尖锐化。中东路问题是帝国主义联合进攻苏联的露骨表现，亦还是各帝国主义在要开始战争前之首

* 这个指示信是陈毅按照周恩来多次谈话和中共中央会议的精神代中央起草并经周恩来审定的。

① 指蒋介石。

② 指冯玉祥。

先要解决的问题。帝国主义冲突的激烈成了军阀混战的主要动因。再则蒋桂、蒋冯战争后，并没能在这些战争中获得了什么实际利益，固然一方面削弱了封建势力的一部分，但另一方面的封建势力却又抬起头来，这乃资产阶级本身力量微弱必须拉拢封建势力以自固的必然命运。资产阶级利用封建势力去打击封建势力的这种企图，不但不能解决两个阶级的矛盾，而且成为军阀混战的又一动因。又中国军阀因数个帝国主义的唆使，中国经济破产的加速，庞大军队需要财源维持，因此为各自争夺地盘与饷源又推动着军阀混战的危机。上面这三种矛盾是军阀混战的动因，亦是军阀混战所不能解决的。每一次混战只有使这三种矛盾加深。目前反蒋的军阀战争就是上次蒋桂冯混战的继续，这次混战爆发后，也当然要继续发展下去，除非工农兵暴动的力量而外，绝没有第二种方法可以解决这种引起军阀混战的各种矛盾。这是我们应该坚决认定的。

目前蒋系政府把持南京反革命政权，对外得了帝国主义承认，想独揽出卖民族利益的特权，对内把持长江下游财权及重要军械制造所，自然要成为众矢之的，造成全国其他军阀各派的反蒋联合。蒋系除浙江比较统一外，其余各省都处着反蒋的势力。蒋的嫡系军队号称九师，此九师有些还系改编别人的部队，同时有改组派从中活动，所以亦包含有反蒋的分子。这些是蒋本身的弱点。在反蒋方面以汪陈[①]派的改良主义的理论为旗帜，但没有一个中心势力。南方各省散布着不少的反蒋力量，在表面上可以为改组派利用，但实际上还各怀鬼胎，如张发奎、俞作柏都想攻下广东，而彼此则不相下。冯唐[②]朱诸系军阀则想攻下南京武汉，而本身的利害又各冲突。北方阎[③]、张两

① 指汪精卫、陈公博。
② 指唐生智。
③ 指阎锡山。

派则自知无力统治南京，故始终有在北京建立中央政权的企图，对于拥护改组派便不十分积极。同时各派部下都有被蒋收买之事，阎部下另成系统与蒋不无关系。奉张内部有新旧之争，新派自杨、常①死后势力大衰，张学良对于旧派已不能如意支配，旧派则忠顺于日本帝国主义，因此入关的企图十分积极。中东路问题发生后，显然与蒋有冲突。这都是军阀间不能协调互相排挤的实况。张发奎事件发生后，显然是改组派反蒋运动开始爆发的第一声，武汉战争、两广战争都有扩大为全国混战的可能。如蒋得一时胜利，混战局面并不能因之消灭，且必然要继续发生；如改组派胜利，则小军阀割据局面更要加多。军阀战争的目的只有争夺反革命政权以便于出卖民族独立利益，夺取地盘以加紧剥削工农，反蒋与护蒋两方皆是如此的。党在军阀混战中，应该采取失败主义的策略。发动广大群众，反对军阀混战。这一工作须与群众日常斗争相联系，这是走向以工农兵暴动的力量消灭军阀战争的正确道路。

在军阀混战中，我们不可过分去估量，专空想一些大的斗争到来，而忽略许多切实的群众日常斗争工作，尤其在红军中更要注意到敌人的“会剿”。应付敌人“会剿”是红军经常应注意的问题，不可因为军阀混战爆发，便松懈起来疏忽起来，尤不可因军阀混战暂时休止，便恐慌起来。我们应认清军阀“会剿”红军，有他必然要遇到的困难，常常使“会剿”不能完局反而便利于我们的发展，但并不因此便使我们不注意“会剿”，不下决心去与敌人作艰苦斗争了。前委过去尝根据红军近邻军阀的行动来判断整个统治局面的稳定与动摇，这样的分析是不对的。前委要十分注意纠正军事同志以红军为革命本位的狭隘观念，根据红军部分的环境去观察整个革命形势，这是万分不

① 指杨宇霆、常荫槐。

够的，而且一定要陷于错误。军阀对红军曾三次的“围剿”，每次都含着两方面的意义：一面固然是在共同进攻革命势力，一面却又是军阀为了准备自己战争，必须先求解决红军以固后防，过去湘、赣、粤“三省会剿”以及最近闽、赣、粤“三省会剿”皆是如此。最近蒋派刘和鼎入闽，固然为的进攻朱毛[①]，但还有一个解决张贞的任务，因此闽军每一部分都互相戒备，对于进攻红军反互相推诿起来。粤军在二陈[②]冲突、两广冲突的形势下面，虽然有入闽部队，现亦急急撤退。金汉鼎部自朱培德失掉江西地盘、王均调蚌埠后，独处赣南，此次又参加改组派运动，对红军几月来皆采取防御性质。这就是“三省会剿”的实际。红军应该采取坚决斗争的前进精神，认识整个的敌人的形势，团结广大群众来打破敌人的“会剿”，不要存丝毫退却苟全的犹豫念头。红军存在于反动政局走向崩溃及土地革命向前发展的过程中，中国的地势辽阔也是一个条件，从你们过去的艰苦经验中就可以证明。先有农村红军，后有城市政权，这是中国革命的特征，这是中国经济基础的产物。如有人怀疑红军的存在，他就是不懂得中国革命的实际，就是一种取消观念。如果红军中藏有这种取消观念，于红军有特殊的危险，前委应该坚决的予以斗争，以教育的方法肃清。在目前反动政局走向崩溃过程中，在全国革命高潮未来时，红军此时主要的采取粤、湘、赣、闽四省边界游击的策略是对的，但要注意使这四个区域的赤色势力联系起来。红军尤要加紧帮助发动群众斗争以取得广大群众拥护。有了广大群众在红军的周围，红军的一切困难及本身发展便将较顺利的得以解决。

二、红军的根本任务与其前途

目前红军的基本任务主要的有以下几项：一、发动群众斗争，实

① 指朱德、毛泽东。

② 指陈铭枢、陈济棠。

行土地革命，建立苏维埃政权；二、实行游击战争，武装农民，并扩大本身组织；三、扩大游击区域及政治影响于全国。红军不能实现上面三个任务，则与普通军队无异。红军第四军两年来对于上述任务克尽了一部分，在全国政治局势中有极大影响，这证明了统治阶级在乡村力量的薄弱，证明了革命势力的存在与发展。红军四军有此种伟大意义是我们不能否认的。继续努力下去，将必然要成为全国革命高潮的动力之一，这是无疑义的。红军四军的同志务要明了自己的任务的重大。

至红军是否应该固守一个地区的割据，这个问题你们在行动中常常碰见。要知在统治阶级政权未崩溃以及革命高潮未到来的时期，红军应该是采取经常游击的政策，若停留在一个地区，或企图固守一个地带，求其继续存在，这不但不可能而且必然陷于失败。过去罗霄山脉政权的经验告诉了我们。在一省或几省以上的政权就不然，因为他有一个比较足以维持的经济基础，自然有可能作为一个发展或保持的根据。总之，农村的政权或游击队应该是一个斗争的单位，实行游击四向发展的策略，保守必然要失败。反之，预定一年内夺取江西全省政权的决定，也是错误的。

三、红军发展方向及其战略

红军发展的方向，应该向着群众有发展斗争可能的地方，去扶助其发展，使当地的革命斗争深入。若经常停滞在边境，在缺乏斗争的某些边境，将减少了红军的政治意义。对于敌人军事力量空虚地带或乡村中白色势力范围，应实行游击，以驱逐反动势力，发动群众斗争。对于较小于我的敌人，应该坚决地去歼灭他，非如此不能扩大本身及群众武装，绝不可有保存实力观望时局的等待倾向。固然亦决不应以较小兵力硬与较强之敌人作殊死战，致非牺牲偌大兵力，不能有胜利把握，而敌人又可从容退去，丝毫不能扩大红军武装，这种打硬仗的办法是无益于游击战争的，但这决不能动摇围缴敌人武装以扩大自己的必要信念。红军不从斗争中锻炼自己绝不能发展。我们有了避免战斗的观念，必然要错过许多可以使自己发展的良机。这是关于红军发展的主要几点，是最值得注意的。

关于红军战争中之分兵与集中问题，过去四军各级党部曾有讨论，中间有分散红军，分兵后不必要有联络，集中怕目标太大等不正确观念。分兵与集中只是某一个时期中工作方式的利便问题，绝不能把红军四军分成几路各不相属的部队，这样就是分散而不是分兵，或者把红军四军分小，化成无数的游击队而不相联属。两者皆是取消观念，皆原于对政局的估量不正确，恐惧反动势力稳定，红军会被要消灭，才发生减小目标各个自了自己的右倾思想。这种倾向于红军发展及对全国政治影响有极大危险。红军四军此时的主要任务是如何去实行游击以求本身的扩大，如何集中力量去实现党的政治口号以发动群众斗争。分兵游击集中指导是不可移易的原则。分兵时应密切联络互相策应，应防敌人各个击破。红军四军两年来集中奋斗，渡过各种难关，此种艰苦的经验不应为全体同志忽视。至于全军如集中行动，当然有一些困难，如行军、宿营、给养等之不轻便，但这大部分是一些属于技术上的困难，绝不能因此而取消集中指挥的必要条件与忽视了对于全国政治影响的伟大作用。

关于一般战术问题，如前委来信所提出之波浪式推进，兜圈子以及十六字诀等办法，应就实际情况去运用，不能定为一个原则。前委在两年奋斗中已有不少经验可以运用，中央在此不作机械的指示。

四、红军与群众

前委在过去忽略了所到地区之群众的日常斗争。红军本身是一种阶级的集聚力量，所到地区豪绅等多已闻风逃窜，群众在军事力量掩护下勇气倍增，一切行动自然是政治的或军事的，但党的指导绝不要忽略群众日常生活上许多未解决的问题。全国有苏维埃区域的党均忽视了这个问题。红军四军经过许多群众未曾发动的地方，不要只是提出一般的政治口号，应该细心去了解群众日常生活的需要，从群众日常生活斗争引导到政治斗争以至武装斗争，这种斗争才是群众本身所需要的，才不是单纯军事力量的发动，才不是少数个人英勇的硬干，才会团结广大群众在党的周围，这对于地方党部工作之帮助，特别要指示这一点。

红军到一地区不要只是找地方党部，应该与地方的群众组织工会、农会开联席会，发生密切关系。在政治上，在宣传上，在斗争上都要与工农会协议共同去做，红军不要单独去干或者只是发命令，然后才可以扩大红军在工农中的政治影响，提高群众对于自己组织的信仰与效能。如群众尚未组成工农会，则更应帮助群众建立自己的群众组织。

红军对于苏维埃政权应帮助群众去建立并扶助其工作之发展，从一切斗争中帮助群众建立自己政权的基础。要提高农会的信仰，一切问题都拿到农会去解决，做成转变为苏维埃的基础，例如一切政治布告等要与农会共同联名发出，增加群众组织的威信，使群众相信自己政权的力量。

红军群众工作，四军过去有相当努力，兹特别指出重要几点：第一，关于调查工作应切实去做。过去有许多调查成绩，因没人统计以致放弃，甚属可惜。前委应指定专人去做，这个工作做得好，对于了解中国农村实际生活及帮助土地革命策略之决定有重大意义。第二，关于宣传工作务求其扩大，不要只限于红军游击区域以内，可用寄信方法及于大都会的群众，则影响更大。第三，关于组织工作，如反帝组织、拥护苏联组织、雇农工会及其他的平常有助于革命的临时组织都很重要，要用各种方法去建立。第四，关于肃清反革命工作要经过群众组织来执行，才有群众的意义，而且这一工作要特别加深。第五，关于筹款工作亦要经过群众路线，不要由红军单独去干。此时固然做不到由群众组织来担负红军给养，但在筹款时要用群众组织去执行才有意义。党与红军有时可斟酌情形在群众中募捐，尤其红军的给养，更应在群众中举行盛大的募集以扩大红军影响。关于经费支配亦要顾及群众组织，与其共同支配，一切经费的开支应多用在群众工作之支付上，绝不要大半作为党费开支，养成党之腐化。第六，对于武装工农问题，四军同志中尚保存有许多不正确的观念，以致工作没有做好。好枪不发给地方，坏枪尽数送给农民，把群众与红军分做两个东西，有根本不相信群众力量的危险。须知红军与工农的武装力量是相成的而不是相消的，固然有些地区群众斗争尚未起来，先发给以武装不能有多大作用，或者红军枪不够分配时，是可以暂不发给的，但需要发给时，一定要纠正过去的不好倾向，同时，派人去担任农军的训练，亦甚重要。

五、红军的组织与训练

（1）红军扩大问题。红军扩大与红军生存问题有莫大关系。扩大红军，在红军中在群众中应该是一个普遍而深入的口号。扩大的路线，应该从广大群众斗争中去取得帮助。红军所到区域，应举行扩大红军的宣传大会，鼓动工农群众自动参加红军，同时，如能有机会收缴敌人枪械时不要轻易错过。

（2）红军的成分与来源。红军的来源只有收纳广大的破产农民，此种农民固然有极浓厚的非无产阶级意识表现，但只有加强无产阶级意识的领导，才可以使之减少农民意识，决不是幻想目前红军可以吸收广大工人成分来改变红军倾向的。

（3）组织统系与编制。红军由前委指挥，对外用军部、政治部号召，目前是可以的，但到了各苏维埃区域扩大时，则必须召集各地苏维埃代表会成立几省边境苏维埃政权，公开指挥红军，免除党军的毛病，更可以使群众认识红军是自己的阶级军队。这一个办法目前不必马上执行，徒为一个空心机关，至少应在闽西、赣南、东江三地区域工作扩大能开联席会时，再设法执行。关于红军编制，最要紧的是使之能适合于游击动作，指挥单位不要过多，军事组织及名称不必拘于一个固定形式。

（4）党代表制度。党代表名称应立即废除，改为政治委员，其职务为监督军队行政事务，巩固军队政治领导，副署命令等。军政治委员可由前委书记兼，军政治委员可不兼任政治部主任。

（5）兵委的组织。四军中兵委过去有成绩，其组织路线也很正确。其职权规定为监督军队经济，参加军队管理，厉行士兵政治教育，做群众工作，与军事机关的关系用报告建议而不能直接管涉。发生特别事件，政治委员有解散兵委之权；兵委开会政治委员列席为顾问等。这些规定虽然较之俄国红军兵委权力扩大得很多，但在目前红军游击时期是可以适用的，不过要注意军队中民主化要有限度，否则于斗争是有害的。

（6）政治工作。军与纵队设政治部，营连只设政治委员这是可以的。其任务为对内管理政治教育，对外作政治宣传以至管理地方政务，发动群众斗争，扶助群众组织等。

（7）军事训练。红军的军事技术要特别注意，决不应附和不爱严格训练与组织的农民意识，红军有好的军事技术，有严格的军事训练，才能加强自己的战斗力。

（8）军队中民主化问题。红军不是与工会农会同等的组织，他是经常与敌人在血搏状态中的战斗组织，他的指挥应该集中。固然，红军的兵士应该以政治教育发动他们自觉向上，但绝不能动摇指挥集中这个原则。军队中民主化只能在集中指导下存在，并且实行的限度必须依据客观条件来决定伸缩，不应漫无限制，以妨害军纪之巩固。

（9）妇女参加红军的问题。对于革命妇女可引导她们参加农村斗争，不必加入红军，四军过去对这个问题已经解决了。但对于农村的妇女运动，红军应扶助之。

（10）红军的纪律与处罚。应做到使士兵自动守纪律，以群众的力量与影响来裁制违犯纪律的人，坚决地废除肉刑。至于军事上所规定之一般纪律，可以斟酌实施。

六、红军给养与经济问题

（1）没收地主豪绅财产是红军给养的主要来源，但一定要经过群众路线，在最短促时间中也要注意这一工作方式的运用。

（2）筹款标准，主要的是不要侵犯工农及小有产者的一般利益，这一点，四军执行得很好，可应用到其他游击队伍中去。

（3）募捐亦是红军筹款的一个办法，四军要应用这个办法，可以在群众中组织募捐委员会，特别要向富农及中小商人募捐。

（4）对中小商人及富农态度。我们为实现党的政纲所规定及为工农经济流通与贫民利益，在城市不举行经济没收，这是对的。城市的政治没收应该执行。对富农及中小商人要向其募捐，并要防止其反动。

（5）红军给养及需用品问题。红军中废除军饷，只发零用钱与吃饭钱，这是对的。对于需用品可渐次做到由群众路线去找出路，红军自己办固然好，但同时要能由群众供给与募集才能建立红军与群众的更密切关系。

（6）经济组织。对红军的给养费用可由兵委审查，其他特别开支不必要由兵委审查，将来应由群众政权组织决定和审查。

七、红军中党的工作

（1）党的组织统系可保存现在状态，前委委员不要过九人，前委下面不需要成立军委。党在军队中采取秘密形式，党的机关设在政治部内，党的机关的人员不要过多，要尽量利用群众组织中的人做事。一般的营委可以不必设立，营部可成立直属小组，一营单独行动时，可委托营的支部来指挥，但此点前委可斟酌采用。

（2）党的工作路线。党对军队的指挥尽可能实现党团路线，不要直接指挥军队，经过军部指挥军事工作，经过政治部指挥政治工作。以后成立上层政权，则组织党团，经过党团指挥之。党的系统，军事系统，政治系统，要弄清楚。

（3）集权制问题。党的一切权力集中于前委指导机关，这是正确的，绝不能动摇。不能机械地引用“家长制”这个名词来削弱指导机关的权力，来作极端民主化的掩护。前委对于一切问题毫无疑义应先有决定后交下级讨论，绝不能先征求下级同意或者不作决定俟下级发表意见后再定办法，这样不但削弱上级指导机关的权力，而且也不是下级党部的正确生活，这就是极端民主化发展到极度的现象。前委在前次党的争论问题，即表示这个弱点，这是一个损失。

（4）团的小组。团应该成立小组，现在指定成年人做青年工作即以之为团的小组，这个办法是不好的。红军中团员与党员应有划分，连支部中设C.Y.小组属于连委管理，纵委前委中设青年工作科，表面归政治部，计划并指导C.Y.小组如何在群众中做青年工作。前委更须帮助所到地区的C.Y.工作。

（5）组织上的争论问题。党管一切这口号，在原则上事实上都是不通，党只能经过党团作用作政治的领导。目前前委指挥军部、政治部，这是一个临时的办法。前委对日常行政事务不要去管理，应交由行政机关去办，有政治委员监督，前委应着眼在红军的政治军事经济及群众斗争的领导上。一切工作归支部这个口号是对的，是作经过支部去工作的解释，但不是与党的民主集权制相对立。

（6）纠正一切不正确的倾向。红军中右倾思想如取消观念、分家观念、离队观念，与缩小团体倾向，极端民主化，红军脱离生产即不能存在等观念，都非常错误，皆原于同志理论水平低落，党的教育缺乏。这些观念不肃清，于红军前途有极大危险，前委应坚决以斗争的态度来肃清之。

（7）成立边界特委问题。在几省边界工作可以联系，能够指挥时，是可以成立特委。目前则尚不需要。如今后工作发展，前委即可负责特委的责任，届时再报告中央指定名单，或开边界各县代表会议选定。

（8）前委在红军经过区域应与地方党部有密切联络，一切地方政治问题应与地方党部开联席会议决定。如所经地区无党的组织时，前委应尽可能从发动群众斗争中帮助建立地方党部组织。

八、朱毛问题

（1）代表会及前委扩大会处置的缺点。红军是生长在与敌人肉搏中的，他的精神主要的应是对付敌人。前委对于朱毛两同志问题，没有引导群众注意对外斗争，自己不先提办法，而交下级自由讨论，客观上有放任内部斗争、关门闹纠纷的精神，前委自己铸成这个错误，这是第一点。第二，没有从政治上指出正确路线，使同志们得到一个政治领导来判别谁是谁非，只是在组织来回答一些个人问题，这是第二个缺点。第三，这次扩大会及代表大会的办法是削弱了前委的权力，客观上助长极端民主化的发展。第四，对朱毛问题没有顾及他们在政治上的责任之重要，公开提到群众中没有指导的任意批评，使朱毛两同志在群众中的信仰发生影响。再则一般同志对朱毛的批评大半是一些唯心的推测，没有从政治上去检查他们的错误，这样不但不能解决纠纷而且只有使纠纷加重。

（2）朱毛两同志工作方法的错误。第一，两同志常采取对立的形式去相互争论；第二，两同志常离开政治立场互相怀疑猜测，这是最不好的现象。两同志的工作方法亦常常犯有主观的或不公开的毛病，望两同志及前委要注意纠正这些影响到工作上的严重错误！

（3）今后的出路。前委应立即负责挽回上面的一些错误：第一，应该团结全体同志努力向敌人斗争，实现红军所负的任务；第二，前委要加强指导机关的威信，与一切非无产阶级意识作坚决的斗争；第三，前委应纠正朱毛两同志的错误，要恢复朱毛两同志在群众中的信仰；第四，朱毛两同志仍留前委工作。经过前委会议，朱毛两同志诚恳接受中央指示后，毛同志应仍为前委书记，并须使红军全体同志了解而接受。

九、红军目前的行动问题

在军阀战争开始爆发之际，红军应以全部力量到韩江上游闽、粤边界游击，以发动群众斗争。至两广军阀混战爆发东江空虚时，红军可进至梅县、丰顺、五华、兴宁一带游击，发动广大群众斗争，并帮助东江各赤色区域的扩大，相机围缴敌军枪械，集中东江各县赤卫队建立红军。如两广军阀混战成相持局面而且蔓延及于全国，红军即可向潮汕方面游击，建立苏维埃政权，并向惠属方面逼近。如蒋系军队失败，红军应位置于粤、赣大道左右或其败退所经之路围缴其枪械。如军阀战争结束较快或蒋系军队得胜时，红军仍留粤、闽、赣边界一带游击，以发动群众。

凡红军一切行动务要避免单纯的军事行动，要与群众斗争取得密切联系。前委对赣南、闽西的游击工作亦要同时注意，要与该地方党部有密切联系，然后才能使其与红军四军及东江斗争相策应。

凡此各项，概指其大要，详细解释及具体办法已向陈毅同志面谈，当由其口达前委及全军同志。

专此。

革命的敬礼!

中　央

（根据中共中央党校出版社一九八九年出版的《中共中央文件选集》第五册刊印）

中国共产党红军第四军第九次代表大会决议案 *

（一九二九年十二月）

毛泽东

关于纠正党内的错误思想

红军第四军的共产党内存在着各种非无产阶级的思想，这对于执行党的正确路线，妨碍极大。若不彻底纠正，则中国伟大革命斗争给予红军第四军的任务，是必然担负不起来的。四军党内种种不正确思想的来源，自然是由于党的组织基础的最大部分是由农民和其他小资产阶级出身的成分所构成的；但是党的领导机关对于这些不正确的思想缺乏一致的坚决的斗争，缺乏对党员作正确路线的教育，也是使这些不正确思想存在和发展的重要原因。大会根据中央九月来信的精神，指出四军党内各种非无产阶级思想的表现、来源及其纠正的方法，号召同志们起来彻底地加以肃清。

关于单纯军事观点

单纯军事观点在红军一部分同志中非常发展。其表现如：

---

* 这是毛泽东为中国共产党红军第四军第九次代表大会写的决议。这次代表大会是一九二九年十二月在福建省上杭县古田村召开的，所以这个决议又称“古田会议决议”。决议共分八个部分。第一部分经毛泽东校阅，编入《毛泽东选集》第一卷，题为《关于纠正党内的错误思想》。

（一）认为军事政治二者是对立的，不承认军事只是完成政治任务的工具之一。甚至还有说“军事好，政治自然会好，军事不好，政治也不会好”的，则更进一步认为军事领导政治了。

（二）以为红军的任务也和白军相仿佛，只是单纯地打仗的。不知道中国的红军是一个执行革命的政治任务的武装集团。特别是现在，红军决不是单纯地打仗的，它除了打仗消灭敌人军事力量之外，还要负担宣传群众、组织群众、武装群众、帮助群众建立革命政权以至于建立共产党的组织等项重大的任务。红军的打仗，不是单纯地为了打仗而打仗，而是为了宣传群众、组织群众、武装群众，并帮助群众建设革命政权才去打仗的，离了对群众的宣传、组织、武装和建设革命政权等项目标，就是失去了打仗的意义，也就是失去了红军存在的意义。

（三）因此，在组织上，把红军的政治工作机关隶属于军事工作机关，提出“司令部对外”的口号。这种思想如果发展下去，便有走到脱离群众、以军队控制政权、离开无产阶级领导的危险，如像国民党军队所走的军阀主义的道路一样。

（四）同时，在宣传工作上，忽视宣传队的重要性。在群众组织上，忽视军队士兵会的组织和对地方工农群众的组织。结果，宣传和组织工作，都成了被取消的状态。

（五）打胜仗就骄傲，打败仗就消极。

（六）本位主义，一切只知道为四军打算，不知道武装地方群众是红军的重要任务之一。这是一种放大了的小团体主义。

（七）有少数同志囿于四军的局部环境，以为除此就没有别的革命势力了。因此，保存实力、避免斗争的思想非常浓厚。这是机会主义的残余。

（八）不顾主客观条件，犯着革命的急性病，不愿意艰苦地做细小严密的群众工作，只想大干，充满着幻想。这是盲动主义的残余。

单纯军事观点的来源：

（一）政治水平低。因此不认识军队中政治领导的作用，不认识红军和白军是根本不同的。

（二）雇佣军队的思想。因为历次作战俘虏兵甚多，此种分子加入红军，带来了浓厚的雇佣军队的思想，使单纯军事观点有了下层基础。

（三）因有以上两个原因，便发生第三个原因，就是过分相信军事力量，而不相信人民群众的力量。

（四）党对于军事工作没有积极的注意和讨论，也是形成一部分同志的单纯军事观点的原因。

纠正的方法：

（一）从教育上提高党内的政治水平，肃清单纯军事观点的理论根源，认清红军和白军的根本区别。同时，还要肃清机会主义和盲动主义的残余，打破四军本位主义。

（二）加紧官兵的政治训练，特别是对俘虏成分的教育要加紧。同时，尽可能由地方政权机关选派有斗争经验的工农分子，加入红军，从组织上削弱以至去掉单纯军事观点的根源。

（三）发动地方党对红军党的批评和群众政权机关对红军的批评，以影响红军的党和红军的官兵。

（四）党对于军事工作要有积极的注意和讨论。一切工作，在党的讨论和决议之后，再经过群众去执行。

（五）编制红军法规，明白地规定红军的任务，军事工作系统和政治工作系统的关系，红军和人民群众的关系，士兵会的权能及其和军事政治机关的关系。

关于极端民主化

红军第四军在接受中央指示之后，极端民主化的现象，减少了许多。例如党的决议比较地能够执行了；要求在红军中实行所谓“由下而上的民主集权制”、“先交下级讨论，再由上级决议”等项错误主张，也没有人再提了。但是在实际上，这种减少，只是一时的和表面的现象，还不是极端民主化的思想的肃清。这就是说，极端民主化的根苗还深种在许多同志的思想中。例如对于决议案的执行，表示种种勉强的态度，就是证据。

纠正的方法：

（一）从理论上铲除极端民主化的根苗。首先，要指出极端民主化的危险，在于损伤以至完全破坏党的组织，削弱以至完全毁灭党的战斗力，使党担负不起斗争的责任，由此造成革命的失败。其次，要指出极端民主化的来源，在于小资产阶级的自由散漫性。这种自由散漫性带到党内，就成了政治上的和组织上的极端民主化的思想。这种思想是和无产阶级的斗争任务根本不相容的。

（二）在组织上，厉行集中指导下的民主生活。其路线是：

1. 党的领导机关要有正确的指导路线，遇事要拿出办法，以建立领导的中枢。

2. 上级机关要明了下级机关的情况和群众生活的情况，成为正确指导的客观基础。

3. 党的各级机关解决问题，不要太随便。一成决议，就须坚决执行。

4. 上级机关的决议，凡属重要一点的，必须迅速地传达到下级机关和党员群众中去。其办法是开活动分子会，或开支部以至纵队的党员大会（须看环境的可能），派人出席作报告。

5. 党的下级机关和党员群众对于上级机关的指示，要经过详尽的讨论，以求彻底地了解指示的意义，并决定对它的执行方法。

关于非组织观点

四军党内存在着的非组织的观点，其表现如下：

甲　少数不服从多数。例如少数人的提议被否决，他们就不诚意地执行党的决议。

纠正的方法：

（一）开会时要使到会的人尽量发表意见。有争论的问题，要把是非弄明白，不要调和敷衍。一次不能解决的，二次再议（以不妨碍工作为条件），以期得到明晰的结论。

（二）党的纪律之一是少数服从多数。少数人在自己的意见被否决之后，必须拥护多数人所通过的决议。除必要时得在下一次会议再提出讨论外，不得在行动上有任何反对的表示。

乙　非组织的批评：

（一）党内批评是坚强党的组织、增加党的战斗力的武器。但是红军党内的批评有些不是这样，变成了攻击个人。其结果，不但毁坏了个人，也毁坏了党的组织。这是小资产阶级个人主义的表现。纠正的方法，在于使党员明白批评的目的是增加党的战斗力以达到阶级斗争的胜利，不应当利用批评去做攻击个人的工具。

（二）许多党员不在党内批评而在党外去批评。这是因为一般党员还不懂得党的组织（会议等）的重要，以为批评在组织内或在组织外没有什么分别。纠正的方法，就是要教育党员懂得党的组织的重要性，对党委或同志有所批评应当在党的会议上提出。

关于绝对平均主义

红军中的绝对平均主义，有一个时期发展得很厉害。例如：发给伤兵用费，反对分伤轻伤重，要求平均发给。官长骑马，不认为是工作需要，而认为是不平等制度。分物品要求极端平均，不愿意有特别情形的部分多分去一点。背米不问大人小孩体强体弱，要平均背。住房子要分得一样平，司令部住了一间大点的房子也要骂起来。派勤务要派得一样平，稍微多做一点就不肯。甚至在一副担架两个伤兵的情况，宁愿大家抬不成，不愿把一个人抬了去。这些都证明红军官兵中的绝对平均主义还很严重。

绝对平均主义的来源，和政治上的极端民主化一样，是手工业和小农经济的产物，不过一则见之于政治生活方面，一则见之于物质生活方面罢了。

纠正的方法：应指出绝对平均主义不但在资本主义没有消灭的时期，只是农民小资产者的一种幻想；就是在社会主义时期，物质的分配也要按照“各尽所能按劳取酬”的原则和工作的需要，决无所谓绝对的平均。红军人员的物质分配，应该做到大体上的平均，例如官兵薪饷平等，因为这是现时斗争环境所需要的。但是必须反对不问一切理由的绝对平均主义，因为这不是斗争的需要，适得其反，是于斗争有妨碍的。

关于主观主义

主观主义，在某些党员中浓厚地存在，这对分析政治形势和指导工作，都非常不利。因为对于政治形势的主观主义的分析和对于工作的主观主义的指导，其必然的结果，不是机会主义，就是盲动主义。至于党内的主观主义的批评，不要证据的乱说，或互相猜忌，往往酿成党内的无原则纠纷，破坏党的组织。

关于党内批评问题，还有一点要说及的，就是有些同志的批评不注意大的方面，只注意小的方面。他们不明白批评的主要任务，是指出政治上的错误和组织上的错误。至于个人缺点，如果不是与政治的和组织的错误有联系，则不必多所指摘，使同志们无所措手足。而且这种批评一发展，党内精神完全集注到小的缺点方面，人人变成了谨小慎微的君子，就会忘记党的政治任务，这是很大的危险。

纠正的方法：主要是教育党员使党员的思想和党内的生活都政治化，科学化。要达到这个目的，就要：（一）教育党员用马克思列宁主义的方法去作政治形势的分析和阶级势力的估量，以代替主观主义的分析和估量。（二）使党员注意社会经济的调查和研究，由此来决定斗争的策略和工作的方法，使同志们知道离开了实际情况的调查，就要堕入空想和盲动的深坑。（三）党内批评要防止主观武断和把批评庸俗化，说话要有证据，批评要注意政治。

关于个人主义

红军党内的个人主义的倾向有如下各种表现：

（一）报复主义。在党内受了士兵同志的批评，到党外找机会报复他，打骂就是报复的一种手段。在党内也寻报复；你在这次会议上说了我，我就在下次会议上找岔子报复你。这种报复主义，完全从个人观点出发，不知有阶级的利益和整个党的利益。它的目标不在敌对阶级，而在自己队伍里的别的个人。这是一种削弱组织、削弱战斗力的销蚀剂。

（二）小团体主义。只注意自己小团体的利益，不注意整体的利益，表面上不是为个人，实际上包含了极狭隘的个人主义，同样地具有很大的销蚀作用和离心作用。红军中历来小团体风气很盛，经过批评现在是好些了，但其残余依然存在，还须努力克服。

（三）雇佣思想。不认识党和红军都是执行革命任务的工具，而自己是其中的一员。不认识自己是革命的主体，以为自己仅仅对长官个人负责任，不是对革命负责任。这种消极的雇佣革命的思想，也是一种个人主义的表现。这种雇佣革命的思想，是无条件努力的积极活动分子所以不很多的原因。雇佣思想不肃清，积极活动分子便无由增加，革命的重担便始终放在少数人的肩上，于斗争极为不利。

（四）享乐主义。个人主义见于享乐方面的，在红军中也有不少的人。他们总是希望队伍开到大城市去。他们要到大城市不是为了去工作，而是为了去享乐。他们最不乐意的是在生活艰难的红色区域里工作。

（五）消极怠工。稍不遂意，就消极起来，不做工作。其原因主要是缺乏教育，但也有是领导者处理问题、分配工作或执行纪律不适当。

（六）离队思想。在红军工作的人要求脱离队伍调地方工作的与日俱增。其原因，也不完全是个人的，尚有一，红军物质生活过差；二，长期斗争，感觉疲劳；三，领导者处理问题、分配工作或执行纪律不适当等项原因。

纠正的方法：主要是加强教育，从思想上纠正个人主义。再则处理问题、分配工作、执行纪律要得当。并要设法改善红军的物质生活，利用一切可能时机休息整理，以改善物质条件。个人主义的社会来源是小资产阶级和资产阶级的思想在党内的反映，当进行教育的时候必须说明这一点。

关于流寇思想

由于红军中游民成分占了很大的数量和全国特别是南方各省有广大游民群众的存在，就在红军中产生了流寇主义的政治思想。这种思想表现在：一，不愿意做艰苦工作建立根据地，建立人民群众的政权，并由此去扩大政治影响，而只想用流动游击的方法，去扩大政治影响。二，扩大红军，不走由扩大地方赤卫队、地方红军到扩大主力红军的路线，而要走“招兵买马”“招降纳叛”的路线。三，不耐烦和群众在一块作艰苦的斗争，只希望跑到大城市去大吃大喝。凡此一切流寇思想的表现，极大地妨碍着红军去执行正确的任务，故肃清流寇思想，实为红军党内思想斗争的一个重要目标。应当认识，历史上黄巢、李闯式的流寇主义，已为今日的环境所不许可。

纠正的方法：

（一）加紧教育，批评不正确思想，肃清流寇主义。

（二）对现有红军基本队伍和新来的俘虏兵，加紧反流氓意识的教育。

（三）争取有斗争经验的工农积极分子加入红军队伍，改变红军的成分。

（四）从斗争的工农群众中创造出新的红军部队。

关于盲动主义残余

红军党内对盲动主义已经做了斗争，但尚不充分。因此，红军中还有盲动主义思想的残余存在着。其表现如：一，不顾主观和客观条件的盲干。二，城市政策执行得不充分，不坚决。三，军纪松懈，特别是打败仗时。四，还有某些部队有烧屋行为。五，枪毙逃兵的制度和肉刑制度，也是带着盲动主义性质的。盲动主义的社会来源是流氓无产者的思想和小资产阶级的思想的综合。

纠正的方法：

（一）从思想上肃清盲动主义。

（二）从制度上和政策上纠正盲动的行为。

党的组织问题

红军党的组织问题现在到了非常之严重的时期，特别是党员的质量之差和组织之松懈，影响到红军的领导与政策之执行非常之大。大会对于这个问题特作详细的分析与决定。同志们应站在大会的精神之上努力去改造党的组织，务使党的组织确实能担负党的政治任务，才算得到成功。

一、党的组织路线

（一）党员发展的路线，以战斗兵为主要对象。同时对非战斗兵如夫子、勤务兵等亦不应忽视。

（二）每连建设一个支部，每班建设一个小组，这是红军中党的组织的重要原则之一。在党员数量过少的部队，事实上不能每班建立一个小组时，则暂以排为单位建设小组，而把组员有计划地分配到各班，但须明白这是过渡的方法。

（三）红军原有的小组编制法，即干部分子与一般分子，知识分子与劳动分子的混合编制法，是很对的。但还缺乏有计划地将各种出身不同能力不同分子很好地混合编起来，以后此点要多加注意。至于单纯地把干部分子编成小组，那是要不得的。

二、党的组织松懈问题

（一）四军党的组织现状：

1.党员加入太随便，许多不够党员资格的也拉了进来，特别是官长不要任何条件，一概拉进。因此党的质量就弄得很差了。

2.各级党部的工作做到了解决问题，但完全忘却了教育同志一个任务。关于训练性质的会议，如活动分子大会，书、宣、组联席会，委、组联席会，支部大会，纵队或支队党员大会等，非常开得少。

3.一般地纪律松懈。特别在负担重要工作，没有人代替他的情况，对他所犯错误，往往敷衍下去，不执行纪律。对一人如此，对他人亦不得不如此，因此把纪律一般地放松了。

4.所有官长既都成了党员，结果所有军事政治机关的工作人员，便很少注意他的社会职业的工作了，都以为社会职业的工作就是党的工作，两者分不开来。如各级军事工作会议、各级政治工作会议几乎完全没有，一切都以为党决定了就完事了，党员在社会职业中起核心作用一件事，简直不谈起了。

5.上下级的关系不密切。下级的报告，上级少有批答或指示。下级会议上级少有派人出席。这固然是因为上级机关组织不健全，但上级机关工作态度不积极，也是对下级机关指导缺乏或指导不详尽的原因之一。特别是对于指导实际工作，如一个部队出发游击的工作指导等，一般地缺乏详尽；还有某几个部队，几乎连粗略的指导都没有。

6. 支部大会及小组会，有许多没有按时开。

（二）纠正的路线：

1. 旧的基础厉行洗除。如政治观念错误，吃食鸦片，发洋财及赌博等，屡戒不改的，不论干部及非干部，一律清洗出党。

2. 以后新分子入党条件：

（1）政治观念没有错误的（包括阶级觉悟）；

（2）忠实；

（3）有牺牲精神，能积极工作；

（4）没有发洋财的观念；

（5）不吃鸦片、不赌博。

以上五个条件完备的人，才能够介绍他进党。介绍人首先要审查被介绍人是否确实具备上列条件，经过必需的介绍手续。介绍入党后，要详细告诉新党员以支部生活（包括秘密工作）及党员应遵守的要点。介绍人对所介绍人应负相当责任。支委要派人对将入党的人谈话，考查是否具备入党条件。

（三）各级党部不单是解决问题和指导实际工作的，它还有教育同志的重大任务。各种训练同志的会议，及其他训练办法如训练班、讨论会等，都要有计划地举行起来。

（四）严格地执行纪律，废止对纪律的敷衍现象。

（五）分清党员社会职业与党的工作的性质。每个党员（除开党内负了重要或专门任务的人是为革命职业家外）必须担负一件社会职业，同时即在他的社会职业中担负党给他的工作。

（六）各级党部的工作态度，应该比较从前更积极起来。下级对上级要有详尽的报告，上级对于这些报告要有详尽的讨论和答复，并尽可能派人出席下级会议，不能借口工作人少、工作能力薄弱和工作时间不够，来掩护自己的不积极，而把这些工作疏忽起来。

（七）支委会及支委以上各级党部，应该有计划地每月规定支部大会及小组会讨论的材料，并规定会期，严密地督促开会。

三、怎样使党员到会有兴趣

（一）党员到会少兴趣的原因：

1. 不明白会议的意义。支部会议的重要意义，第一是解决问题。一切斗争的问题，内部的问题，都要在会议上集中讨论去解决它。若不到会或到会不积极发表意见，就是他不了解会议的政治意义，就是他对斗争没有兴趣，凡是对斗争积极的人，他一定是热心到会，热心发言的。第二是教育同志。会议不仅解决了问题，而且在解决问题的过程当中，要考查问题的环境，要参考上级的指示，这样就发动了同志们的心思才力，由会议的政治化与实际化，同志们每个的头脑也都政治化实际化了。每个同志都政治化实际化，党的战斗力就强大起来了。这就是会议的教育意义。红军党员因为不明白这些意义，所以成为不爱到会或到会少兴趣的第一个原因。

2. 决议案决议了不执行，或对上级请求事项很久得不到答复，因此减少讨论的兴趣。

3. 负责人事前没有很好的准备。不准备议事日程，对问题的内容及环境不明了，问题应怎样解决也没有准备一点意见。

4. 主席轻易停止党员发言，发言偶出题外，便马上禁止他，他便挫兴不做声了。如发言有错处，除停止外还讥笑他。

5. 封建式的会场秩序，死板无活气，到会如坐狱。

（二）纠正的方法：

第一，会议要政治化实际化。

第二，要把会议的重大意义时常对同志们提醒，尤其是新党员及工作不积极的党员。

第三，决议不要轻易，一成决议，就要坚决执行。

第四，上级机关要勤快答复下级机关的问题，不要拖延太长，失了热气。

第五，负责人事先要准备议事日程，议事日程要具体化；对问题的内容和环境先要调查清楚，并对于怎样解决先要想一想。

第六，主席指导会议要采用很好的技术，要引导群众的讨论潮流奔赴到某一问题；但有重要意义的超出题外的发展，不但不要大杀风景地去喝止他，而且要珍重地捉住这一发展的要点，介绍给大众，成立新的议题。这样会议才有生趣，问题才能得到真正的解决，同时会议也才真正实现了教育的意义。

第七，废止封建的会场秩序。共产党的会场要是反映无产阶级之积极活泼的爽快的精神，把这些做成秩序。

四、红军党内青年组织及其工作

（一）军队中青年利益与成年利益不能划分，团没有特殊的工作对象。又党的小组以班为单位建设方才有利斗争。因此党的支部里头无设立团的小组的必要。

（二）党员中青年部分因其有比成年不同的情绪，除一般地接受党的训练外，还有特别受一种青年教育之必要。又因争取青年工农群众是党的重要任务之一，须有专门组织去担任这种工作。因此，应在支部中划出年在二十岁以下的青年党员（有特别情形如担任党的重要工作的除外），成立青年工作会议。这种会议，除以大队为单位经常有计划地召集开会外，支队及纵队亦各应酌定时间，召集开会。

（三）为计划对青年党员的教育，计划争取青年工农群众的方法，并指导青年工作会议，前委及纵委里头各设立五人之青年工作委员会，支队委及支委则各设一个青年委员，在各级党部的指导之下从事工作。

五、政治委员与党内工作关系

大队支队两级党部的书记，以不兼政治委员为原则，但在工作人缺乏的部队，仍可暂时兼充，没有担任党的书记责任的政治委员，上级党部应察看情形，在条件适合的环境之下得委为党的特派员，有指导该级党部的工作的任务。

六、直属队最高党部问题

军及各纵队的直属队，均组织直属队委为最高党部，委员人数五人至七人。

七、士兵会党团问题

大队士兵会不设党团，工作由支委指导。纵队士兵会要设党团，此党团受纵委指导。

党内教育问题

一、意义

红军党内最迫切的问题，要算是教育的问题。为了红军的健全与扩大，为了斗争任务之能够负荷，都要从党内教育做起。不提高党内政治水平，不肃清党内各种偏向，便决然不能健全并扩大红军，更不能负担重大的斗争任务。因此，有计划地进行党内教育，纠正过去之无计划的听其自然的状态，是党的重要任务之一。大会规定用下列的材料和方法去教育党员，党的指导机关，要有更详细的讨论，去执行这一任务。

二、材料

（一）政治分析；

（二）上级指导机关的通告的讨论；

（三）组织常识；

（四）红军党内八个错误思想的纠正；

（五）反机会主义及托洛茨基主义反对派问题的讨论；

（六）群众工作的策略和技术；

（七）游击区域社会经济的调查研究；

（八）马克思列宁主义的研究；

（九）社会经济科学的研究；

（十）革命的目前阶段和它的前途问题。

以上十项除一部分（如社会经济科学的研究）事实上限于适用在干部分子外，其余都适用于一般党员。

三、方法

（一）党报；

（二）政治简报；

（三）编辑各种教育同志的小册子；

（四）训练班；

（五）有组织地分配看书；

（六）对不认字党员读书报；

（七）个别谈话；

（八）批评；

（九）小组会；

（十）支部大会；

（十一）支部委、组联席会；

（十二）纵队为单位组长以上活动分子会议；

（十三）全军支书以上活动分子大会；

（十四）纵队为单位党员大会；

（十五）纵队为单位各级书、宣、组联席会议；

（十六）全军支队以上书、宣、组联席会议；

（十七）政治讨论会；

（十八）适当地分配党员参加实际工作。

红军宣传工作问题

一、红军宣传工作的意义

红军宣传工作的任务，就是扩大政治影响争取广大群众。由这个宣传任务之实现，才可以达到组织群众、武装群众、建立政权、消灭反动势力、促进革命高潮等红军的总任务。所以红军的宣传工作是红军第一个重大工作。若忽视了这个工作就是放弃了红军的主要任务，实际上就等于帮助统治阶级削弱红军的势力。

二、红军宣传工作的现状

（一）宣传内容的缺点：

1. 没有发布具体的政纲（从前发布的政纲如四言布告等均不具体）；

2. 忽略群众日常斗争的宣传与鼓动；

3. 忽略城市贫民之取得；

4. 忽略对妇女群众的宣传；

5. 对青年群众的宣传不充分；

6. 对流氓无产阶级的宣传不充分；

7. 极少破坏地主阶级武装组织（民团、靖卫团等）的宣传；

8. 宣传没有时间性地方性。

（二）宣传技术的缺点：

1. 宣传队不健全。

（1）宣传员由每大队五个缩小到三个，有些只有一两个，有些只有一个，有少数部队连一个都没有了。

（2）宣传员成分太差，俘虏兵也有，火夫马夫也有，吃鸦片的也有，有逃跑嫌疑便把他解除武装塞进宣传队去的也有，当司书当不成器便送入宣传队去的也有，因残废了别的工作机关不要塞进宣传队去的也有，现在的宣传队简直成了收容所，完全不能执行它的任务了。

（3）差不多官兵一致地排斥宣传队（同时也是因为宣传员成分太差，工作成绩少，引起一般的人对它的不满），“闲杂人”、“卖假膏药的”就是一般人送给宣传员们的称号。

（4）宣传队没有够用的宣传费。

（5）对宣传员的训练没有计划，同时对他们工作的督促也不好，因此宣传队的工作简直随随便便，做一点不做一点都没有人理它。

2. 传单、布告、宣言等陈旧不新鲜，同时散发和邮寄都不得法。

3. 壁报出得很少，政治简报内容太简略，又出得少，字又太小看不清。

4. 革命歌谣简直没有。

5. 画报只出了几张。

6. 化装宣传完全没有。

7. 含有士兵娱乐和接近工农群众两个意义的俱乐部没有办起来。

8. 口头宣传又少又糟。

9. 红军纪律是一种对群众的实际宣传，现在的纪律比前松懈了，因此给了群众以不好的影响。

10. 上门板，捆禾草，扫地，讲话和气，买卖公平，借东西照还，赔偿损失，这些都是红军宣传工作的一种，现在也做得不充分。

11. 群众大会很少开，又开得不好。

12. 对白军士兵的宣传方法不好。

三、纠正的路线

（一）宣传的内容方面：

1. 发布一个具体的政纲，名曰红军政纲。

2. 宣传要切合群众的斗争情绪，除一般地发布暴动口号外，还要有适合群众斗争情绪尚低地方的日常生活的口号，以发动日常斗争，去联系着那些暴动口号。

3. 城市贫民（中小商人与学生）是民权革命过程中的一个相当的力量，忽视了这个力量之争取，就无异把这个力量送给豪绅资产阶级。以后对城市中小商人及学生群众，要有深入的宣传工作去取得他们。

4. 妇女占人口的半数，劳动妇女在经济上的地位和她们特别受压迫的状况，不但证明妇女对革命的迫切需要，而且是决定革命胜败的一个力量。以后对妇女要有切实的口号，作普遍的宣传。

5. 劳苦青年群众占人口百分之三十以上，在斗争中他们又是最勇敢最坚决的。因此对取得青年群众的宣传，是整个宣传任务中的一个重要任务。

6. 中国广大的游民群众若站在革命阶级方面，就成了革命的工具，若站在反动阶级方面，就成了反革命的工具，因此从反动阶级影响之下夺取游民群众，是党的宣传任务之一。执行宣传工作时，须注意各部分的游民生活和性质之不同，分别地对他们宣传。

7. 地主阶级武装组织之破坏及其群众之争取，是农村中土地革命胜利条件之一，以后关于对民团、靖卫团等团丁群众的宣传工作特别要注意。

8. 到一个地方要有适合那个地方的宣传口号和鼓动口号，又有依照不同的时间（如秋收与年关，蒋桂战争时期与汪蒋战争时期），制出不同的宣传和鼓动口号。

（二）宣传的技术方面：

1. 宣传队问题

（1）意义

红军的宣传队是红军宣传工作的重要工具，宣传队若不弄好，红军的宣传任务就荒废了一个大的部分，因此关于宣传队的整理训练问题，是目前党要加紧努力的工作之一。这个工作的第一步就是要从理论纠正官兵中一般对宣传工作及宣传队轻视的观点，“闲杂人”、“卖假膏药”等等奇怪的称呼，应该从此取消掉。

（2）组织

甲、以支队为单位，军及纵队直属队均各成一单位，每单位组织一个中队，队长队副各一人，宣传员十六人，挑夫一人（挑宣传品），公差二人。每个中队的宣传员分为若干分队（按照大队或其他部队与机关的数目，定出分队的多少），每个分队有分队长一人，宣传员三人。

乙、各支队宣传队，受支队政治委员指挥。各大队分开游击时，每大队应派去一个宣传分队随同工作，受大队政治委员指挥。直属队宣传队，受政治部宣传科长指挥。全纵队各宣传队受纵队政治部宣传科指挥。全军宣传队受军政治部宣传科指挥。

丙、宣传队的用费，由政治部发给，须使之够用。

丁、改造宣传员成分的方法，除请地方政府选派进步分子参加红军的宣传队之外，从各部队士兵中挑选优秀分子（尽可能不调班长）为宣传员。政治部应经常地作出训练宣传队的计划，规定训练的材料、方法、时间、教授人等，积极地改进宣传员的质量。

2.传单、布告、宣言等宣传文件，旧的应加以审查，新的应从速起草。宣传品分布的适当有效，应是宣传队技术问题的重要一项。邮寄宣传品，从邮件中夹带宣传品，或在邮件上印上宣传鼓动口号，政治工作机关应该注意去做，且要做得好。

3.壁报为对群众宣传的重要方法之一。军及纵队各为一单位办一壁报，由政治部宣传科负责，名字均叫做《时事简报》。内容是：（1）国际国内政治消息；（2）游击地区群众斗争情形；（3）红军工作情形。每星期至少出一张，一概用大张纸写，不用油印。每次尽量多写几张。政治简报的编印，应注意下列各项：（1）要快；（2）内容要丰富一点；（3）字要稍大点，要清楚点。

4. 各政治部负责征集并编制表现各种群众情绪的革命歌谣，军政治部编制委员会负督促及调查之责。

5. 军政治部宣传科的艺术股，应该充实起来，出版石印的或油印的画报。为了充实军艺股，应该把全军绘画人才集中工作。

6. 化装宣传是一种最具体最有效的宣传方法，各支队各直属队的宣传队均设化装宣传股，组织并指挥对群众的化装宣传。

7. 以大队为单位在士兵会内建设俱乐部。

8. 宣传队中设口头宣传股及文字宣传股，研究并指挥口头及文字的宣传技术。

9. 严格地执行三条纪律。

10. 上门板、捆禾草等项是从行动中扩大红军影响、增加群众对红军信仰的良好方法，应当好好地去执行。

11. 政治部及宣传队要有计划地有组织地召集各种群众大会，要预先规定开会秩序、演说人、演说题目及时间。

12. 对白军士兵及下级官长的宣传非常之重要，以后要注意下列的方法：

（1）宣传文字要简短，使他们顷刻间能看完，要精警，使他们一看起一个印象。

（2）除有计划地在敌人经过道路两旁多写切合某现实部队的标语之外，还要将传单存储于沿路党部及群众机关手中，候敌军经过时，巧妙地传达给他们。

（3）从俘虏官兵中及邮件检查中调查敌方官兵的姓名及所属部队番号，邮寄宣传品去，或写信给他们。

（4）优待敌方俘虏兵，是对敌军宣传的极有效方法。优待俘虏兵的方法：第一是不搜检他们身上的钱和一切物件，过去红军士兵搜检俘虏兵财物的行为要坚决地废掉。第二是要以极大的热情欢迎俘虏兵，使他们感觉得精神上的欢乐，反对给俘虏兵以任何言语上的或行动上的侮辱。第三是给俘虏兵以和老兵一样的物质上的平等待遇。第四是不愿留的，在经过宣传之后，发给路费放他们回去，使他们在白军中散布红军的影响，反对只贪兵多把不愿留的分子勉强地留下来。以上各项，对于俘虏过来的官长，除特殊情况外完全适用。

（5）医治敌方伤兵，亦是对敌军宣传的极有效方法。对于敌方伤兵的医治和发钱要完全和红军的伤兵一样，并且要利用一切可能的条件，把上好了药发给了钱的伤兵送返敌军。对待敌方受伤官长亦然。

士兵政治训练问题

一、材料问题

下列各项应很艺术地编制课本，作对士兵的训练材料：

（一）目前政治分析及红军之任务与计划；

（二）土地革命各方面；

（三）武装组织及其战术；

（四）三条纪律建设的理由；

（五）早晚点名口号；

（六）识字运动；

（七）怎样做群众工作；

（八）红军标语之逐个解释；

（九）各种偏向之纠正；

（十）苏俄红军；

（十一）革命的目前阶段和它的前途；

（十二）红军白军比较；

（十三）共产党国民党比较；

（十四）革命故事；

（十五）社会进化故事；

（十六）卫生；

（十七）游击区域的地理及政治经济常识；

（十八）革命歌；

（十九）图报。

二、方法

（一）上政治课：

1.分普通、特别、干部三班。普通班分两种形式，一个支队在一起时，以支队为单位上课，教授以支队政治委员为主任，大队政治委员分担各课，除战斗兵须到课外，传令兵、勤务兵、长夫、马夫、火夫须均到课。普通班之目的在使一般兵士得到初步政治常识。

2.特别班以支队为单位，从各大队士兵中考选稍识文字及略有政治常识者五十名编成，支队政治委员为主任教授，大队政治委员分担各课。特别班之目的在造成较普通班高一级的政治常识人才，以备将来升当下级干部之用。

3.干部班以纵队为单位，军直属队另成一单位，以大队长、大队副，中队长、中队副，各级军佐及其他指定人员编成。目的在提高现任下级干部的政治水平线，使能领导群众，以预备将来能充当中级干部。由纵队政治委员政治部主任、纵队司令官及其他有适当能力的人担任教授。

4.以支队为单位组织政治训练委员会，以支队各政治委员并军事长官中能任政治训练者组织之，以支队政治委员为主任，其任务为讨论在一个支队内关于执行士兵政治训练的种种问题。

5.军及各纵队直属部队的政治训练，由军及各纵队政治部宣传科负责组织政治训练委员会执行之。

6.教授法：

（1）启发式（废止注入式）；

（2）由近及远；

（3）由浅入深；

（4）说话通俗化（新名词要释俗）；

（5）说话要明白；

（6）说话要有趣味；

（7）以姿势助说话；

（8）后次复习前次的概念；

（9）要提纲；

（10）干部班要用讨论式。

（二）早晚点名说话：

1.说话时间每次最多不得过半小时。

2.材料：

（1）报告政治消息；

（2）批评日常生活；

（3）解释每周政治口号。

（三）集合讲话：

1.支队每星期一次，纵队每半月一次，全军不定期。

2.每次讲话须要有计划地由政治工作机关（支队由政治委员）商同军事工作机关规定讲话内容，指定讲话人，并分配讲话时间。

3.每次讲话除任勤务的以外不准不到。

4.每次讲话内容及对于群众的影响，下级政治机关须报告上级政治机关。

（四）个别谈话：

1.对下列各种人须和他做个别谈话：

（1）有偏向的；

（2）受了处罚的；

（3）伤兵；

（4）病兵；

（5）新兵；

（6）俘虏兵；

（7）对工作不安的；

（8）思想动摇的。

2.谈话前须调查谈话对象的心理及环境。

3.谈话时须站在同志的地位，用诚恳的态度和他说话。

4.谈话后须记录谈话的要点及其影响。

（五）游艺：

1.以大队为单位充实士兵会娱乐部的工作，做下列各种游艺：

（1）捉迷藏等；

（2）踢足球；

（3）音乐；

（4）武术；

（5）花鼓调；

（6）旧剧。

2.于每个宣传队下设化装宣传团。

3.游艺设备费由公家支给（大队由纵队政治部批准）。

（六）改良待遇：

1.坚决废止肉刑；

2.废止辱骂；

3.优待伤病兵；

4.恢复每月发草鞋钱大洋四角的制度。

（七）怎样做新兵及俘虏兵的特别教育：

1.把红军的生活习惯，如（1）官兵生活平等（官兵之间只有职务的分别，没有阶级的分别，官长不是剥削阶级，士兵不是被剥削阶级），（2）三大纪律及其理由，（3）士兵会的意义和作用，（4）红军中的经济制度（经济的来源，管理经济的组织，经济公开主义及士兵审查制度），（5）经济委员会管理大队伙食和分伙食尾数，（6）废止肉刑辱骂，（7）优待俘虏事项，讲给新兵们俘虏们听。

2.讲述红军斗争略史。

3.红军的宗旨：

（1）红军与白军所以不同，此点对俘虏兵要详细讲；

（2）红军与土匪所以不同；

（3）红军三大任务。

4.讲述红军组织系统。

5.普通政治常识，如：（1）国民党与共产党；（2）英日美三大帝国主义侵略中国；（3）各派军阀受帝国主义指挥到处混战；（4）分田；（5）苏维埃；（6）赤卫队等。

（八）青年士兵的特别教育：

1.各纵队政治部负责编制青年士兵识字课本（以商务馆小学教材，平民千字课，龙岩文化社教本等作参考）。

2.每个纵队内设立青年士兵学校一所，分为三班至四班，每个支队一班，直属队一班，每班学生不得超过二十五人。以政治部主任为校长，以宣传科长为教务主任。每班设一主任教员，每班以授足九十小时为一学期。

3.由公家出钱置备纸笔墨等用具发给学生。

废止肉刑问题

一、红军中用肉刑的效果

各部队中凡打人最厉害的，士兵怨恨和逃跑的就越多。最显著的例子，如三纵队第八支队部某官长爱打人，结果不仅传令兵、火夫差不多跑完了，军需、上士及副官都跑了。九支队第二十五大队曾经有一时期来了一个最喜打人的大队长，群众送给他的名字叫做铁匠，结果士兵感觉没有出路，充满了怨恨空气，这个大队长调走了，士兵才得到解放。特务支队第三大队打人的结果，跑了四个火夫，一个特务长，两个斗争好久的班长，其中一个名萧文成，临走留下一封信，申明他不是反革命，因受不起压迫才逃跑。四纵队初成立时，一、二、三纵队调去的官长，一味地蛮打士兵，结果士兵纷纷逃跑，最后这班官长自己也立不住脚，都不得不离开四纵队。二纵队逃兵比任何纵队多，原因虽不止一个，然二纵队下级官长的大多数打人的习惯最厉害，乃是最重要原因之一。二纵队曾发现过三次自杀事件（排长一士兵二），这是红军最大的污点，意义是非常之严重的，这也不能不说是二纵队打人的风气特别浓厚的一种结果。现在红军中一般士兵的呼声是“官长不打士兵，打得要死！”这种群众的不平和怨愤的表露，实在值得我们严重的注意。

二、肉刑的来源和废止它的理由

封建阶级为了维持它的封建的剥削，不得不用最残酷的刑罚做工具，以镇压被剥削者的反抗和叛乱，这是肉刑所以为封建时代的产物的理由。经济的发展进步到资本主义制度，它便需要提出自由主义，以发展工农士兵群众的个性，增强他们的劳动能力和打仗能力，以造成资本主义发展之条件。因此，凡资产阶级的国家，一般地废止肉刑，在军队中亦早就没有什么打人的怪事了。至于经济发展到社会主义的诞生，阶级斗争的激进，工农阶级要推翻统治阶级的权力和依于这个权力的剥削，便要发动自己阶级的广大群众的力量，才能取得斗争的胜利。苏维埃政权，是最进步阶级的政权，它的下面，不应有一切封建制度的残余存在，因此苏联不但红军中老早就没有肉刑，在一般法律上亦通通严禁肉刑的使用。红军第四军产生于封建剥削制度尚未肃清的中国，它的主要成分，又多是从封建军阀军队里头转变过来的，一般封建的制度、思想和习惯，仍然很浓厚地存在于一般官长士兵之中，由是打人的习惯和非打不怕的习惯，还是与封建军阀军队里头的习惯一样。虽然老早就提出了官长不打士兵的口号和规定士兵会有申诉他们的苦痛的权利，但简直没有什么效力，其结果造成官兵间的悬隔，低落了士兵以至官长的情绪，逃跑的数目日多，军中充满了怨恨的空气，甚至发现自杀事件，这是与红军的斗争任务完全背驰的现象，如不赶快纠正，危险不可胜言。

三、纠正的方法

（一）坚决地废止肉刑。

（二）举行废止肉刑运动。这个运动，要从官兵两方面工作，使“废止肉刑，方才利于斗争”的意义普及于官兵群众之中。这样才能使官长方面不但不至因废止肉刑觉得兵带不住了，而且了解废止肉刑之后将要更利于管理与训练；士兵方面不但不至因废止肉刑更顽皮了，而且因废止肉刑增加了斗争的情绪，撤去了官兵的隔阂，将要自觉地接受管理训练和一般的纪律。

（三）肉刑废止之后，因为历史的习惯的原因，发生一些临时不良现象是会有的，这应该加紧我们的责任，努力于说服精神和自觉遵守纪律精神的提倡，去克服这个违反斗争任务的最恶劣的封建制度。决不能借口有些不良现象，使掩护了他的封建制度打人习惯。凡那些借口临时不良现象，反对废止肉刑或对废止肉刑怠工的，客观上便是妨碍革命斗争的发展，也就是帮助了统治阶级。

（四）四军废止肉刑的法律程序：

1. 修改红军惩罚条例；

2. 由最高军政机关会衔发布废止肉刑的通令，并颁布新的红军惩罚条例；

3.通令发布后，一方面由军政机关召集官长会议，详细说明废止肉刑的理由，使全体官长拥护这个通令的重大改革，良好地努力地在部队中执行起来；一方面由士兵会召集士兵代表会议，除拥护这个改革以后要自觉地遵守纪律外，并要森严群众的纪律制裁，以达到肉刑废止后的良好的收获。

优待伤病兵问题

一、伤病兵痛苦的现象及影响

（一）全军各部队卫生机关不健全，医官少，药少，担架设备不充分，办事人少与不健全，以致有许多伤病兵不但得不到充分治疗，即大概的初步治疗有时都得不到。

（二）全军军事政治机关对伤病兵的注意不充分，如：

1.对于卫生机关的健全，不但没有尽得最大的努力，而且简直不加注意。各种会议对卫生问题讨论很少。

2.官长对于伤病兵没有尽其可能去随时安慰他们，如官长替伤病兵送茶水、盖被窝、随时慰问等习惯，在红军中简直没有。官长对伤兵病兵，采一种不理问态度，甚至表示讨嫌他们的态度。

3.行军时官长以至士兵对在沿途落伍的伤兵完全不表示一点同情，不但不为他们想法子，反而一味地怒骂，或无情地驱逐他们。

（三）重伤重病兵给养和用费不够，伤兵伤后，七八天还没有衣服换，调养费病官有，病兵没有。

（四）蛟洋医院的缺点：

1.无组织状态；

2.医官和药太少；

3.医官卖私药；

4.不清洁；

5.御寒衣服被窝不够；

6.看护兵太少；

7.饮食恶劣；

8.房子窄；

9.与当地群众关系不良，以致伤病兵看医院如牢狱，不愿留在后方。

上列各种对伤病兵待遇不良，便发生下列的影响：

1.使士兵不满意红军，“红军好是好，就只不要带花，不要病”，这种舆论简直普遍全体士兵以至下级官长之中；

2.士兵对官长不满意，越发增加官兵间悬隔；

3.士兵及下级官长都怕带花，因此，减少红军战斗力；

4.逃兵多；

5.影响工农群众，减少他们加入红军的勇气。

二、解决的办法

（一）军政机关对于卫生问题再不能像从前一样不注意，以后各种会议，应该充分讨论卫生问题。

（二）卫生机关的组织应特别使之健全，办事人要找有能力的，不要把别地方用不着的人塞进卫生队去，并要增加办事人达到照料完备之目的。医生少和药少的问题，要尽可能设法解决。对于医生应注意督促他们看病详细一点，不要马马虎虎。

（二）官长，特别是和士兵接近的连上官长，应当随时看视伤病兵，送茶水给他们吃，晚上替他们盖被窝，他们觉得冷，要替他们想办法，如向别人借，增加衣服。以上这些招呼伤病兵的方法，要定为一种制度，大家实行起来，因为这是最能取得群众的方法。

（四）对行军时沿途落伍的伤病兵：

1.禁止任何人对他们的怒骂或讥笑；

2.要伤病兵让路的时候，要好好对他说，不要一把推开他；

3.无论哪一个部队或机关，凡有因病因伤落伍下来的，不论是战斗兵非战斗兵，均要立即派一个人去招呼他，如系重伤重病，并要尽量设法雇夫抬来；

4.每次行军，后卫要耐烦带上落伍的伤病兵，必要时还要替他们背回枪弹。

（五）发给伤病兵零用钱，要酌量伤病的轻重，重伤重病的要比轻伤轻病的多给一点。调养费一项，对于特别重伤重病的，应该不分官兵夫酌量发给。

（六）伤病兵衣服被窝问题，除公家尽力置备外，应该在各部队官兵中发起募捐，此外还应该在各部队官兵中发起募款，这不仅为了增加伤病兵的零用钱，而且是唤起全军互助济难精神的好方法。

（七）蛟洋后方医院许多缺点，应该有计划去纠正。此外还应该在闽西工农群众中发起募捐（衣被、现款、粮食），以密切联系工农群众与红军。

红军军事系统与政治系统关系问题

一、在高级地方政权机关没有建设以前，红军的军事机关与政治机关，在前委指导之下，平行地执行工作。

二、红军与群众的关系：

（一）凡有全军意义的事项，如发布政纲等，军事政治两机关会衔发布。

（二）群众工作，如宣传群众，组织群众，建设政权，以及没收、审判、处罚、募捐、筹款、济难等事之指挥监督，在地方政权机关没有建设以前，均属政治部职权。

（三）凡没有建立政权机关的地方，红军政治部即代替地方政权机关，至地方政权机关建设时为止。凡地方政权机关已经建设的地方，应以使地方政权机关独立处理一切事情，在群众中巩固其信仰为原则。只有在地方政权机关还不健全，及红军与地方有关系的事项，得用地方政权机关和红军政治部会衔的方法处理之。

（四）帮助地方武装之建立与发展，这个责任是政治部的。帮助地方武装之平时的军事训练及战时的作战指挥，这个责任是司令部的。但均须尽可能地经过地方政权机关的路线，极力避免直接处理。

三、红军里面用人、行政，军事政治两个系统各有独立的路线。彼此有关系时，如人员等之互相调动，消息之互相传达等，则用公函平行通报。

四、礼节及军风纪之执行，军事政治两个系统相互间均应用阶级[①]服从原则，不得借口系统不同，有所怠慢或不服指挥。

五、凡给养、卫生、行军、作战、宿营等项，政治系统应接受军事系统之指挥。凡政治训练及群众工作事项，军事系统应接受政治系统之指挥。但指挥的形式，只能直达对方机关里头的从属机关（总务科或副官处等）。

六、凡红军筹款的指挥及政治工作用费之决定与支出，均属于政治部，军事机关不得干涉（取款的手续，政治部直接军需处），党部用费由政治部支给。

七、军事机关的一切命令，除政治委员须副署外，政治部主任无须署名。政治机关的一切命令，政治部单独行使，政治委员无须副署。

（根据人民出版社一九九三年出版的《毛泽东文集》第一卷刊印）

① 这里的“阶级”，指军队中官阶的等级。

中共中央关于反对敌人五次“围剿”的总结的决议 *

（一九三五年二月八日中央政治局会议通过[①]）

听了 × × 同志关于五次“围剿”总结的报告及 × × 同志的副报告之后，政治局扩大会认为 × × 同志的报告基本上是不正确的。

一、党中央关于敌人五次“围剿”的决议[②]中，曾经清楚的指出五次“围剿”是帝国主义与国民党的反动对于苏维埃革命运动的更加残酷的进攻，但同时指出了在这一剧烈的阶级决战中帝国主义国民党内部的弱点与革命形势的新的紧张化，这造成了国内阶级力量的对比有新的有利于我们的变动，得出了“在五次‘围剿’中间我们有着比以前更充分的取得决战胜利的一切条件”的正确结论（一九三三年七月二十四日中央决议）。而 × × 同志在他的报告中过分估计了客观的困难，把五次“围剿”不能在中央苏区粉碎的原因归罪于帝国主义国民党反动力量的强大，同时对于目前的革命形势却又估计不足，这必

---

* 这个决议是一九三五年一月十五日至十七日举行的中共中央政治局扩大会议（遵义会议）委托张闻天起草的，后在云南省威信县境召开的中共中央政治局会议上正式通过。

① 这里根据的是中央档案馆保存的一份档案，上面标有“1935 年 2 月 8 日政治局会议通过”。

② 指一九三三年七月二十四日《中共中央关于帝国主义国民党五次“围剿”与我们党的任务的决议》。

然会得出客观上五次“围剿”根本不能粉碎的机会主义的结论。

二、党中央根据于自己的正确估计，定出了反对敌人五次“围剿”的具体任务。一年半反对“围剿”的艰苦斗争，证明了党中央的政治路线无疑义的是正确的。特别中央苏区的党在中央直接领导之下，在动员广大工农群众参加革命战争方面，得到了空前的成绩。扩大红军运动成为群众的热潮。动员工农积极分子武装上前线，达到十万人以上，使红军大大的扩大了。模范赤少队开始成为红军的现存后备军，赤少队的群众武装组织有了极大的发展。党在“一切为了前线上的胜利”的口号之下解决了前方红军财政上的粮食上的与一切其他物质上的需要。苏区内部阶级斗争的深入，苏维埃的经济建设，以及苏维埃政府与群众关系的彻底改善，更大大的发扬了广大群众参加革命战争的热情与积极性。一切这些造成了彻底粉碎五次“围剿”的有利条件。而××同志在他的报告中对于这些顺利的条件，显然是估计不足的。这种估计不足也必然得出在主观上我们没有法子粉碎“围剿”的结论。

三、应该指出在我们工作中还有许多严重的弱点，党对于白区广大工农群众反帝反国民党与日常斗争的领导依然没有显著的进步，游击战争的发展，与瓦解白军士兵工作依然薄弱，各苏区红军在统一战略意志之下的相互呼应与配合还是不够，这些弱点无疑的要影响到反对五次“围剿”的行动，成为五次“围剿”不能粉碎的重要原因。但决不应该以为这些弱点的存在乃是不能粉碎五次“围剿”的主要原因。而××同志在报告与结论中却夸张这些工作的弱点，对军事领导上战略战术基本上是错误的估计，却又不认识与不承认，这就使我们没有法子了解我们红军主力不能不离开中央苏区与我们不能在中央苏区粉碎“围剿”的主要原因究竟在哪里。这就掩盖了我们在军事领导上战略战术的错误路线所产生的恶果。红军的英勇善战，模范的后方工作，广大群众的拥护，如果我们不能在军事领导上运用正确的战略战术，则战争的决定的胜利是不可能的。五次“围剿”不能在中央苏区粉碎的主要原因正在这里。

四、国民党蒋介石以及他的帝国主义的军事顾问等经过历次“围剿”失败之后，知道用“长驱直入”的战略战术同我们在苏区内作战是极端不利的。因此五次“围剿”中采用了持久战与堡垒主义的战略战术，企图逐渐消耗我们的有生力量与物质资材，紧缩我们的苏区，最后寻求我主力决战，以达到消灭我们的目的。

在这种情形之下，我们的战略路线应该是决战防御（攻势防御），集中优势兵力，选择敌人的弱点，在运动战中，有把握的去消灭敌人的一部或大部，以各个击破敌人，以彻底粉碎敌人的“围剿”。然而在反对五次“围剿”的战争中却以单纯防御路线（或专守防御）代替了决战防御，以阵地战堡垒战代替了运动战，并以所谓“短促突击”的战术原则来支持这种单纯防御的战略路线。这就使敌人持久战与堡垒主义的战略战术达到了他的目的，使我们主力红军受到部分损失并离开了中央苏区根据地。应该指出，这一路线同我们红军取得胜利的战略战术的基本原则是完全相反的。

五、在目前中国国内战争的阶段上，在我们还没有大的城市工人的暴动，白军士兵的哗变的配合，在我们红军数量上还是非常不够，在我们的苏区还只是中国的一小部分，在我们还没有飞机大炮等特种兵器，在我们还处于内线作战的环境，当着敌人向我们进攻与举行“围剿”时，我们的战略路线当然是决战防御，即是我们的防御不是单纯的防御，而是为了寻求决战的防御，为了转入反攻与进攻的防御。单纯防御可以相当削弱敌人力量，可以在某一时期内保持土地，但最终的粉碎“围剿”与保卫苏区是不可能的，最后胜利的前途是没有的。只有从防御转入反攻（战役的与战略的）以至进攻，取得决战的胜利，大量消灭敌人的有生力量，我们才能粉碎“围剿”，保卫苏区，并发展苏维埃革命运动。

在这一战略路线之下，当我们还没有发现或造成敌人的弱点时，我们对于进攻的敌人不应该即刻与之进行无胜利把握的决战，我们应该以次要的力量（如游击队群众武装，独立营团，部分主力红军等）在各方面迷惑或引诱敌人，在次要方面主要的以运动防御钳制敌人，而主力则进至适当距离，或转移到敌人侧翼后方隐蔽集结，以寻求有利时机突击敌人。在内线作战下，当敌人以绝对优势兵力向我们前进时，红军的退却与隐蔽，足以疲劳敌人，消耗敌人，迷惑敌人，使敌人矜骄懈怠，发生过失与暴露弱点，这就创造了转入反攻取得决战胜利的条件。要最审慎的分析与判断敌情，以便适时的恰当的部署战斗。不要由于敌人向我们挑衅与佯攻，而不必要的调动我们的力量与投入战斗，使我们疲于奔命，失去在一定方向取得决战胜利的机会。为了求得胜利，当敌人按照其计划前进时，我们在突击方向用不着去阻止他，应该待他进至适当距离，然后包围消灭之（即诱敌深入）。为了求得胜利，就是暂时放弃一部分苏区的土地，甚至主力暂时离开苏区根据地，都是在所不辞的，因为我们知道，只要我们能够消灭敌人，粉碎敌人的“围剿”，我们不但能够恢复放弃的土地，而且还能够扩大苏维埃领土。一切这些，都是为着使红军能够经常主动的有利的去战胜敌人的进攻与“围剿”，而避免一切被动的与不利的结果。

然而在五次战争中，对于这些原则却通通是违反的。共产国际去年二月来电说得很对：“我们觉得似乎在目前这一时期中区军事指挥所采用的计划和步骤，差不多可以说常常是由敌人逼迫而产生的，敌人向我们挑拨，使我们常常不必要的改组我们的力量。因此我们的力量由于继续不断的变动，就不能积极参加作战。我们觉得应该在那些我们已经获得了某些胜利的地方击败敌人，不要企图在全部战线上同时击败敌人”。单纯防御路线的领导者对于共产国际的这种指示是无法了解的，所以不但去年二月以前如此，直至主力红军退出苏区仍是如此。甘心情愿把自己处于被动地位的单纯防御路线，并不是也不能企图在全部战线同时击败敌人，而是企图在全部战线同时阻止敌人。××同志过去提出过的“全线出击”的口号，在五次战争则变为全线抵御，而在战略上则二者都是错误的。“不放弃苏区寸土”的口号，在政治上是正确的，而机械的应用到军事上尤其在战略上则是完全的错误，而适足成为单纯防御路线的掩盖物。

六、为了求得决战的胜利，在决战方面集中优势兵力是绝对必要的。在目前敌我力量的对比上敌人的兵力是绝对优势，他们常常拿多于我们数倍以至十数倍的兵力向我们进攻。然而这对于我们不是可怕的。由于敌人是处于外线，战略上采取包围与分进合击的方针，这就造成了我们各个击破敌人的机会，使我们在战略的内线作战下能够收到战役的外线作战（局部外线）的利益。即是以我军的一部钳制敌人的一路或数路，而集中最大力量包围敌之一路而消灭之，用这种办法去各个击破敌人，粉碎敌人的“围剿”。在战略的内线作战情况之下，只有集中优势兵力寻求战役的外线作战取得胜利，才能使红军经常握住主动权，敌人则迫使他陷入被动地位，而最后打破他的整个计划。

但是过去单纯防御路线的领导者为了抵御各方面敌人的前进，差不多经常分散（主要是一、三军团的分散）兵力。这种分兵主义的结果，就使我们经常处于被动地位，就使我们的兵力处处薄弱，而便利于敌人对我们各个击破。五次战争中许多次的战役（如洵口战役，团村战役，建宁战役，温坊战役等）都由于我们主力不集中而未能得到伟大的胜利。对于单纯防御路线的领导者，红军的中心任务是阻止敌人前进，与企图以短促突击消灭部分的敌人，而不是争取主动权，不是争取决战的胜利。其结果就是红军消灭敌人的数量极少，而苏区也终于受敌人蹂躏。

七、在运动战中消灭敌人是我们工农红军的特长。共产国际在敌人五次“围剿”开始时（前年十月来电）即向我们指出：“我们的行动不应该采取阵地战的方式，而应该在敌人的两翼采取运动战”。去年二月来电又重复的说：“很明显的根据过去的经验，我们的队伍在运动战中已经获得了许多伟大的胜利，但不能在强攻敌人的堡垒地带的作战中获得胜利。”国际这些指示是完全正确的。在五次“围剿”敌人堡垒主义之下，我们虽不能像在一、二、三、四次战争中当敌人“长驱直入”时取得大规模运动战的机会，然而运动战的可能依然存在，事实上已经多次的证明了（洵口，团村，将军殿，建宁，湖坊，温坊各役，特别是十九路军事变时）。然而五次战争中由于对于堡垒主义的恐惧所产生的单纯防御路线与华夫同志的短促突击理论，却使我们从运动战转变到阵地战，而这种阵地战的方式仅对于敌人有利，而对于现时的工农红军是极端不利的。

强攻敌人的堡垒，在目前的技术条件之下是应该拒绝的，只有在堡垒不坚固或孤立的情形之下，在为了打击敌人增援队或为了调动敌人的情形之下才容许攻击堡垒。五次战争中常常轻易的强攻堡垒，其没有任何效果，是不足为怪的，因为这是以战斗当儿戏。

对于五次战争中运动战的可能估计不足，因而把敌人五次“围剿”与过去一，二，三，四“围剿”绝然地分开，因而绝然否认过去运动战的经验，绝然否认诱敌进来给以消灭的战法，并且不得不在实际上拒绝共产国际的正确指示，这在单纯防御与短促突击的领导者是自然的道理。

八、由于对敌人堡垒主义的过分估计与对运动战的可能估计不足，便产生了胜利只能起始于战术上的理论，以为只有战术上的胜利才能转变为战役上的胜利，然后由战役上的胜利才能引起战略上有利于我们的变化（华夫同志文章及××，××两同志给林彪，彭德怀两同志的信）。以为在堡垒主义下只能有许多小的胜利，而不能有“痛快淋漓的胜利”（见××同志政治局发言及××同志《红星》报文章），以为只有分兵抵御与短促突击才能对付堡垒主义。所有这些革命战争中机会主义战略战术的理论与实际，在五次战争中是完全破产了。

我们不否认堡垒主义造成了粉碎敌人五次“围剿”的新的困难（而他们最初却以“左”的空谈轻视堡垒主义，见××同志《红星》报文章），不否认而且应准备红军的技术条件（飞机大炮），特别是堡垒内的工农士兵暴动，以战胜将来敌人更坚固的堡垒，但就在现时条件之下，堡垒主义也是能够粉碎的。堡垒主义疲劳了敌人的兵力并分散了兵力，养成了敌人对于堡垒的依赖性，使他们脱离堡垒即失去胜利的信心。同时敌人无法不脱离堡垒向我们前进，又无法在全国范围内遍筑足以限制红军行动的堡垒。一切这些，造成了使我们能够克服堡垒主义的困难的条件。因此我们红军粉碎堡垒主义的方法依然是依靠运动战，依靠堡垒线前后左右发展游击战争，以配合红军的行动，以及依靠深入的白军士兵运动。所谓运动战粉碎堡垒主义，即是在堡垒线内待敌人前进时大量消灭敌人的部队，在堡垒线外即是红军转到广大无堡垒地带活动时，迫使敌人不得不离开堡垒来和我们作运动战。只要我们灵活的，艺术的，出奇制胜的运用运动战战略战术的原则，我们就一定能够粉碎堡垒主义。并且只有正确的战略方针，才能正确的领导战役，并正确的运用战术以粉碎堡垒主义与粉碎“围剿”。单纯防御与短促突击，胜利主要不依靠于战略战役的正确领导，而仅仅依靠于战术，实际上只是对堡垒主义的投降，到底不能粉碎堡垒主义。

九、在持久战与速决战问题上，单纯防御路线的领导者的了解也是错误的。必须明白中国国内战争不是一个短时期的战争，而是长期的持久的战争，苏维埃革命就在不断粉碎敌人的“围剿”中发展与巩固起来的。因此在有利的条件下，我们完全应该从防御转入反攻与进攻，消灭敌人粉碎“围剿”（如一、二、三、四次战争及五次战争广昌战役以前）。在不利的条件下，我们可以暂时的退却，以保持我们的有生力量，在另一有利条件下转入反攻与进攻（如五次战争广昌战役以后），这是第一个基本原则。但同时必须了解另一个原则，即为了进行长期的持久战，对于每一次“围剿”与每一个战役，必须极力争取战局之速决。因为在现时敌我力量的对比上，对于一次“围剿”与一个战役采取持久战的方略，对于我们是极端不利的。当着敌人以持久战来对付我们的时候（如五次“围剿”），我们必须运用正确的战略方针，打破敌人这种计划。在我们可能支持的时间之内取得决定的胜利，以粉碎敌人的“围剿”。拿我们人力财力以及军火的补充的数量，同国民党所有的去比较（即所谓同敌人拼消耗，见××同志《红星》文章），这种持久战的了解是根本错误的，在这些方面，现时我们正处在绝对的劣势。这种数目字的比较，只能证明相反的结论，即持久战对于我们是没有胜利前途的。

正因为要进行长期国内战争的持久战，同时对于每一“围剿”与每一战役却要进行速决战，所以我们特别要谨慎决定我们的战略战役计划。五次战争中单纯防御战略是根本错误的，在这种错误战略之下进行的许多拼命主义的战斗（如丁毛山、三溪圩、平寮、广昌等战役）同样是错误的，红军一定要避免那种没有胜利把握的战斗。就是作战的决定当时是正确的，但当形势变化不利于我们时，我们即应拒绝这种战斗。玩弄暴动是极大的罪恶，玩弄战斗同样是罪恶。

正因为要进行战争的持久战与战役的速决战，所以我们一定要给与红军以必须的休养兵力与教育训练的时间，这是争取战争胜利的必要条件。以为五次战争中没有休息训练的可能的说法是不对的，那只是单纯防御短促突击主义者必然的结论。以为红军行动积极化便是使他经常的不停止的打仗而不应注重休息训练也是不对的，须知没有必要的休息训练就不能好好的打胜仗。红军的编制一定要适合现时国内战争的环境，主力还未充实就去建立许多新的师团单位是不对的，应该于充实主力之后再去建立新单位。拿全无教育训练又无战斗经验的新兵师团单独作战是不对的，应该使新兵师团中有老兵骨干，并尽可能在初期使他们在老的兵团指挥之下训练出战斗经验来。那种不必要的笨重的与上重下轻的组织与装备是不对的，应该是尽可能的轻装。必须充实连队与加强师以下的领导。

正因为要进行战争的持久战与战役的速决战，必须反对那种把保持有生力量与保卫苏区互相对立起来的理论。为了进行胜利的战斗，红军的英勇牺牲是完全必要的，这是阶级武装的特质，是革命战争胜利的基础，这种牺牲是换得了胜利。这种牺牲是有代价的，但这不能适用于无代价的拼命主义的战斗，须知只有保持有生力量，我们才能真正的保卫苏区。没有坚强的红军，苏区即无法保存。有了坚强的红军，即使苏区暂时遭到部分的损失，也终究能够恢复，并且新的苏区也只有依靠红军才能创造起来。

在战争持久战的原则之下，要反对当敌人的“围剿”被我们用反攻战斗粉碎了之后可能发生的两种错误倾向：一种是由于疲劳情绪与过分估计敌人力量所产生的保守主义。这种保守主义使我们懈怠消极，使我们停顿不动，使我们不能由反攻转入进攻，消灭更多敌人，发展更大苏区，扩大红军力量，使我们不能在敌人新的“围剿”到来之前取得粉碎新的“围剿”的充分条件。另一种是由于对自己胜利过分估计与对敌人力量估计不足所产生的冒险主义。这种冒险主义使我们的进攻得不到胜利（如无把握的及在当时无必要的进攻中心城市等），甚至使反攻中已经得到的胜利归于减削或抛弃，使红军有生力量过分牺牲，使扩大红军扩大苏区争取战略地区的发展与巩固的任务放弃不顾。这同样使我们不能在敌人新的“围剿”到来之前取得继续粉碎他的充分条件。因此反对这两种错误倾向是党在战略的进攻问题上即在敌人两个“围剿”之间的严重的任务。

在战役速决战的原则之下，要反对根源于恐慌情绪的仓猝应战，或对于战略上初战的不慎重，或对敌人战略计划企图先发制敌，一战不胜就认为没有办法，或借口速决战而不作充分准备，即对于敌人的“围剿”不作必要的与尽可能支持的时期内的一切准备等等机会主义的倾向。速决战是要求具备一切必要条件（战略的优胜，战役领导的正确，运动战不失时机，集中兵力等等）去消灭敌人部队，只有消灭了敌人部队才能使战局速决，才能使敌人的进攻与“围剿”归于粉碎。

十、利用反革命内部的每一冲突，从积极方面扩大他们内部的裂痕，使我们转入反攻与进攻，是我们粉碎敌人“围剿”的重要战略之一。福建十九路军事变是粉碎敌人五次“围剿”的重要关键，党中央当时采取了利用国民党内部这一矛盾的正确的政治路线，同十九路军订立了停战协定，来推动十九路军去反对日本帝国主义与蒋介石。然而当时的××同志等却在“左”的空谈之下，在战略上采取了相反的方针，根本不了解政治上军事上同时利用十九路军事变是粉碎五次“围剿”的重要关键之一。相反的，以为红军继续在东线行动打击进攻十九路军的蒋介石部队的侧后方，是等于帮助了十九路军。因此把红军主力西调，劳而无功的去攻击永丰地域的堡垒，失去了这一宝贵的机会。根本不了解十九路军人民政府当时的存在对于我们是有利益的，在军事上突击蒋介石的侧后方以直接配合十九路军的行动，这正是为了我们自己的利益，为了粉碎五次“围剿”。这并不是因为十九路军是革命的军队，相反的，这不过是反革命内部的一个派别，这个派别企图用更多的欺骗与武断宣传，甚至“社会主义”之类的名词来维持整个地主资产阶级的统治，只有我们在实际行动中表现给在十九路军欺骗下的工农士兵群众看，我们帮助任何派别反日反蒋的斗争，我们才能更容易的揭破十九路军军阀的欺骗，在共同反日反蒋的战争中争取他们到我们方面来。只有我们军事上采取与十九路军直接配合的方针，才能使我们在当时这一重要关键上，不失去消灭蒋介石主力的机会，这种有利条件是过去历次战争中所没有的。然而我们军事上没有去利用，这对于单纯防御路线的领导者原是不足为怪的。因为他们的目的原来不过为了抵御敌人的前进，至于利用敌人内部的矛盾与冲突使自己转入反攻与进攻，在他们看来是冒险的行动。

十一、在战略转变与实行突围的问题上同样是犯了原则上的错误。首先应该说的：当我们看到在中央苏区继续在内线作战取得决定的胜利已经极少可能以至最后完全没有可能时（一九三四年五月——七月间，即广昌战役以后），我们应毫不迟疑的转变我们的战略方针，实行战略上的退却，以保持我们主力红军的有生力量，在广大无堡垒地区寻求有利时期转入反攻，粉碎“围剿”，创造新苏区与保卫老苏区。国际六月二十五日来电曾经这样的指出：“动员新的武装力量，这在中区并未枯竭，红军各部队的抵抗力及后方环境等，亦未足使我们惊惶失措。甚至说到对苏区主力军退出的事情，这唯一的只是为了保存活的力量，以免遭受敌人可能的打击。在讨论国际十三次全会和五中全会的决议案时，关于斗争的前途，及目前国际的情形，及红军灵活的策略，必须进行解释的工作，说明这种灵活的策略，首先是趋于保存活的力量，及在新的条件下来巩固和扩大自己，以待机进行广大的进攻，以反对帝国主义国民党”。在这一重要关节上，我们的战略方针，显然也是错误的。在“五六七三个月战略计划”上根本没有提出这一问题。在“八九十三个月战略计划”上，虽是提出了这一问题，而且开始了退出苏区的直接准备，然而新计划的基本原则依然同当时应取的战略方针相反，“用一切力量继续捍卫中区，来求得战役上大的胜利”，“发展游击战争，加强辅助方向的活动，来求得战略上情况的变更”，依然是新计划基本原则的第一节二条。关于有生力量的保持问题，完全忽视，而这正是决定退出苏区的战略方针的基础。这一战役时机上的错误，再加上阵地战的发扬，给了红军以很大的损害。这种一方面预备突围，一方面又“用一切力量继续捍卫中区”的矛盾态度，正是单纯防御路线的领导者到了转变关头，必然的惊惶失措的表现。

其次，更加重要的，就是我们突围的行动，在华夫同志等的心目中，基本上不是坚决的与战斗的，而是一种惊惶失措的逃跑的以及搬家式的行动。正因为如此，所以这种巨大的转变不但没有依照国际指示，在干部中与红色指战员中进行解释的工作，而且甚至在政治局的会议上也没有提出讨论，把数百万人的群众行动的政治目标，认为不是重要的问题。在主力红军方面，从苏区转移到白区去，从阵地战战场转移到运动战战场上去，不给以必要的休养兵力与整顿训练，而只是仓猝的出动。关于为什么退出中央苏区，当前任务怎样，到何处去等基本的任务与方向问题，始终秘而不宣，因此在军事上特别在政治上，不能提高红军战士的热忱与积极性，这不能不是严重的错误。庞大的军委纵队及各军团后方部的组织，使行军作战受到极大的困难，使所有战斗部队都成了掩护队，使行动迟缓，失去到达原定地区的先机。这是根本忘记了红军的战略转变，将遇到敌人严重的反对，忘记了红军在长途运动中，将要同所有追堵截击的敌人作许多艰苦的决斗，才能够达到自己的目的。所有这些政治上，军事上，组织上的错误，特别战略方针不放在争取于必要与有利时机同敌人决战的原则上，就使得自己差不多经常处于被动地位，经常遭受敌人打击而不能有力的打击敌人。就使得三个月的突围战役，差不多处处成为掩护战，而没有主动的放手的攻击战。就使得口头上虽经常说“备战”，而实际上除掩护战外，却经常是“避战”。就使得红军士气不发扬，过分疲劳，得不到片刻休息，因而减员达到了空前的程度。就使得“反攻”的正确口号在实际上变成了××同志等的避战主义的掩盖，而不准备于必要与有利时机争取真正反攻的胜利，就使得以红军战略转变迫使敌人转变其进攻中央苏区的整个计划，以保卫中央苏区，以粉碎五次“围剿”，以建立湖南根据地，乃至高度保持红军有生力量的基本任务都不能完成。所有这些，都是在基本的战略方针上采取了避战主义的必然的结果。这种战略避战主义，是从一种错误观点出发，即是说红军一定要到达了指定地区（湘西），放下了行李，然后才能举行反攻消灭敌人，否则是不可能的。对追击敌人（如周薛[1]两纵队），就在他们分离时与疲弊时也是不敢作战的。而这种错误观点的来源，则在于不明了当前的环境，是不容许我们这样简单地轻巧地径情直遂地干的，在于对追击敌人的力量的过分估计。殊不知这种简单轻巧与径直的干法，在短距离的环境不严重的与小部队的行动，或者是可能的，而在数千里的在五次“围剿”环境中的主力红军的巨大的战略的转移，则是不可能的。对不必要的与敌人无隙可乘的那种战斗是应该避免的，而对必要的与敌人有隙可乘的战斗则是不应该避免的。此次突围行动没有完成自己的任务，其主要原因正在这里。这一原则上的错误，一直发展到突围战役的最后阶段。当红军到了湘黔边境，在当时不利的敌我情况下，却还是机械的要向二、六军团地区前进，而不知按照已经变化了情况来改变自己的行动方针。红军到了乌

① 指周浑元、薛岳。

江地域，又不知按照新的情况变化提出在川黔边转入反攻消灭蒋介石追击部队的任务，而只看见消灭小部黔敌以及消灭所谓土匪的任务。虽则最后两次错误都因政治局大多数同志的坚决反对而纠正了，而在华夫同志等则适足表现其战略问题上一贯的机会主义的倾向。

单纯防御路线发展的前途，或者是不顾一切的拼命主义，或者是逃跑主义，此外决不能有别的东西。

十二、政治局扩大会认为一切事实证明，我们在军事上的单纯防御路线，是我们不能粉碎敌人五次“围剿”的主要原因，一切企图拿党的正确的路线来为军事领导上的错误路线做辩护（如××同志的报告，华夫同志的发言）是劳而无功的。

政治局扩大会更认为这种军事上的单纯防御路线，是一种具体的右倾机会主义的表现。他的来源是由于对于敌人的力量估计不足，是由于对客观的困难，特别是持久战堡垒主义的困难，有了过分的估计，是由于对于自己主观的力量特别是苏区与红军的力量估计不足，是由于对于中国革命战争的特点不了解。因此政治局扩大会认为反对军事上的单纯防御路线的斗争是反对党内具体的右倾主义的斗争。这种斗争在全党内应该开展与深入下去。一切把这一斗争转变为无原则的个人纠纷的企图，必须受到严厉的打击。

十三、此外政治局扩大会认为××同志特别是华夫同志的领导方式是极端的恶劣。军委的一切工作为华夫同志个人所包办，把军委的集体领导完全取消，惩办主义有了极大的发展，自我批评丝毫没有，对于军事上一切不同意见，不但完全忽视，而且采取各种压制的方法，下层指挥员的机断专行与创造性是被抹杀了。在转变战略战术的名义之下，把过去革命战争中许多宝贵的经验与教训，完全抛弃，并目之为游击主义，虽是军委内部大多数同志曾经不止一次提出了正确的意见，而且曾经发生过许多剧烈的争论，然而这对于华夫同志与

× × 同志是徒然的。一切这些造成了军委内部极不经常的现象。

同时政治局更认为过去书记处与政治局自己对于军委的领导是非常不够的。书记处与政治局最大部分的注意力是集中于扩大红军，与保障红军的物质供给方面，因此在这些方面得到了空前伟大的成绩，然而对于战略战术方面则极少注意，而把这一责任放在极少数同志身上，首先是 × × 同志与华夫同志。我们没有清楚的了解战争的指挥问题关系于战争胜负的全局。战争指挥的错误，可以使最好的后方工作的成绩化为乌有。政治局对于这一问题上所犯的错误是自己应该承认的，书记处的所有同志在这方面应该负更多的责任，因为有些重要的决定或战略计划是经过书记处批准的。

然而政治局扩大会特别指出 × × 同志在这方面的严重错误，他代表中央领导军委工作，他对于华夫同志在作战指挥上所犯的路线上的错误以及军委内部不经常的现象，不但没有及时的去纠正，而且积极拥护助长了这种错误的发展。政治局扩大会认为 × × 同志在这一方面应该负主要的责任，而 × × 同志在他的结论中对于绝大多数同志的批评与自己的错误是没有承认的。必须指出这种错误对于 × × 同志不是整个政治路线的错误，而是部分的严重的政治错误。但这一错误如果坚持下去，发展下去，则必然会走到整个政治路线的错误。

政治局扩大会认为为了粉碎敌人新的围攻，创造新苏区，必须彻底纠正过去军事领导上所犯的错误，并改善军委的领导方式。

十四、最后政治局扩大会认为，虽是由于我们过去在军事上的错误领导，使我们没有能够在中央苏区内粉碎五次“围剿”，使我们主力红军不能不退出苏区，并遭受到了部分的损失，然而我们英勇的红军主力依然存在着。我们有着优良的群众条件，我们有着党的正确的领导，我们有着物质上地形上比较良好的地区，我们有着全国广大群众的拥护与红四方面军和二、六军团的胜利的配合，再加上正确的作战指挥，我们相信，这些困难在我们全体同志与红色指战员努力之下是可以克服的。同时敌人方面的困难是大大的增加了，我们活动的地区远远的离开了南京政府反革命的根据地，蒋介石几年经营的堡垒地带的依靠是没有了。军阀内部的矛盾与不统一有了进一步的增加。我们主要敌人蒋介石的主力在五次“围剿”中是削弱了。尤其是帝国主义瓜分中国与国民党的卖国政策，全国国民经济的空前的崩溃，使全国民众更清楚的看到只有苏维埃才能救中国，而更加同情与拥护苏维埃革命运动以至直接为苏维埃政权而斗争。这些都是我们粉碎敌人新的围攻创造新的苏区根据地，发扬全国苏维埃运动的有利条件。

必须指出，目前的环境在党与红军面前提出了严重的任务，这就是因为帝国主义与反革命国民党军阀任何时候都不会放松我们，我们现在是在敌人新的围攻的前面，中央红军现在是在云贵川地区，这里没有现存的苏区，而需要我们重新去创造，我们的胜利要在自己艰苦奋战中取得。新苏区的创造不是不经过血战可以成功的。当前的中心问题是怎样战胜川滇黔蒋这些敌人的军队。为了战胜这些敌人，红军的行动必须有高度的机动性，革命战争的基本原则是确定了，为了完成作战任务必须灵活的使用这些原则。红军运动战的特长在五次战争中是被长期的阵地战相当减弱了，而在目前正要求红军各级指挥员具有高度的运动战战术。因此从阵地战战术（短促突击）到运动战战术的坚决的迅速的转变，是严重的工作。对战斗员尤其是新战士，则须进行必要的技术教育。在政治工作上一切须适应目前运动战的需要，以保证每一个战斗任务的完成。红军更要从作战中休养与整理自己，并大量的扩大自己。红军必须严肃自己的纪律，对广大劳苦工农群众的联系必须更加密切与打成一片。极大的加强对地方居民的工作，红军应该是苏维埃的宣传者与组织者。目前的环境要求党与红军的领导者用一切努力，具体的切实的解决这些基本的问题。

白区党的工作必须建立与加强。对白区群众斗争的领导方式必须有彻底的转变。瓦解白军工作必须真正的开始。广泛的发展游击战争是党目前最中心的任务之一。在中央苏区，湘赣，湘鄂赣苏区与闽浙赣苏区，党必须坚持对游击战争的领导，转变过去的工作方式来适合于新的环境。最后同二、六军团及四方面军必须取得更密切的联系并加强对于他们的领导，以求得全国红军的一致行动与互相配合。

政治局扩大会相信放在我们面前的这些严重的任务，我们是能够完成的。完成这些任务是以后革命战争的新的胜利的保障。新的革命战争的胜利，将使我们中央红军在云贵川三省广大的地区中创造出新的苏区根据地，将使我们恢复老苏区，将使全国各地的红军与苏区打成联系的一片，并将使全国工农群众的斗争转变到胜利的大革命。

政治局扩大会相信，中国苏维埃革命有着他雄厚的历史的泉源，他是不能消灭的，他是不能战胜的。中央苏区，湘鄂赣苏区，湘赣苏区，与闽浙赣苏区的变为游击区，不过是整个苏维埃革命运动中部分的挫折。这种挫折丝毫也不足以使我们对于中国苏维埃革命的前途表示张惶失措，实际上帝国主义国民党就是想暂时停止苏维埃革命运动的发展也是不可能的。二、六军团与四方面军的胜利，中央红军在云贵川三省内的活跃，以及全国工农群众的革命斗争，证明整个中国苏维埃革命正在前进中。

政治局扩大会指出过去党在军事领导上的错误，对于我们党的整个路线说来，不过是部分的错误。这种错误也不足以使我们悲观失望。党勇敢的揭发了这种错误，从错误中教育了自己，学习了如何更好的来领导革命战争到彻底的胜利。党揭发了这种错误之后，不是削弱了，而是加强了。

政治局扩大会号召全党同志以布尔什维克的坚定性反对一切张惶失措与悲观失望的右倾机会主义，首先反对单纯防御路线。政治局扩大会更号召全党同志像一个人一样团结在中央的周围，为党中央的总路线奋斗到底，胜利必然是我们的。

（根据中共中央党校出版社一九九一年出版的《中共中央文件选集》第十册刊印）

遵义政治局扩大会议传达提纲 *

（一九三五年）

陈云

遵义政治局扩大会议的召集，是基于在湘南及通道的各种争论而由黎平政治局会议所决定的。这个会议的目的是在：（一）决定和审查黎平会议所决定的暂时以黔北为中心，建立苏区根据地的问题。（二）检阅在反对五次“围剿”中与西征中军事指挥上的经验与教训。当着红军占领遵义以后政治局扩大会议即行开幕，参加这个会议的同志除政治局正式及候补委员以外，一、三军团的军团长与政治委员林聂[1]、彭杨[2]及五军团的政治委员李卓然、李[3]总政主任及刘[4]参谋长都参加。会议经过三天，作出了自己的决议。

一、扩大会一致决定改变黎平会议以黔北为中心来创造苏区根据地的决议，一致决定红军渡过长江在成都之西南或西北建立苏区根

---

* 这是陈云为传达遵义会议精神而写的提纲。提纲形成于遵义会议后不久从云南省威信县到贵州省仁怀县鸭溪镇的行军途中，时间在一九三五年二月中旬至三月上旬。

① 指林彪、聂荣臻。

② 指彭德怀、杨尚昆。

③ 指李富春。

④ 指刘伯承。

据地。这个决定的理由是：由于四川在政治上、军事上（与四方面军的更好的配合，背靠西康一个空无敌人的区域）、经济上都比黔北好。

（如果今天来观察这个决定，我们应该批评这个决议只在一些比较抽象的条件上来决定根据地，没有具体的了解与估计敌情与可能，没有讲求达到这个目的的具体步骤。而且个别同志对于四川敌人的兵力是过低的估计的，后来由威信回兵黔北而没有达到渡江入川的目的，亦正在此。）[①]

二、检阅反对敌人五次“围剿”中与西征中的错误。

（A）扩大会议认为四次“围剿”粉碎以后，中央政治局所作的决议——粉碎帝国主义国民党五次“围剿”的决议[②]是正确的。政治局扩大会反对博古[③]同志的报告，这个报告客观上是在说明不能胜利的保卫苏区来粉碎五次“围剿”的原因是偏重于客观的——帝国主义对于国民党的帮助，白区反帝与革命运动不能与红军战斗配合，苏区周围的游击战争与白区工作的极端薄弱等等——，没有显著的把我们在军事指挥上的错误，提到这些原因中的应有的高度。（当然在博古同志的报告中也说了主观的指挥上的错误，当然也不曾明显的把这个问题放在次要的地位。）这在客观上是右倾机会主义的，是企图掩盖指挥上的错误的，是不能得到教训的。

扩大会议认为我们没有胜利的保卫中区来粉碎五次“围剿”的原因，除了许多客观的而且重要的原因以外，最主要的原因，由于我们在军事指挥上战略战术上基本上是错误的。

① 这一段话是原提纲中的。这里所说的今天来观察，是指写传达提纲的时候。

② 指一九三三年七月二十四日《中共中央关于帝国主义国民党五次“围剿”与我们党的任务的决议》。

③ 即秦邦宪。

扩大会议认为当时党的总的政治路线一般的是正确的[1]，一切在苏区内部的后方工作是模范的，必须奖励的。但是正因为国内战争中军事指挥是党的总的政治路线的一个主要的部分，我们党正是由于军事指挥上在这个时期以及西征中是基本上错误的，因此在保卫苏区与顺利的粉碎五次“围剿”的意义上来说，以及达到西征军预定的湘西目的地来说，是没有完成自己的任务。

扩大会议认为蒋介石在五次“围剿”中没有完全成功，主力红军非但冲出重围，而且在川黔滇湘活跃着发展着。相反的在军事的力量上来说，经过五次“围剿”的一年半的血战，蒋介石的军事力量是削弱了。

扩大会议认为中国苏维埃运动决不是低落，相反的依然是发展的。几个苏区红军的胜利，中央红军的活跃，以及反帝运动的高涨与国民党统治下的全国经济的破产。中国苏维埃运动有着浓厚的历史的泉源，中国苏维埃运动与红军是不可战胜的力量。

（B）为什么说军事指挥上基本上是错误的?（把五次“围剿”起至西征到遵义分成四个时期。）

第一个时期——从粉碎四次“围剿”以后到朋口战争及与十九路军订定作战协定以前。

这个时期，首先在东黄陂战争胜利以后（粉碎了四次“围剿”），因为当时对于胜利的估计不足，把红军主力停留在北线上一个短时期，以后向着闽江活动来开辟东战场是对的，朋口战争胜利了，这都

① 关于一九三一年一月中共六届四中全会至一九三五年一月遵义会议前中央政治路线错误的问题，当时大多数同志尚未认识到，加之战争形势紧迫，遵义会议没有就这个问题展开进一步的讨论，因而这里说“扩大会议认为当时党的总的政治路线一般的是正确的”。这样做，对集中全力纠正当时具有决定意义的军事上和组织上的错误，动员全党团结一致地去克服长征中的困难，是有利的。一九四五年四月二十日中共六届七中全会通过的《关于若干历史问题的决议》，才对这个问题作出了全面的总结。

是对的。这个时期一般的是指挥正确的，但是极大的错误是没有集中主力，只有三军团与东线原有较弱的兵团与十九路军决战，如果那个时期，集中更多的力量，我们在东方战线上的胜利，必然远过于当时所获得的。

第二个时期——从与十九路军订立作战协定起，到十九路军的失败与敌人占领军事要点——黎川。

这个时期党中央决定与十九路军订立作战协定，是正确的。但是在当时军事指挥上并没适应政治上的要求，当时我们非但没有出建黎泰去侧击向延平前进的蒋军，反而把红军主力向着赣江活动，等到后来洛甫①同志（他是军委的委员）知道而提出反对时，再把红军向东到永安、沙县时，福建的人民政府的局面已经改变了。而使蒋介石把东方战线在自己的掌握中组成积极的进攻苏区的战线。同时在个别指挥员的贻误之下失守黎川②。

政治局扩大会认为这个时期，如果我们在军事上能够正确的指挥，那末我们完全有可能粉碎五次“围剿”，国内形势将成另外一个局面，而有利于革命运动苏维埃运动的发展。

第三个时期——从十九路军失败以后的广昌战斗到主力红军出发西征时。

这一时期是五次“围剿”战争中最残酷的战斗的时期，敌人用最大兵力压迫我们于苏区内部。同时，我们严重的指挥上的错误也正是在这个时期，不去尽力寻求运动战与敌人翼侧的活动，而采取阵地式的与敌人堡垒对峙的战略技术，发明以“赤色堡垒”来抗阻敌人。在赤色堡垒与敌人堡垒对峙之下，用所谓有名的“短促突击”战术来作

---

① 即张闻天。

② 这里是指“左”倾冒险主义领导者，把第五次反“围剿”初期黎川失守的责任，归咎于当时闽赣军区司令员萧劲光的事。传达提纲写于该错案平反之前，沿用了以前的说法。

战。这个战术拒绝了在运动战中消灭敌人的战术，放弃了外翼侧的活动。结果苏区边界上到处造了宫殿式的堡垒（当然不是说个别的必要地区的堡垒是不要的），我们依靠这些堡垒和工事与敌人对抗。这个战术完全暴露我们的主力，完全在敌人面前暴露我们的弱点，使敌人的飞机大炮能够按照一定目标的配合步兵师团向我们进攻。结果，我们与敌人只是拼“消耗”（这对我们是不利的），许多赤色堡垒被毁于飞机大炮，一些被敌人占领来作为进攻苏区的军事据点。

“短促突击”的战术，使我们不能获得运动战中应能获得的胜利（龙岗战斗），使我们在敌人的强大的火力之下受到极大的损失。在敌人以几倍于我们力量向我进攻时依然不得不退出赤色堡垒地带（建泰广昌）。“短促突击”在广昌战斗、三溪圩战斗、太阳嶂战斗、石城战斗，以及退出苏区时的许多战斗中，红军的有生力量受到极大的损失。每次战役总是死伤二三千，三军团在一个短时期中全军团的老的连长完全死伤。即使在将要西征出发的前两天，军委依然命令十三师在兴国城市死守。“短促突击”的结果，使一九三三年红五月直到一九三四年九月扩大来的十五万以上（将近二十万）的新战士，除去因为政治工作的薄弱、动员扩大红军时工作上的错误而使一部减员以外，都在这个战术之下损失了。

第四个时期——开始西征起到黎平为止。这个时期在指挥上组织上一般是错误的，已如前述，不再重复。

总括以上四个时期来看，当时我们在军事指挥上战略战术上是基本上错误的。

（C）右倾机会主义的单纯防御路线。

扩大会议认为当时军事指挥上所采取的战略是单纯防御路线。这个战略之政治来源，是由于对我们可以战胜敌人的堡垒主义，没有信心。

这种单纯防御路线实际就在：

（a）拒绝运动战与在敌人的翼侧的活动。

（b）企图以赤色堡垒的消耗战来保卫苏区。（把不失去一寸苏区土地的口号在战术上机械的运用）。

（c）敌人分六路进攻，我们也分兵抵御。这样就不仅居于被动地位，而且使我们主力不集中，各个战线上力量薄弱而处处受敌打击。

如果否认五次战争中敌人战略上的堡垒主义的特点，是错误的，但是诱敌深入的机会依然是有的，而且还不很少的。正因为我们采取的战术是敌人一出动——三里五里——即对敌进攻，这样使敌人更加小心而步步筑堡垒。在五次战争开始时敌人的堡垒还是十里一个十五里一个，因为我们的“短促突击”的结果，使敌人懂得在一里路的距离中筑上三五个堡垒。譬如：龙岗战斗，敌人才伸出五里路，我们即出击，暴露了红军主力所在，使敌人立即迅速的退回堡垒的据点，结果可以大胜的战斗，只能俘获一营敌人。这种类似的战役不能胜数。所有军团首长在扩大会上举出许多战役的例子都是犯着这个错误。他们说：“在这个战役中得到的军委命令，在出发以前，已经明知是劳而无功，但是只有服从命令。”即在退出苏区以前不久之东方战线上打击李延年纵队之温坊战斗是极大的胜利（俘获人枪千余），但是这个胜利的获得，正是由于一军团首长不照军委命令——死守温坊来打击敌人——而自动的进行机动，从温坊退进苏区二十里路（可是他们恐军委的责备而两天两晚睡不着觉），才能使敌人大胆前进，远离堡垒，而给以打击。至于后一时期只在分兵抵御，除了七军团之抗日先遣队北上外，其他在敌人翼侧后方的活动，完全没有。

至于以赤色堡垒来对抗敌人的堡垒主义，这种“拼消耗”的战斗，谁都明白在今天我们所处的地位，运用了的时候是极端不利的。

分兵抵御的办法，不仅使我们完全居于被动地位，常被某一战线上的敌人佯攻吸引红军力量，而在其他战线上进行强攻，不仅使红军部队疲于奔跑，而受到不应有的损失，而且不合目前国内战争红军处于内线作战，必须集中主力——集中优势兵力去打击敌人的弱点——来各个击破敌人的分进合击的原则的。因为分兵抵御而不能集中主力，所以许多战役不能得到应有的胜利。就是温坊战斗以后，敌人的两个师迅速的增援——继续冒险前进——因为我们的其他军团没有集中，不曾取得继续的可能的胜利。

这种错误的军事上的指挥，是经过了一个很长时期的。在这一时期中，党内军委内部不是没有争论的，毛张王①曾经提出过许多意见，就是恩来同志也曾有些个别战役上的不同意见，但是没有胜利的克服这种错误。至于各军团——尤其是一、三军团的首长不知有多少次的建议和电报，以及每个战役的“战斗详报”，提出他们的作战意见，可惜完全没有被采纳。

扩大会议指出军事上领导错误的是A、博②、周三同志，而A、博两同志是要负主要责任的。

扩大会议指出党内对于军事领导上错误的纠正，不是党内的分歧，相反的更加团结，使军事领导走上正确的道路，使党与军委的威信更加提高。一切动摇、悲观、失望的分子，与前进的布尔什维克没有丝毫相同的地方。扩大会议指出反对军事领导上的单纯防御路线时，必须坚决的反对一切右倾机会主义的倾向。

（D）扩大会最后作了下列的决定：

（一）毛泽东同志选为常委。

（二）指定洛甫同志起草决议，委托常委审查后，发到支部中去讨论。

（三）常委中再进行适当的分工。

---

① 指毛泽东、张闻天、王稼祥。

② 指李德、秦邦宪。

（四）取消三人团，仍由最高军事首长朱[1]周为军事指挥者，而恩来同志是党内委托的对于指挥军事上下最后决心的负责者。

扩大会中恩来同志及其他同志完全同意洛甫及毛王的提纲和意见，博古同志没有完全彻底的承认自己的错误，凯丰[2]同志不同意毛张王的意见，A同志完全坚决的不同意对于他的批评。

扩大会完毕后中常委即分工，以泽东同志为恩来同志的军事指挥上的帮助者。并决定决议到支部讨论时，指出华夫同志的名字（华夫即A名，常用此名在军委刊物《革命与战争》上发表许多文章，特别是“短促突击”的文章）。在团以上的干部会中才能宣布博古同志的名字。

决议发出以后常委各同志——毛张陈[3]——均到各军团干部会中传布决议。在一切会议中对于政治局扩大会决议是积极的拥护的。

在由遵义出发到威信的行军中，常委分工上，决定以洛甫同志代替博古同志负总的责任。

（根据人民出版社一九九五年出版的《陈云文选》第一卷刊印）

① 指朱德。
② 即何克全。
③ 指陈云。

中国人民解放军总部关于重行颁布三大纪律八项注意的训令

（一九四七年十月十日）

毛泽东

一、本军三大纪律八项注意，实行多年[1]，其内容各地各军略有出入。现在统一规定，重行颁布。望即以此为准，深入教育，严格执行。至于其他应当注意事项，各地各军最高首长，可根据具体情况，规定若干项目，以命令施行之。

二、三大纪律如下：

（一）一切行动听指挥；（二）不拿群众一针一线；（三）一切缴获要归公。

---

① 三大纪律、八项注意，是毛泽东等在第二次国内革命战争中为中国工农红军制订的纪律，其具体内容在不同时候和不同部队略有出入。在红军初创时期，就已提出部队对待群众要说话和气，买卖公平，不拉夫，不打人，不骂人。一九二八年春工农红军在井冈山的时候，规定了三项纪律：第一，行动听指挥；第二，不拿工人农民一点东西；第三，打土豪要归公。一九二八年夏提出了六项注意：一、上门板，二、捆铺草，三、说话和气，四、买卖公平，五、借东西要还，六、损坏东西要赔。一九二九年以后，毛泽东又将三大纪律中的“不拿工人农民一点东西”，改为“不拿群众一针一线”；“打土豪要归公”改为“筹款要归公”，后来又改为“一切缴获要归公”。对于六项注意，增加了“洗澡避女人”和“不搜俘虏腰包”两项内容，从而成为三大纪律、八项注意。这些纪律，曾经是红军以及后来的八路军、新四军、人民解放军政治工作的重要内容，对于人民军队的建设，对于正确处理军队内部关系、团结人民群众和确立人民军队对待俘虏的正确政策，都起了伟大的作用。

三、八项注意如下：

（一）说话和气；（二）买卖公平；（三）借东西要还；（四）损坏东西要赔；（五）不打人骂人；（六）不损坏庄稼；（七）不调戏妇女；（八）不虐待俘虏。

（根据人民出版社一九九一年出版的《毛泽东选集》第四卷刊印）

一封封铭刻着历史印记的电报，铿锵有力、无声豪迈，字迹斑驳，却见证了中国共产党波澜壮阔的革命征程，抒写着中国共产党人运筹帷幄、决胜千里的伟大斗争智慧。

第三章 制胜电波

见证国共合作的电波

“西安事变，惊传蒋氏被幽，事出意外。然此实蒋氏对外退让、对内用兵、对民压迫三大错误政策之结果。”

1936年12月4日，蒋介石亲赴西安，逼迫张学良率东北军、杨虎城率第十七路军“剿共”。张学良、杨虎城在向蒋介石要求抗日遭拒后，于12月12日凌晨采取了“兵谏”，扣留了蒋介石，并通电全国，提出了停止内战、一致抗日等八项主张。这就是震惊中外的“西安事变”。

西安事变一发生，张学良连夜电告中共中央。毛泽东和周恩来立即复电，表示拟派周恩来前往西安商量大计。

12月13日，中共中央举行政治局会议。毛泽东认为，西安事变是有革命意义的，应该支持。

1936年12月15日，毛泽东、朱德、周恩来等红军将领联名发表《红军将领关于西安事变给国民党、国民政府的电报》，表示支持张学良、杨虎城提出的八项主张，重申中国共产党关于国共合作、化敌为友、共赴国难的政策。

12月16日，毛泽东致电阎锡山时提出：时局应和平解决，万不宜再起内战。12月17日，中共中央派遣周恩来等人到达西安。在弄清情况后，党中央以中华民族团结抗日的大局为重，独立自主确定了用和平方式解决西安事变的方针。经谈判，蒋介石做出“停止剿共，联红抗日”的承诺。

西安事变纪念馆研究馆馆员石八民说：“西安事变的和平解决，促成了国共合作，是抗日民族统一战线建立的成功实践。”

西安事变和平解决，成为时局转换的枢纽。从此，十年内战局面基本结束，国内和平初步实现。在抗日的前提下，国共两党实行第二次合作已成为不可抗拒的大势。

1937年1月13日，中共中央机关由保安迁到延安。2月10日，为促进国共两党合作的实现，中国共产党发表《中国共产党中央给中国国民党三中全会电》，向国民党提出五项要求：停止内战，集中国力，一致对外；保障言论、集会、结社之自由，释放一切政治犯；召集各党各派各界各军的代表会议，集中全国人才，共同救国；迅速完成对日作战之一切准备工作；改善人民的生活。如果国民党将五项要求定为国策，共产党愿意实行四项保证：在全国范围内实行停止武力推翻国民政府之方针；苏维埃政府改名中华民国特区政府，红军改名为国民革命军；特区实行彻底的民主制度；停止没收地主土地的政策，坚决执行抗日民族统一战线的共同纲领。

中国共产党给国民党五届三中全会的电文发表，在全国引起巨大反响，也得到了国民党内抗日派的赞同。

《中国共产党中央给中国国民党三中全会电》

为促进国民党早日实行联共抗日的政策，中共中央还先后派出周恩来、叶剑英、林伯渠、博古等同国民党代表在西安、杭州、庐山、南京等地，围绕国共合作、红军改编、陕甘宁边区的地位等问题举行多次谈判。

在中央档案馆，完整地收藏着1936年至1937年国共谈判的电报。这一时期中国共产党的电台数量约34部，无线电通信技术尚不发达，因此这些电文字字珍贵，它们曾穿越战火纷飞的生死线，将谈判桌上的较量即时传送至中共中央与共产国际。

在国共两党先后进行的谈判中，蒋介石多次出尔反尔、反复无常，谈判进程缓慢而曲折。1937年6月4日，周恩来到达庐山。8日至15日，他同蒋介石进行了多次谈判。

庐山谈判的谈判桌

慕德华，原庐山风景区管理局文学艺术界联合会文联副主席，他画的当年周恩来与蒋介石进行庐山谈判的美庐别墅，隐隐约约的雾中山峰如同84年前国共两党的关系。

慕德华说："这次谈判过程中，蒋介石通过要组建一个国民革命同盟会，他实际上是想把共产党这个名称给灭掉。”

周恩来当即表示：有关革命同盟会的组织事关重大，必须请示中共中央后定。有关红军指挥机关和陕甘宁边区人事安排等问题，不能同意；并严词驳斥要朱毛“出洋”的安排。6月18日，周恩来回到延安，中共中央书记处研究了蒋介石的意见。

由中共中央书记处发往共产国际书记处的这封电报，将第一次庐山谈判的结果作了清晰记录。

“……谈判结果如下：……两党合作部分（1）成立国民革命同盟会，由蒋指定国民党的干部若干人，共产党推出同等数目之干部合组之，蒋为主席，有最后决定之权。”

为了顾全大局，中共中央又准备作出重大让步，原则上同意组织国民革命同盟会，但要求先确定共同纲领，以便奠定同盟会及两党合作之政治基础。同盟会组织原则，在共同承认纲领的基础上，可同意国共两方各推出同数干部组织最高会议，另以蒋为主席，承认其依据纲领有最后决定之权，采用国民革命军暂编军、师名义，编三个正规师，共45000人。向蒋介石推荐张继、宋子文、于佑任三人中择一人任陕甘宁边区行政长官，林伯渠任副长官。

这个新方案尽可能地照顾了蒋介石所提的要求，作了重大让步，而拒绝或限制其中一些极端无理的要求。中共中央经过反复商讨，终于在十日之后拟出了应对策略电告共产国际。

6月26日，南京方面电邀周恩来再上庐山继续谈判。7月初，周恩来起草了《中国共产党为公布国共合作宣言》的草案。7月4日，周恩来偕同博古、林伯渠到西安。7月7日，他们到达上海。就在他们到达上海的当天晚间，震惊中外的卢沟桥事变爆发了。

1937年7月7日，日本侵略军以制造卢沟桥事变为起点，发动了全面侵华战争。中国军队奋起抵抗，全民族抗战由此爆发。

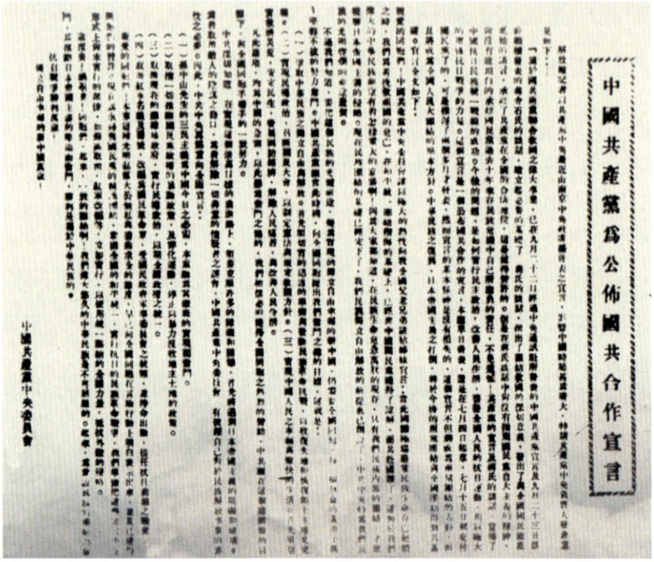
中國共產黨爲公佈國共合作宣言

中國共產黨中央委員會

《中国共产党为公布国共合作宣言》

卢沟桥事变发生的第二天，中共中央发出通电：平津危急！华北危急！中华民族危急！只有全民族实行抗战，才是我们的出路！同一天，毛泽东、朱德、彭德怀等红军领导人致电蒋介石，表示红军将士愿意为国效命，与敌周旋，以达保土卫国之目的。

1937年7月13日，周恩来、博古、林伯渠再上庐山与蒋介石等开启了第二次庐山国共谈判。

7月14日，中共中央派叶剑英在西安代表中共中央向南京政府表示：愿在蒋指挥下努力抗战，红军主力准备随时出动抗日。

周恩来、博古、林伯渠到庐山后，随即周恩来将《中国共产党为公布国共合作宣言》交给蒋介石。蒋介石态度十分冷淡。周恩来后来说："我们带去起草好的宣言，他要动手改两句，那时候我们还客气，同意他修改了两点。但修改了他也不发表，总想把共产党合法这一点抹杀掉。"

8月13日，日本侵略军突然对上海发动大规模进攻，战火烧到了南京政府统治的心脏地区。在蒋介石看来，中日之间的全面战争再难避免，迫切需要红军开赴抗日前线共同作战。于是，国共谈判长期拖延不决的状况随之急转直下，得到改变。

8月22日，国民政府军事委员会发布命令，将红军改编为国民革命军第八路军，任命朱德为总指挥，彭德怀为副总指挥。8月25日，中共中央革命军事委员会发布命令，宣布红军改名为八路军，下辖3个师，全军约4.6万人。红军前敌总指挥部改为八路军总指挥部，朱德任总指挥，彭德怀任副总指挥。9月，陕甘宁根据地改称陕甘宁边区，仍是党中央所在地。接着，党在南方八省的红军游击队，琼崖红军游击队除外，改编为国民革命军陆军新编第四军，简称新四军。叶挺任军长，项英任副军长，下辖4个支队，全军约1.03万人。

1937年9月22日，国民党中央通讯社发表《中国共产党为公布国共合作宣言》；第二天，蒋介石发表事实上承认中国共产党在全国合法地位的谈话，标志着国共两党第二次合作正式形成。这一份份电文就是见证，它们跨越山海将日本侵华局势，以及八路军、新四军与日军作战的战略战术以最快速度上传下达；它们见证了中共领导人高超的斗争智慧。

在庐山风景名胜区，慕德华一边带领记者沿着先辈的足迹登上庐山，一边介绍："当年周恩来他们就是沿着这条小路，一步步艰难地登上庐山，与蒋介石就国共共同抗日来进行谈判。"

"名将之花"凋谢在太行山上

红军改编为国民革命军后，迅速开赴抗日前线。此时，八路军的主要任务是在战役上配合国民党军作战。9月25日八路军第115师主力在平型关伏击日军，歼敌1000余人，击毁汽车100余辆。平型关大捷是全国抗战爆发后中国军队主动对日作战取得的第一个重大胜利，打破了侵华日军不可战胜的神话，极大地振奋了全国军民的抗战信心，提高了共产党和八路军的声望。接着，八路军3个师又配合国民党军进行忻口战役，相继取得雁门关伏击战、夜袭阳明堡日军机场等胜利。1937年11月太原失守后，以中国共产党为主体的游击战争在华北上升到主要地位。党领导人民武装根据洛川会议精神，着重向敌后实施展开，发动独立自主的敌后游击战争。

在八路军诸多抗战捷报中，朱德、彭德怀等就八路军击毙的一名日军将领而特意电告蒋介石。

“阿部规秀中将率领独立步兵第二、第三大队及炮兵二中队共一千六百余人由涞源来援……是晚我杨成武部第二、第三团以有力部队监视和袭扰该敌外，以大部截断敌之归路，微日敌继续东窜占黄土岭。”

为了解救阿部规秀，日军甚至特调7架飞机掩护其突围，但依然难逃我军严密布控的火网。

“正午该敌复被包围于上庄子，我在敌飞机猛烈炮火下向敌猛攻，敌死伤极重，阿部旅团长当被我击毙……”

电报足足四页纸，将八路军如何击毙阿部规秀的过程详细地描绘了出来。击毙阿部规秀的消息为何电告蒋介石？

在当年日本《朝日新闻》的报道《“名将之花”凋谢在太行山上》之中，我们可以找到答案。

“自皇军成立以来，未有中将级将官牺牲之例。”

阿部规秀是八路军抗战史中击毙的最高级别日军将领。八路军击毙阿部规秀这一事件证明了八路军执行独立自主游击战抗日军事方针所发挥的战略作用。为此，毛泽东特意于1939年11月24日电告八路军总部和晋察冀军区并明确指出：“此消息总部应向各方公布，广为宣传。”“重庆及各方应在报纸上作文，鼓吹八路军游击战争的威力，粉碎游而不击之诬言。”

《新华日报》报史研究所所长赵剑波说：“《新华日报》在（1939年）11月29日第三版上面发了一篇短评《敌阿部中将之死》。12月11号，左权当时是八路军（副）参谋长，就阿部规秀之死写了一篇文章，介绍了这个战役的情况。”

察南肅清戰に

壯烈！阿部中將の戰死

朝日新聞

太行山に「名將の花」と

察南山地帶の敵を

部分的改廢を重ね

結局全面破棄へ

米中立法・大統領の肚

《朝日新闻》的报道《“名将之花”凋谢在太行山上》

《新华日报》对阿部规秀之死的报道

左权在文章中巧妙夸赞阿部规秀为优秀的战术专家、果敢有独立运动能力的俊才，赞誉背后实则另含深意。

赵剑波说："左权对对手的这个描写，实际上也是告诉我们，这么大的对手我们也能战胜，同时也鼓舞了全国的抗日士气。"

国防大学国家安全学院副教授袁野说："国民党一直说我们是游而不击，但是如果我们真的游而不击的话，不可能击毙一个日本的中将，这恰恰说明我们抗日游击战争这种坚持不懈地积小胜为大胜的一个重要的战法，不仅对抗战有意义，而且它具有战略方面的意义。"

报道一出，举国沸腾。以《新华日报》为宣传主阵地，各大刊物持续报道，将击毙阿部规秀的战绩推向舆论高点，抗日军心大振。

日寇的心腹之患——黄崖洞兵工厂

从1940年下半年起，日军加强了对中国敌后抗日根据地的"扫荡"。太平洋战争爆发后，日军用于华北、华中的军队共有55万人，另有大量伪军配合。

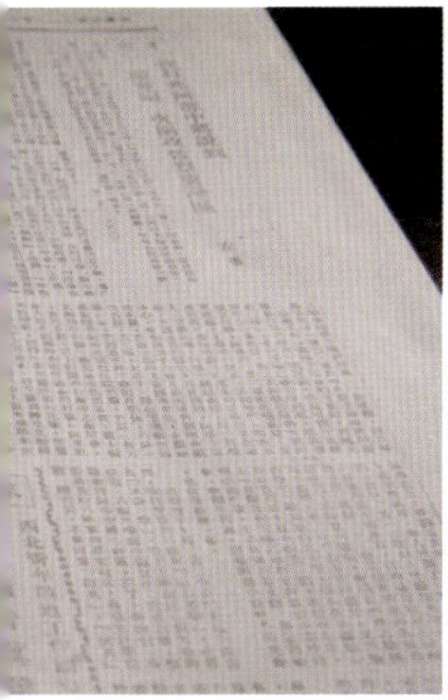

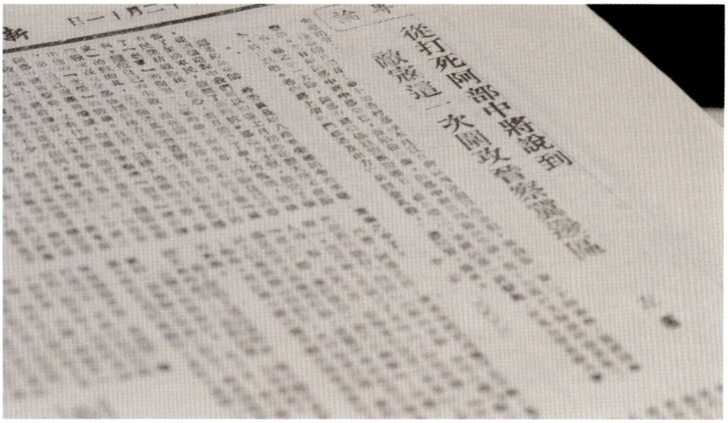

敌后战场挑起了抗日主战场的重任。

华北是中国敌后抗战最活跃的地区，从1941年3月至1942年12月，日军在华北地区连续5次推行“治安强化运动”，对华北抗日根据地实施大规模“扫荡”，一次使用兵力在千人到万人的达132次，万人以上至七万人的达27次。有时对一个地区的扫荡时间达三四个月之久，对抗日根据地实行“烧光”“杀光”“抢光”的“三光”政策，使抗日根据地人畜不留、庐舍为墟。

面对敌人的疯狂进攻，中国共产党充分发挥人民战争的威力，领导敌后军民同日军进行了殊死的搏斗，书写了一场场以少胜多的辉煌战绩。

身为山西黎城县党史研究办公室副主任的杨尚军，正在翻阅的是一份80年前的《新华日报》，上面的一篇报道描述了1941年在太行区冬季反“扫荡”战役中彭德怀所指挥的黄崖洞战斗的经过。

“敌军几（乎）完全被消灭于黄烟（崖）洞一带。”

1937年，八路军在山西黎城县水窑山上的黄崖洞建立起了自己的兵工厂。八一式马步枪就是黄崖洞兵工厂中由刘贵福研制的。如今，他的长子刘国梁提到父辈的功绩仍旧十分激动。

黄崖洞

北方工程设计研究院高级工程师刘国梁非常激动地告诉记者：“这个八一式马步枪，到了太行山能变成一个制式化的武器，这也是我们军队空前的。我们有统一的图纸，统一生产。”

八一式马步枪复制品

黄崖洞兵工厂研制生产的武器弹药，年装备可达16个团，正因如此，黄崖洞兵工厂成了日寇的心腹之患。1941年11月9日，日军第36师团共计5000多人，直扑黎城。彭德怀向各队将领发出了关于黄崖洞防御战部署的电报。

“进行积极的游击战，寻找和创造敌之弱点……只有如此才能停止敌之……经常袭击，达到保持自己与轮番休息。”

该电文明确了黄崖洞保卫战的作战方针，以灵活机动游击战打击入侵之敌。

国防大学国家安全学院技术二级教授徐焰介绍说：“黄崖洞（保卫战）的指导思想还是不拘泥于死守一地，大量杀伤敌人之后，可以主动转移，但同时在黄崖洞周围积极主动地打击敌人。”

黄崖洞保卫战兵力部署要图

按照黄崖洞保卫战兵力部署要图的记载，杨尚军带领记者来到了后水窑当年伏击日军的现场所在。日军来到这里，没有料到我们在这个地方会埋伏精锐兵力。八路军总部特务团在这里奋战八昼夜，一举歼灭日军近千人。11月16日，八路军总部特务团主动转移，撤出战斗。

这一封封电报让彭德怀、左权等将领精准领会并执行中共中央“独立自主山地游击战”总方针，为整个华北地区的抗战写下了可资借鉴的光辉一页。

晋察冀军区的“洋教授”

黄崖洞保卫战结束不到一个月，太平洋战争爆发。

事发当天，中共中央书记处根据突变的国际形势作出指示：“我对英美方之政策，应当是建立与展开中共与英美政府的广泛的、真诚的、反日反德的统一战线……”

12月9日，中国共产党发表宣言指出：“全世界一切国家一切民族划分为举行侵略战争的法西斯阵线与举行解放战争的反法西斯阵线，已经最后地明朗化了。”

呼吁中国与英美及其他抗日诸友邦缔结军事同盟，实行配合作战，同时建立太平洋一切抗日民族的统一战线，坚持抗日战争至完全的胜利。

《新华日报》上刊登的《中国共产党为太平洋战争宣言》

1941年12月15日，晋察冀军区司令员兼政治委员聂荣臻给中央军委发出了240号密电。电报的抬头特意圈出了一句话：“平津英美使馆、燕大、协和，愿经晋察冀撤退，因受日军追击，少数到达平西。”

这天，八路军战士营救了几位高鼻梁、身材高大的外籍人士来到晋察冀平西根据地，其中有两个人受到聂荣臻的关注，一位叫林迈可，一位叫班威廉，他们都是燕京大学的知名教授，是国际上极具声望的无线电与物理学专家。两位教授原打算在晋察冀平西根据地作短暂休整后就返回英国。聂荣臻则是要抓住两位教授在平西抗日根据地作短暂休整的机会，积极开展国际统一战线工作。

“我们当利（用）一切机会展开英美关系和国际统一战线。”

林迈可和班威廉

聂荣臻亲自接待，精心安排，带领两位“洋教授”走访根据地。

“聂司令员准备盛宴……举行欢迎国际反法西斯友人大会。”“他们的祖国，正遭受着法西斯强盗的侵略或奴役……边区八路军应和他们团结起来，为消除法西斯强盗而并肩斗争。”

聂荣臻与林迈可等的合影

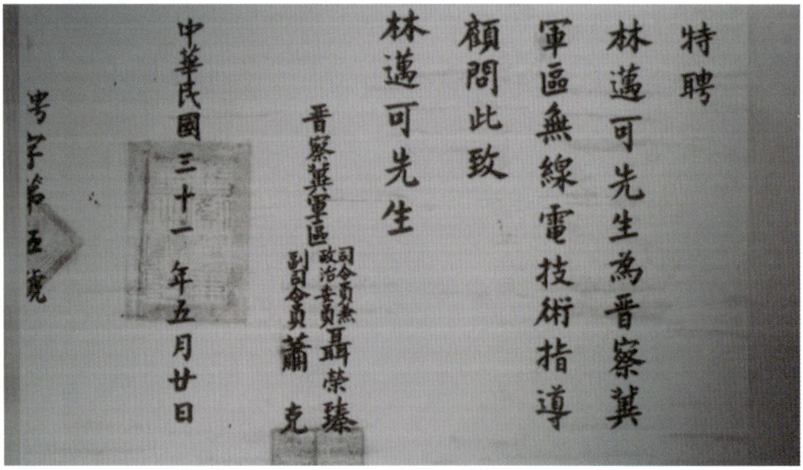

特聘

林邁可先生為晉察冀軍區無線電技術指導顧問此致

林邁可先生

晉察冀軍區司令員兼政治委員聶榮臻

副司令員蕭克

中華民國三十一年五月廿日

聂荣臻给林迈可的聘任书

宴会后，聂荣臻适时提出挽留邀请，特聘他们为晋察冀军区无线电研究组的导师。

在聂荣臻的诚挚邀请下，林迈可、班威廉两位教授放弃了回国，带领研究组学员为改善晋察冀军区战时通信水平作出重要贡献。其中，林迈可还亲自组装了当时功率最大的无线电收发报机，让延安的信号首次直抵太平洋彼岸，世界听到了中国共产党奋力抗战的声音。

林迈可与林爽合影

照片中，站在林迈可身旁的这位学员叫林爽。20年后，这个小伙子成为新中国通信与航天事业不可或缺的人物。

林爽之子林威说："我父亲是东风二号、东风三号导弹总设计师。他考到了齐鲁大学，七七事变，日本侵略中国，他上了一年大学就离开学校，然后就奔赴延安参加革命了。"

跟随林迈可、班威廉两位英国教授学习，是林爽一生中最难忘的回忆。当年的学习讲义、笔记、学员名单等二十几份资料，他八十年如一日精心保存。

后来，林威将这些资料捐赠给西安电子科技大学。

接受捐赠的西安电子科技大学图书馆、档案馆、校史馆、博物馆馆长卢朝阳专门向林威表示感谢，他说：“林威老师，通过您给我们的这些资料，我们也看到了很多很多当年在晋察冀边区我们的同学是怎样学习的，每一片纸、每一行字、每一张图都非常非常珍贵。”

为培养高素质的无线电人才，晋察冀军区抽调各分区文化程度较高人员建立无线电技术研究组，林爽就是其中的学员之一。这个研究组与西安电子科技大学的成立和发展结下了不解之缘。

西安电子科技大学党委组织部常务副部长季庆阳说：“他们是难得的人才，把他们结合起来，能够解决一些战争时期的技术难题。”

这个研究组不同于以往任何一个无线电培训班，全英文教学，课程设置更加强化电子学、物理学原理研究，极为严格的考试评判，显然教学目的不再是学习如何使用收发报机，而是掌握核心技术，培养骨干力量，进行自主研发。

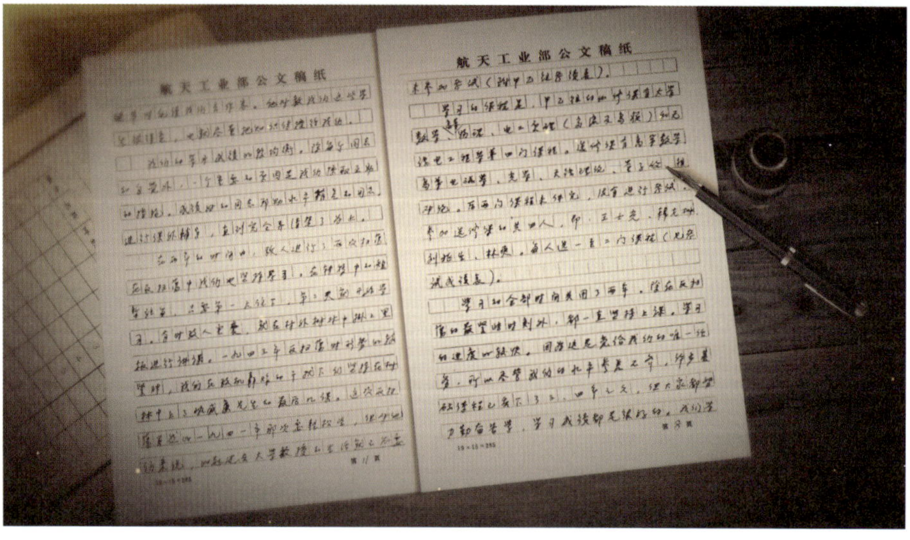

林爽《关于晋察冀无线电研究组回忆录》

回忆录中记载:“在两年的(学习)时间内,敌人进行了两次‘扫荡’,有时敌机空袭,就在村外树林中挂上黑板进行上课……学习目的明确,是为了人民的解放事业而学,为了全国解放以后进行建设而学。”

林迈可、班威廉两位“洋教授”直接用英语给甲班授课,再由甲班学员林爽、王士光将听课笔记译成中文,刻印成讲义传授给其他学员。一个个顶尖通信技术人才在烽火营地茁壮成长。

卢朝阳表示:“这些人才在战争时期、在解放后,都为我国的通信事业、导弹事业作出了突出贡献。”

解放战争期间,晋察冀军区无线电研究组与中央军委无线电通信学校合并为华北电讯工程专科学校,林爽为该校教育长,为前线作战培养了大量通信技术人才。据统计,1945年8月,中国共产党无线电电台数量已超过700台,在全国范围内四通八达的通信网络已构建,成为党中央指挥解放战争的“千里眼”“顺风耳”。

通信兵的故事

在下面这封已经破碎的电报中,在这些斑驳的文字背后,我们不难想象在74年前它是如何艰难辗转来到延安,揭开了一场巨大阴谋。

“胡进攻延安已调动:一军及所属一师九十师全部与二十七师一部,二十九军全军,另外一、三、五旅、十二旅共十五个旅……通讯器材乘卡车四辆赴洛川……决发动全面攻击。”

1947年3月蒋介石秘密集结胡宗南等部25万人,向延安发动突然袭击。中共中央机关于3月18日主动撤离延安,开始转战陕北。

这封电报也是《通信兵的故事》编辑部开会讨论的主题,他们准备以丰富的档案做一期有关“转战陕北”的特别节目。

《通信兵的故事》公众号的创刊人崔小敏对这一主题并不陌生。她的父亲崔伦就曾跟随毛主席转战陕北,并在三大战役期间负责中央军委三局总台的通信工作。

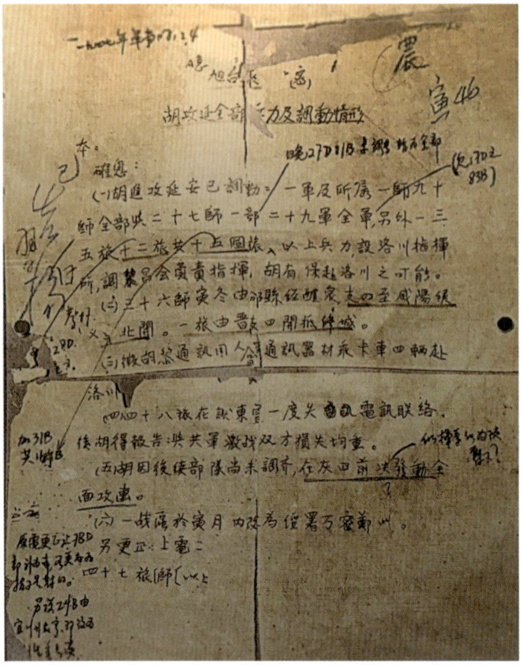
胡攻延全部兵力及調動情形

雄恩：

(一)胡進攻延安已調動一軍及所屬一師九十師全部與二十七師一部 二十九軍全軍另外一三五旅十二旅與十五團旅，以上兵力設洛川指揮所，調裴昌会負責指揮，胡有候赴洛川之可能。

(二)三十六師寅冬由部縣經雄家走口至咸陽候北開。一旅由晉叔口開抵洛城。

(三)後胡總通訊用人會通訊器材乘卡車四輛赴洛川

(四)四十八旅在洮東曾一度失去電訊联络，後胡得報告：與共軍激戰双方損失均重。

(五)胡因後续部隊尚未調齐，在灰四前决發動全面攻勢。

(六)一战區於寅月内陈為佈署万寨鄜州。

另更正：上電二

四十七旅師以上

《国民党胡宗南部进攻延安兵力部署及部队调动情报》，珍藏于江苏省国家安全教育馆

崔伦

为了搜寻“转战陕北”的档案，崔小敏重新翻找父亲生前保存的资料。

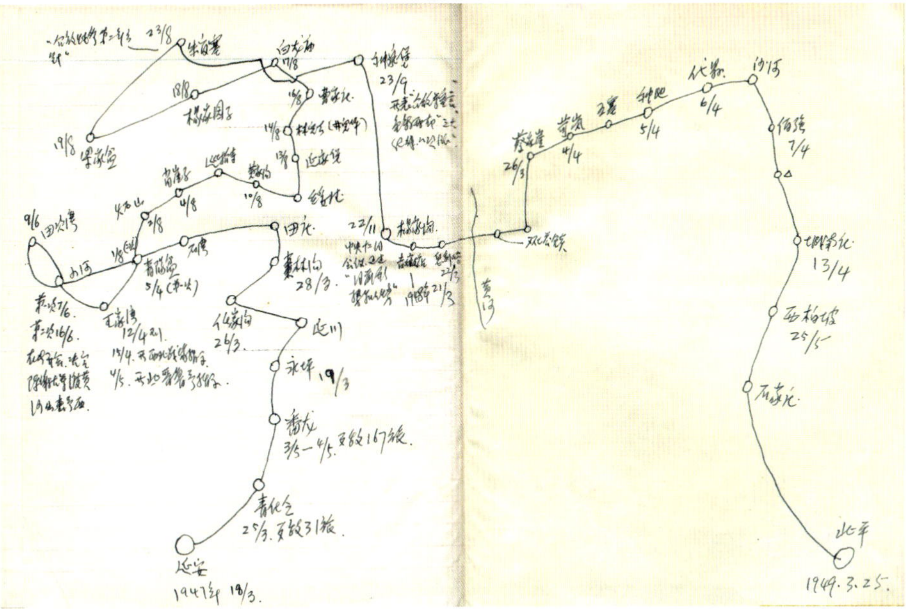

崔伦《1947—1949 年转战陕北到北平路线手绘图》

这幅图是崔伦退休后，凭借自己当年的日记，结合史料画出来的。在这蜿蜒的笔触背后，是跟随毛主席转战陕北的全部路线。毛泽东率中共中央机关和中国人民解放军总部机关撤出延安的第二天，胡宗南部十分得意地进入延安，却只占领了一座空城。

不久，中共中央机关分为三部分：由刘少奇、朱德等组成中央工作委员会，到华北进行党中央委托的工作；毛泽东、周恩来、任弼时率中共中央和解放军总部的精干机关继续留在陕北，指挥全国各战场作战；叶剑英、杨尚昆主持中央后方委员会，转移到晋西北统筹后方工作。

毛泽东在转战陕北途中发出关于西北战场作战方针的重要电报：“我之方针是继续过去办法，同敌在现地区再周旋一时期（一个月左右），目的在使敌达到十分疲劳和十分缺粮之程度，然后寻机歼击之……这种办法叫‘蘑菇’战术，将敌磨得精疲力竭，然后消灭之。”

在这封电文中，毛泽东第一次正式提出了“蘑菇”战术，这是撤出延安与胡宗南部周旋20多天后所总结的作战策略。根据毛泽东的指示，彭德怀、习仲勋指挥西北野战兵团采取“蘑菇”战术与敌周旋，于撤离延安后45天内在青化砭、羊马河、蟠龙镇三战三捷，歼敌1.4万余人，而后在沙家店战役全歼胡宗南部整编第36师师部和两个旅。到了8月，国民党军队对陕北的重点进攻被粉碎。

从1946年7月起至1947年6月止，人民解放军在一年的内线作战中歼敌112万人，人民解放军的总兵力发展到190多万人。中共中央决定，不等完全粉碎国民党军的战略进攻，人民解放军以主力打到外线去，将战争引向国民党区域。到1947年年底，人民解放军又歼敌75万余人，国民党军被迫由战略进攻转变为全面防御，结束了长期以来人民军队在革命战争中所处的战略防御地位。

毛泽东指出:“这是一个历史的转折点。这是蒋介石的二十年反革命统治由发展到消灭的转折点。这是一百多年以来帝国主义在中国的统治由发展到消灭的转折点。这是一个伟大的事变……这个事变一经发生，它就将必然地走向全国的胜利。”

1947年7月至9月，人民解放军各路大军按照中共中央的部署，相继由内线转向外线，由战略防御转入战略进攻。中国人民解放军转入战略进攻后，战线迅速向长江北岸推进。1948年二三月间，西北野战军在宜川瓦子街地区一举歼灭胡宗南主力一个整编军部、两个整编师、五个旅，共约3万人。陕北形势完全改观。为了能更直接地掌握各个战场的情况，便于指挥作战，也为了中央书记处能及时地共同研究和决定新时期面临的许多重大问题，毛泽东决定东渡黄河，前往河北平山县西柏坡同中共中央工委、中共中央后委会合。

采访过无数通信老兵的崔小敏，今天心情有些紧张，她将要第一次采访自己的母亲。她的母亲曾是西柏坡时期的通信老兵，同时也是父亲革命之路的有力见证人。

崔伦和刘敏合影

崔小敏说："我的妈妈叫刘敏，今年（2021年）都95岁高龄了。西柏坡是她的福地，她是在西柏坡认识的我父亲。"

1948年秋，人民解放战争进入夺取全国胜利的决定性阶段。中共中央和毛泽东连续组织辽沈、淮海、平津三大战役。为了适应战略决战的需要，中央军委三局总台负责人崔伦从华东军区通信学校调了50名学员前往西柏坡参加战斗，年仅23岁的刘敏就是其中一员。此时，中国共产党共有发报台807座、收报台472座。

崔小敏问："（你）有印象第一次见到我爸爸，你是什么印象呢？"

刘敏笑了笑，说："他仪表堂堂，个子高高的，挺有风度。"说着说着，老人又不觉流下了眼泪，"到今年10月，他离开我们都20年了。我好想我的台长啊！"

刘敏回忆说："三大战役打得热火朝天，我们不分黑夜白天地工作，但是大家的心情都非常高兴，每天能听到胜利的消息。"

周恩来在西柏坡时曾说："我们这个司令部一不发枪，二不发人，三不发粮，只发电报。"

崔小敏在整理父亲书稿时，偶然发现了关于西柏坡的一些细节。《崔伦关于西柏坡的回忆录》中提到：

“与中央直接联络的电台就有20多个，总台的联络对象由41个增加到59个，增加的都是野战部队的电台。总台的电报数量，由延安时期平均每月六七十万字……增加到每个月约140万字。”

三大战役期间，军委三局总台庞大的发报量在今天看来依然令人叹为观止。每一份电报饱含着毛泽东等的智慧布局，牵动着战场的千变万化，影响着国家的前途命运。

塔山上空的制胜电波

1948年10月，毛泽东发给东北野战军司令员林彪等的一封电报，事关辽沈战役的成败。在电报中，他写道：“你们决心攻锦州，甚好甚慰。”

仅仅11个字就足以感受到毛主席发电报时如释重负的心情。

中共中央首先选定在东北战场与国民党军展开决战。当时，东北的国民党军虽然还有55万人，但已被分割压缩在长春、沈阳、锦州三个孤立的地区，而东北解放军的兵力达到103万人。

1948年2月7日，中共中央致电东北野战军，提出应考虑以主力转至北宁线，截断敌军由陆上撤退的通路，封闭敌军在东北加以各个歼灭的战略设想。9月7日，中央军委确定东北野战军主力攻击重点应指向北宁路的重镇锦州，而置长春、沈阳两敌于不顾，并准备在打锦州时歼灭可能由长春、沈阳援锦州之敌。

中央军委一再指出，攻占锦州是东北整个战局的关键。然而，在长达半年的时间里，林彪徘徊犹豫于攻锦、攻长之间，甚至在辽沈战役发起后20天，部队已兵临锦州城下，仍提出或继续攻打锦州，或回师打长春的建议。直到10月3日，林彪才致电中央军委，放弃打长春的想法，定下仍攻锦州的决心。这才有了10月4日毛泽东复电林彪等东北野战军领导人的电报。

“你们决心攻锦州，甚好甚慰。”“在此以前我们和你们之间的一切不同意见，现在都没有了。”

1948年9月12日，辽沈战役在北宁路打响。10月9日，东北野战军发起锦州外围作战。

葫芦岛市委党校副校长张丽云说：“锦州这个城市是东北的大门，打锦州就意味着把东北的大门给关上了。”

攻打锦州是辽沈战役的关键，守住位于锦西的塔山是关键中的关键。塔山，位于葫芦岛与锦州之间，是国民党军驰援锦州的必经之地，也是东北野战军堵截国民党援军的必争之地。

在塔山阻击战打响前，毛泽东发给东北野战军司令员林彪的最后一封电报中写道：

“国民党正在海运台湾孙立人的三十一军向葫芦岛登陆……该军如全部北运，则……全部美械新兵，虽已训练一个长时间，但无作战经验，战力不强，估计十天内难于到达。你们不应被此项消息所扰乱，而动摇你们的决心。惟须尽可能缩短准备时间，早日开始攻击。”

1948年10月10日，塔山阻击战打响，国民党军东进兵团集结11个师，自锦西增援锦州，猛攻锦西通往锦州的要道塔山。

东北野战军第四纵队第29团战士杨立谦回忆说：“空气中的血腥味，28团4连打到最后就剩7个人了。”

塔山阻击战历时6昼夜，东北野战军第4、第11纵队等部阻援部队共歼国民党军6500余人，不仅守住了阵地，更为辽沈战役的胜利奠定了基础。

70多年前，塔山上空的制胜电波只是三大战役期间西柏坡连接前线作战的无数条电波之一。它们书写着毛泽东等中国共产党领袖们的高瞻远瞩与英明决策，跨越山海、穿越火线，电报往来间，樯橹灰飞烟灭，谱写了一曲经久不衰的历史赞歌。

档案揭秘

红军将领关于西安事变给国民党、国民政府的电报

（一九三六年十二月十五日）

南京国民党、国民政府诸先生勋鉴：

西安事变，惊传蒋氏被幽，事出意外。然此实蒋氏对外退让、对内用兵、对民压迫三大错误政策之结果。张、杨均贵党中央委员，且属“剿共”军领袖，然亦坚请停止“剿共”，一致抗日；观其宣布之八项主张，实为全国人民之所言，厉行不暇，何可厚非。今日之西安事变，不过继福建事变、两广事变之后，鼎足而三耳。三者皆贵党中抗日救国之贤豪，不满蒋氏降日卖国之所为而蹶然揭出正义之旗耳。若漫不加察，一意孤行，行见同类之事变，将遍发于国中，祸患之纷乘，欲收拾而无术。夫中国国民党中爱国英贤岂得谓少，然受制于蒋氏，复受制于媚外残民之亲日派，正气不伸，党义为毁，国则日蹙百里，伤破碎之河山，民则及汝偕亡，抱敷天之怨痛。窃以西安事变之发，南京当局亟宜引为反省之资，而绝不可负气横决，反而发动空前之内战，如近日电讯之所传者。语云，鹬蚌相持而渔人伺于其侧，渔人今已高举其网矣。彼日本者，自闻南京决定讨伐张杨，兴高采烈，坚甲利兵，引满待发。诚使南京诸公萃沿海长江守备之军，大兴讨伐于西北一角，姑无论西北苦寒之区，张杨勇义之众，晋绥烽火之侧，而全国鼎沸之时，胜负之数，诚未可知，借令战胜攻取，快意肆志，

而日本乘机入寇，因虚而袭沪宁，取青济，华北独立，西北亦危，全国丧亡，真将万劫不复。螳螂黄雀之喻，亲痛仇快之讥，千秋万世，永难湔涤。鄙人等心所谓危，不敢不告。中国者中国人之中国也，国之不存，民于何有，民之泯灭，党将焉傅。是以鄙人等年余以来，不惮反复陈词，谋国共之合作，化敌为友，共赴国仇，亦既舌敝唇焦矣。公等而果欲自别于蒋氏，复欲自别于亲日派，谓宜立下决心，接受张杨二氏主张，停止正在发动之内战，罢免蒋氏，交付国人裁判，联合各党、各派、各界、各军，组织统一战线政府，放弃蒋氏爱摆之集权、统一、纲纪等等索然无味之官僚架子，老老实实与民更始，开放言论自由，启封爱国刊物，释放爱国人犯，举内战之全军，立即开赴晋绥，抗御日寇，化黑暗为光明，变不祥为大庆。若是，则鄙人等虽不敏，愿率人民红军二十万众，与贵党军队联袂偕行，共赴民族革命之战场，为自由解放之祖国而血战。否则国亡种灭，不但全国人民及贵党中爱国志士不能坐视，鄙人等亦决不能袖手旁观也。临电屏营，伫候明教。

毛泽东　朱　德　周恩来　张国焘
林祖涵　徐特立　王稼穑　彭德怀
贺　龙　叶剑英　任弼时　林　彪
徐向前　陈昌浩　徐海东

删

（根据人民出版社一九九二年出版的《毛泽东文集》第一卷刊印）

中共中央致国民党三中全会电*

（一九三七年二月十日）

中国国民党三中全会诸先生鉴：

西安问题和平解决，举国庆幸，从此和平统一团结御侮之方针得以实现，实为国家民族之福。当此日寇猖狂，中华民族之存亡，千钧一发之际，本党深望贵党三中全会，本此方针，将下列各项定为国策：

（一）停止一切内战，集中国力，一致对外；

（二）言论集会结社之自由，释放一切政治犯；

（三）召集各党各派各界各军的代表会议，集中全国人才共同救国；

（四）迅速完成对日抗战之一切准备工作；

（五）改善人民的生活。

如贵党三中全会果能毅然决然确定此国策，则本党为表示团结御侮之诚意，愿给贵党三中全会以如下之保证：

（一）在全国范围内停止推翻国民政府之武装暴动方针；

（二）苏维埃政府改名为中华民国特区政府，红军改名为国民革

* 这个电报原载一九三七年二月十三日《新中华报》。

命军，直接受南京中央政府与军事委员会之指导；

（三）在特区政府区域内实施普选的彻底的民主制度；

（四）停止没收地主土地之政策，坚决执行抗日民族统一战线之共同纲领。

国难日亟，时不我待，本党为国忠诚，可矢天日，诸先生热心为国，定能允许本党之请求，使全民族御侮救亡之统一战线从此实现也。我辈同为黄帝子孙，同为中华民族儿女，国难当前，唯有抛弃一切成见，亲密合作，共同奔赴中华民族最后解放之伟大前程。谨此电达，伫候明教。并致

民族革命的敬礼！

中国共产党中央委员会

二月十日

（根据中共中央党校出版社一九九一年出版的《中共中央文件选集》第十一册刊印）

朱德、彭德怀关于击毙阿部规秀的战斗经过给秦邦宪、叶剑英转蒋介石的电报

（一九三九年十二月八日）

博、叶转蒋：

号令二次电奉悉。

据贺师长龙、聂司令荣臻微辰电报称：谨将击毙第二混成旅团长阿部中将战斗经过及出战官兵汇报如下：

一、当独立第二混成旅团独立步兵第一大队（辻村大佐）并附辎、炮各一中队共七百余，上月江日进到三岔口（涞源南），被我杨成武支队歼灭之际，随即该旅团长阿部规秀中将率领独立步兵第二、第三大队及炮兵二中队共一千六百余人由涞源来援，是晚占三岔口，其时辻村大队已被歼灭殆尽。是晚我杨成武部第二、第三团以有力部队监视和袭扰该敌外，以大部截断敌之归路，微日敌继续东窜占黄土岭。我为歼灭深入之敌计，贺师特务团由阜平附近在冰天雪地中星援，微晚该团赶到黄土岭附近，鱼日敌图东窜，数度向我猛攻，在我猛烈合击下均未得逞，反陷我包围中。是晚我向该敌猛攻，敌凭民房顽抗，激战彻夜。虞晨该敌以全力，在飞机七架轮番掩护下向东猛烈突围，企图绕五回岭回窜。正午该敌复被包围于上庄子，我在敌飞机猛烈炮火下向敌猛攻，敌死伤极重，阿部旅团长当被我击毙，以下伤

亡约八百余人，敌已失掌握难立足。正我歼敌之时，复由涞源增援来敌七百余，合股激战竟日未能解决战斗。同时，我已苦战多日，部队颇受疲劳，尤以弹药消耗甚重。齐日残敌在十余架飞机掩护下突围，经五回岭窜回涞源。

二、计是役敌伤亡旅团长以下千余人，缴获步枪百余支，机枪五挺，迫炮一门，战马五百余匹，弹药、军用品一部。

三、我伤亡官兵共八百余人，除杨成武支队伤亡官兵待查补报外，贺师特务团计阵亡第一营长马其寿，负伤四连长胡居元、六连长刘志德、二连政治指导员刘文云、副连长汪胡亮等五员。

四、查此次战斗中杨成武支队长、第一团长陈正湘、该团第一营长林必之、第三营长杨上堃、第二团长纪亭榭、该团第二营长熊尚琳、贺师特务团长杨家瑞等七员均表现极大英勇，指挥有方，迭挫顽寇，取得涞南战斗胜利。

祈予照章颁奖和抚恤，俾资鼓励为祷。

职　朱　德

彭德怀　叩

齐　亥

（根据中央档案馆保存的档案刊印）

中共中央书记处关于国民革命同盟会的组织原则给共产国际的电报

（一九三七年六月二十六日）

国际书记处：

我们拟定之国民革命同盟会组织原则如下：

（一）国民革命同盟会，由蒋[1]指定国民党干部若干人，与共产党推出同等数目之干部合组最高会议，以蒋为主席，依据共同承认之民族统一纲领，决定两党共同行动事项，并调整两党关系，同盟会主席依据共同纲领有最后决定之权。

（二）国民革命同盟会不干涉两党之内部事务，两党均保留各自组织之独立性及政治批评和讨论之自由权。

（三）国民革命同盟会之共同决定，两党均须遵守实行，但议案内容如与共同承认之纲领有违背者，两党之任何一方得拒绝讨论，两党之任何一方凡有违背或破坏共同纲领及同盟会组织原则者，同盟会最高会议得决定补救办法。

（四）国民革命同盟会最高会议在必要时，得指定某地两党干部组织某地之地方会议，讨论某地两党共同行动，并调整某地两党关系，

① 指蒋介石。

但其决定不能违背最高会议决定之原则。

中央书记处

二十六日

（根据中央档案馆保存的档案刊印）

中共中央为公布国共合作宣言*

（一九三七年七月十五日）

亲爱的同胞们：

中国共产党中央委员会谨以极大的热忱向我全国父老兄弟诸姑姊妹宣言，当此国难极端严重民族生命存亡绝续之时，我们为着挽救祖国的危亡，在和平统一团结御侮的基础上，已经与中国国民党获得了谅解，而共赴国难了。这对于我们伟大的中华民族前途有着怎样重大的意义啊！因为大家都知道，在民族生命危急万状的现在，只有我们民族内部的团结，才能战胜日本帝国主义的侵略。现在民族团结的基础已经定下了，我们民族独立自由解放的前提也已创设了，中共中央特为我们民族的光明灿烂的前途庆贺。

不过我们知道，要把这个民族的光辉前途变为现实的独立自由幸福的新中国，仍需要全国同胞，每一个热血的黄帝子孙，坚韧不拔地努力奋斗。中国共产党愿当此时机，向全国同胞提出我们奋斗之总的目标，这就是：

（一）争取中华民族之独立自由与解放。首先须切实地迅速地准备与发动民族革命抗战，以收复失地和恢复领土主权之完整。

* 这个宣言是周恩来于一九三七年七月四日起草的，七月十五日由中共中央正式交付国民党，至九月二十二日国民党中央社才发表。

（二）实现民权政治，召开国民大会，以制定宪法与规定救国方针。

（三）实现中国人民之幸福与愉快的生活。首先须切实救济灾荒，安定民生，发展国防经济，解除人民痛苦与改善人民生活。

凡此诸项，均为中国的急需，以此悬为奋斗之鹄的，我们相信必能获得全国同胞之热烈的赞助。中共愿在这个总纲领的目标下，与全国同胞手携手地一致努力。

中共深切知道，在实现这个崇高目标的前进路上，须要克服许多的障碍和困难，首先将遇到日本帝国主义的阻碍和破坏。为着取消敌人的阴谋之借口，为着解除一切善意的怀疑者之误会，中国共产党中央委员会有披沥自己对于民族解放事业的赤忱之必要。因此，中共中央再郑重向全国宣言：

一、孙中山先生的三民主义为中国今日之必需，本党愿为其彻底的实现而奋斗。

二、取消一切推翻国民党政权的暴动政策及赤化运动，停止以暴力没收地主土地的政策。

三、取消现在的苏维埃政府，实行民权政治，以期全国政权之统一。

四、取消红军名义及番号，改编为国民革命军，受国民政府军事委员会之统辖，并待命出动，担任抗日前线之职责。

亲爱的同胞们！本党这种光明磊落大公无私与委曲求全的态度，早已向全国同胞在言论行动上明白表示出来，并且已获得同胞们的赞许。现在为求得与国民党的精诚团结，巩固全国的和平统一，实行抗日的民族革命战争，我们准备把这些诺言中的形式上尚未实行的部分，如苏区取消、红军改编等，立即实行，以便用统一团结的全国力量，抵抗外敌的侵略。

寇深矣！祸亟矣！同胞们，起来，一致地团结啊！我们伟大的悠久的中华民族是不可屈服的。起来，为巩固民族的团结而奋斗！为推翻日本帝国主义的压迫而奋斗！胜利是属于中华民族的！

抗日战争胜利万岁！

独立自由幸福的新中国万岁！

中国共产党中央委员会

（根据人民出版社一九八〇年出版的《周恩来选集》上卷刊印）

中国共产党为太平洋战争的宣言

（一九四一年十二月九日）

本月八日日本法西斯政府已经对英美两国宣战，轰炸夏威夷、菲律宾、香港与新加坡，陆军在马来亚北部登陆。在日本宣战后，美国及英国亦已对日宣战，太平洋战争已经爆发了。这一太平洋战争，是日本法西斯为了侵略美国英国及其他各国而发动的非正义的掠夺的战争，而在美国英国及其他各国起而抵抗的一方面，则是为了保卫独立自由与民主的正义的解放的战争。日本法西斯这种新的侵略行为是与他十年以来对于中国的侵略行为完全一样的，也是与德意法西斯对于欧洲对于苏联的侵略行为完全一样的。自太平洋战争爆发以后，全世界一切民主国家将无处不受法西斯国家的侵略，同时全世界的一切民主国家也将无处不起而抵抗。全世界一切国家一切民族划分为举行侵略战争的法西斯阵线与举行解放战争的反法西斯阵线，已经最后地明朗化了。在罗斯多夫胜利，伟大的苏联红军已经开始进入对德反攻阶段的情况之下，在英美两大强国具有丰富资源与极大军力的情况之下，在我们中国已经在日本侧面英勇奋战五年之久的情况之下，在德意日三国资源将届枯竭内部人心动摇的情况之下，即使希特勒、墨索里尼尚能逞凶于一时，即使日本法西斯于其在太平洋作战的初期可能获得许多胜利，并可能截断我滇缅路，还可能对我举行残酷的战争，但法西斯阵线的最后失败局面与反法西斯阵线的最后胜利局面是已经确定了。中国政府与中国人民应该继续过去五年的光荣战争，坚决站在反法西斯国家方面，动员自己一切力量，为最后打倒日本法西斯而斗争。为了这个唯一的目的，必须实现如下各项重要任务：

（一）中国与英美及其他抗日诸友邦缔结军事同盟，实行配合作战，同时建立太平洋一切抗日民族的统一战线，坚持抗日战争至完全的胜利。

（二）全国军队积极打击敌人，并积极准备大规模的战略反攻。

（三）八路军及新四军继续忍受艰难困苦，坚持华北华中敌后抗战，粉碎敌人的“扫荡”，大量的牵制敌人。

（四）向日本军队、日本人民，向朝鲜、台湾、安南各民族，向中国沦陷区的人民，进行反对日本法西斯的更加广大的宣传鼓动，为建立日本内部的反法西斯阵线而斗争。

（五）巩固抗日民族统一战线，巩固国民党共产党及其他党派的合作，解决国共两党之间的争论，恢复新四军，发给八路军饷弹。

（六）制裁亲日派与亲德派，肃清敌人的第五纵队。

（七）实行民主政治，使全中国各党各派及无党无派人士的代表都能在政治组织上担负抗战建国的责任。

（八）加强南洋及各地华侨同胞的内部团结，反对一部分人的挑拨离间行为，同时全体华侨应与各友邦政府及各本地民族协同一致，反对日本法西斯的进攻。

中国共产党中央委员会

中华民国三十年十二月九日

（根据一九四一年十二月十日《解放日报》刊印）

中共中央书记处关于建立与英美的统一战线问题给周恩来等的指示

（一九四一年十二月八日）

恩来、廖、潘、刘[①]：

日、英、美战争后，我对英美方之政策，应当是建立与展开中共与英美政府的广泛的、真诚的、反日反德的统一战线，不应作不真诚与狭隘的表示，因此：

一、同意瑞典人来延安，贝特兰亦可直来延安。

二、在广东、海南、越南及南洋各地，我们可与英美合作组织游击战争，由英美供给武器，我们派人帮助组织。

三、设法在新加坡、仰光、菲律宾、印度或澳洲成立秘密的中共代表机关，与延直通无线电，以便交换情报。此事望恩来、小廖与英方人士交涉。

四、香港文化人、党的人员、交通情报人员应向南洋及东江撤退。此事请酌办。

五、关于与英美统一战线及南洋华侨工作问题另电告。

书记处

八日酉

（根据中央档案馆保存的档案刊印）

① 指廖承志、潘汉年、刘晓。

在中央档案馆中，收藏着一份形成于1939年7月11日的珍贵档案——《中央关于深入群众工作的决定》，其中总结了当时的群众工作中存在的问题，为中国共产党进一步依靠群众、深入群众工作指明了方向。

中国共产党来自人民，始终坚持一切为了人民、一切依靠人民。人民群众也以空前的热忱和伟大的牺牲精神，坚定地与中国共产党站在一起，风雨同行！

第四章

风雨同行

高兰英和黑玉祥的纺织竞赛

1943年的《解放日报》刊登了这样一则报道《延川高兰英同黑玉祥竞赛纺织》，这是延安大生产运动的一个缩影。

在延安革命纪念馆中，人们可以看到更多线索。这里保存着高兰英写给黑玉祥的挑战书，虽然已经残缺不全，但从中仍然可以看到昂扬的斗志。

挑战书的开头写道：“女劳动英雄黑玉祥，听说你是延川县的女劳动模范，我有点不服气，要和你竞赛一下，你敢吗？”

这封挑战书像一个窗口，让我们回到了70多年前的陕甘宁边区的风云岁月。1941年至1942年，由于日本侵略军和国民党军的双重封锁，延安进入了抗战以来最为艰难的时期，边区军民几乎无粮充饥，无衣御寒。

在中国共产党的号召下，一场持续数年并为后世所铭记的大生产运动就此展开。自己动手，丰衣足食，成为延安大生产运动为后世留下的精神财富。

那么黑玉祥是谁？在延安革命纪念馆中收藏着黑玉祥所获得的诸多荣誉。她当年是延川县著名的纺织能手。

将近80年的岁月洗礼，曾经的纺织能手已经渐渐消失在人们的记忆里。黑玉祥生活的村庄中，能够回忆起她的人寥寥无几。

黑玉祥的孙子朱成才对奶奶的印象同样模糊，但老人生前的用品却一直保留在身边。

朱成才指着黑玉祥生前的用品说：“这是我奶奶用过的，到现在我们推算了有80多年了。把这个留下，就是为我奶奶做个纪念，留个念想。”

解放日報

產計劃者有田爾良、蔣興仁、楊平、黃振聲、蕭長清、李青君、李鳳春、賴慶同、任玉榮、李鳳蓮、張保全等人。茲特節錄三個人的計劃於下，以見一斑。

張保全同志的計劃（四期學徒）是：（一）終身爲革命工作，永遠不退伍。（二）絕對遵守勞動紀律與廠規。（三）在十月革命前保證學會裁扎。（四）改正過去的壞脾氣，再不發生鬧架事件。（五）保證每天有一小時的學習時間。（六）利用禮拜天，從事農業生產，種些蔬菜。手工股長任玉榮同志的計劃是：（一）生產量按原定計劃要超過百分之二十，並使針碼縫得整齊。（二）節省原料（在照規定的標準下），每日節省線一兩。（三）全手工股的女工，做到團結一致。（四）嚴格實施檢查，保證今後在工作中不發生毛病。（五）領衣服自做到不差錯。（六）不使衣服與壞和把衣服染髒。黃振聲同志的計劃是：（一）除自己不違犯勞動紀律外，並隨時監督別人；遇有壞事情要及時報告。（二）保證每天做普通衣服不少於十套，質量做到完全適合廠方所規定的標準。（三）愛護工具與原料。（四）現在我能看懂黨報，十月革命前做到能看解放日報的消息。（五）改正過去急躁的脾氣。

延川高蘭英同黑玉祥競賽紡織

全年紡紗六十斤織布五十疋

【本報延川訊】據永坪區區長李中同志報導：自縣府號召勵紡織勞動英雄後，此間模範紡織者高蘭英即首先響應競賽。她提出：今年紡織六十六斤，織布二百七十丈（五丈一疋共五十餘疋），保證紡得勻織得密。另外她計劃把十口小猪喂到每隻值一千五百元到二千元後賣出，以準備繳納救國公糧。按高蘭英是本區一鄉張家河人，現在四十一歲，家內五口人。自民國十四年丈夫入伍後，家內生活即賴其一人維持。她從十二歲起即學會紡紗，人人都稱讚她能幹，去年一年即織布一百九十七丈，紡線八十二斤。幾年來不但供給了全家人的生活費用，而且給兒子娶了媳。現在她家已有耕牛一頭、馬一匹、猪十隻，生活相當富裕。高蘭英不僅生產積極，而且認識很好。她是一個很好的黨員，在負担上也很好，她不僅慷慨，而且出公糧出得最早。在她和黑玉祥提出競賽後，她已晝夜忙於紡紗和織布，以便勝利完成她的生產計劃。

【本報延川訊】本縣婦女紡織熱潮常高漲，從城區民衆社的換花中即可明顯看出。該社自三月份起，已收到八百六十斤紗，現已發出一千七百廿斤棉花。民衆社每日換花者絡繹不斷，逢集更是擁擠。目前每三天平均可換到八十多斤紗，照樣在三天內該社至少要發出一百九六十斤棉花。以紗換花者以城市、禹居、永勝、永坪等區較多。

【本報延川訊】城市區合作社在開展紡織工作方面，

法西斯的新陰謀和敵內閣的改組

（上接第一版）

綏德民衆劇社

《延川高兰英同黑玉祥竞赛纺织》，刊登于 1943 年的《解放日报》，珍藏于中国国家图书馆

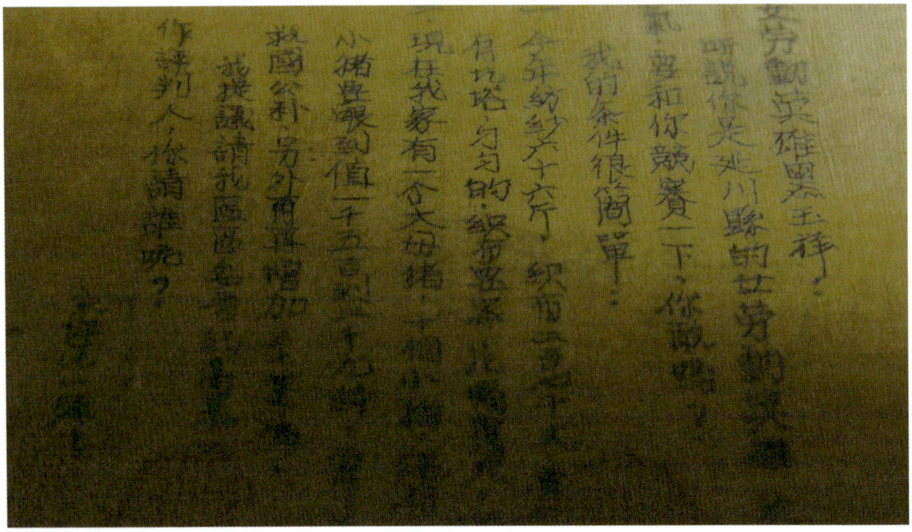
女劳动英雄黑玉祥：
听说你是延川县的女劳动英
气，要和你竞赛一下，你敢吗？
我的条件很简单：
一、今年纺纱六十六斤，织布
二、现在我家有一个大母猪，
作评判人，你请谁呢？

《高兰英给黑玉祥的挑战书》，珍藏于延安革命纪念馆

黑玉祥的孙媳冯瑞梅说：“我奶奶给我留下的布，估计有50来年了吧，越用越白，越洗越白，做被子当里子盖上可舒服了。”

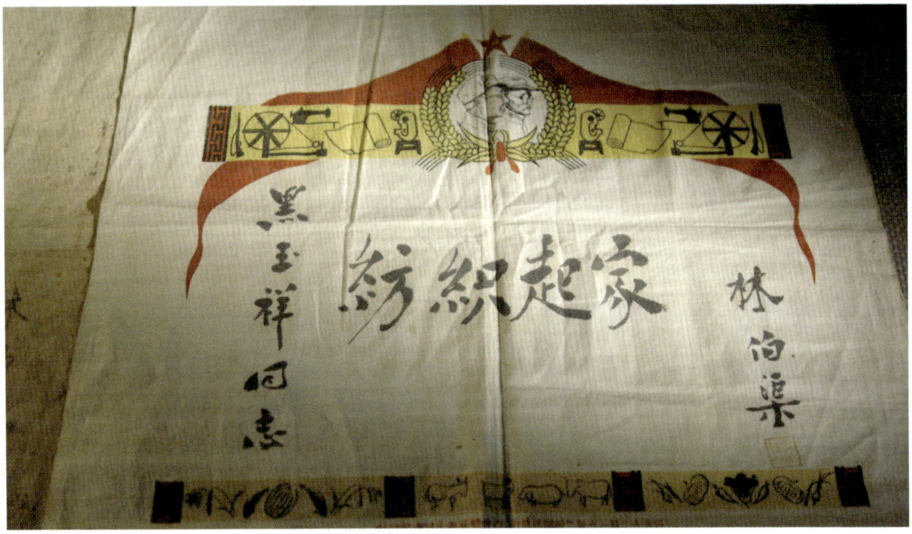

黑玉祥同志纺织起家的奖状

敢于挑战纺织能手的高兰英，从字里行间流露出直爽好强，她究竟是什么样子呢？70多年前的那封挑战书，只留下了两个线索：高兰英的名字和她生活的永坪镇。

记者在永坪镇走访了数位老人，都未找到关于高兰英的信息。但从这些老人身上能够清晰地感受到，当年那个投身于大生产运动中的陕北妇女。

当年朱德偶然发现了延川县一带的农村仍用自产的棉花纺线织布，自给自足解决了穿衣问题，便号召边区广种棉花，组织妇女开展“纺线运动”。于是，纺车便走进了千家万户。

面对高兰英的挑战，纺织能手黑玉祥写了一封应战书，同样有着陕北人倔强直爽的风格。

而她的孙子朱成才也是在70多年后才知道当年奶奶的这场应战。

应战书上说：“高兰英，听了你的挑战信，我非常高兴，你如果不服气，就比试一下吧！”

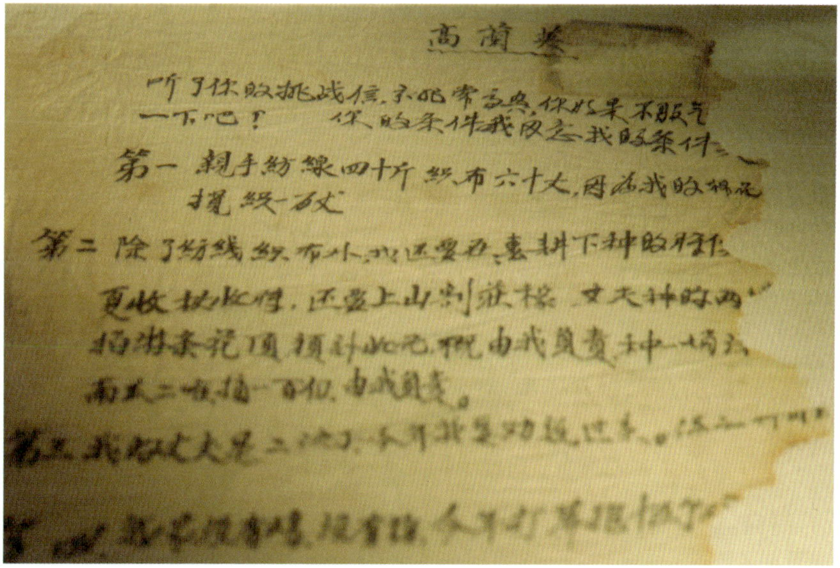
高蘭英
听了你的挑战信，我非常高兴，你如果不服气
一下吧！ 你的条件我应之，我的条件：
第一 亲手纺線四十斤 织布六十丈

黑玉祥的应战书

朱成才说：“奶奶还是有这决心，算英雄，我觉得她这个性格还是比较要强的。”

“我的条件是：第一，亲手纺线四十斤，织布六十丈……”应战书中的内容让一个倔强、勤劳的陕北妇女形象跃然纸上。

朱成才说：“村里人说她天一明就开始干活，不到晚上十一二点她不睡觉。”

“我刘栓今天好心欢，走路像乘上顺风船，新政策给咱把路修宽，从今后我刘栓学手段，一辈子能吃个轻松饭。”

这首陕北民歌《刘栓回头》，讲的就是大生产运动中农村改造“二流子”的故事，生动之中洋溢着陕北特有的诙谐。大生产运动改变了每一个人，1943年至1944年，陕甘宁边区改造的“二流子”达到6400多人。

当年高兰英生活的永坪镇，今天有24个自然村，5.5万人口。在这里寻找70多年前关于她的线索，希望非常渺茫。

《陕甘宁边区政府为完成118万双军鞋任务的指示信》，珍藏于延安革命纪念馆

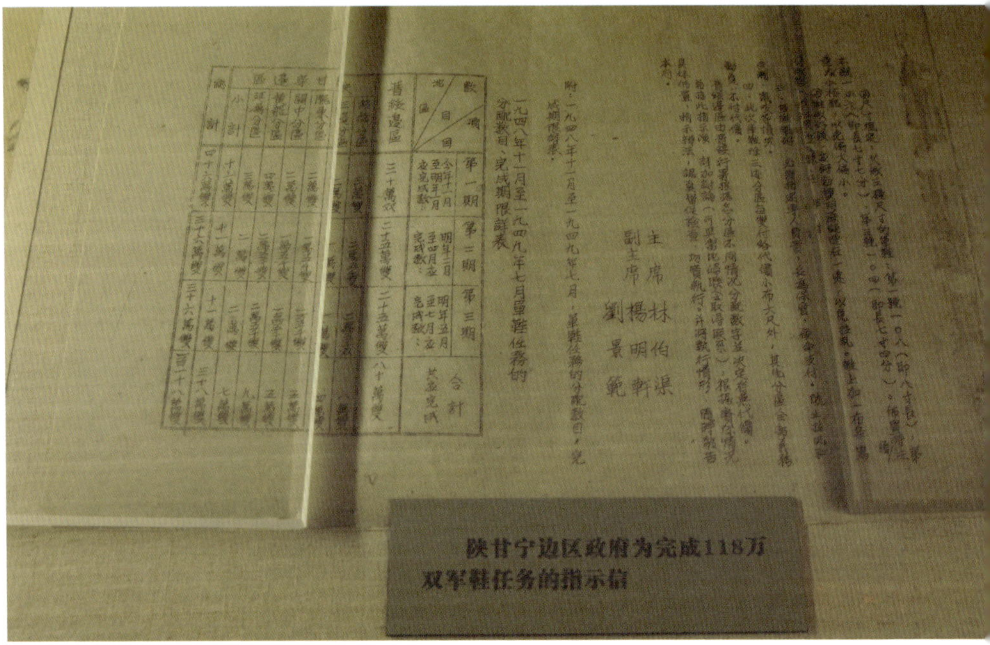

延川县公安局永坪镇派出所民警刘勃说："永坪有4个高兰英，最大年纪（的）是1932年（出生），1932年到1942年才十几岁，应该不是你要找的那个人。"

在延安大生产运动中，会纺线似乎成了人们的一种骄傲，无论是领袖还是一般干部战士，不分男人女人都设法学会和掌握这个技能。在当时，在陕北，可能每个女人都是高兰英。

从保存在延安革命纪念馆的一封指示信中我们可以看到，当时要求各边区在8个月内完成118万双军鞋的任务，这个惊人的产量仅仅是大生产运动的一个缩影。

近80年的岁月流转，黑玉祥、高兰英这两个名字已经不为更多的人所知晓，但她们留下的这两封信件却瞬间把我们拉回到那段热火朝天的激情岁月。

将军夫人为长工缝被子

1943年7月5日，《解放日报》在头版发表了朱德为抗战六周年而作的文章《我们有办法坚持到胜利》："我们虽然得不到武器、弹药、器材、医药、被服和饷项的接济……但我们依赖军民一心，自己动手。我们发动生产运动……我们解决了军民的衣食问题，我们也生产了相当数量的医药和弹药，以维持抗战到今天。"

从1943年起，作为中国抗战主战场的敌后战场出现了重要转折，广大抗日军民把斗争的焦点逐渐引向敌占区。

从1943年秋季起，日军在华北敌后战场逐渐失去主动权，而八路军在一些地区开始占有相对优势，并首先发起攻势作战，揭开了中国战场战略反攻的序幕。

到1943年年底，八路军、新四军和华南抗日游击队已度过最困难时期，敌后抗日根据地的军事、经济实力有所增强。从1944年起，华北、华中、华南敌

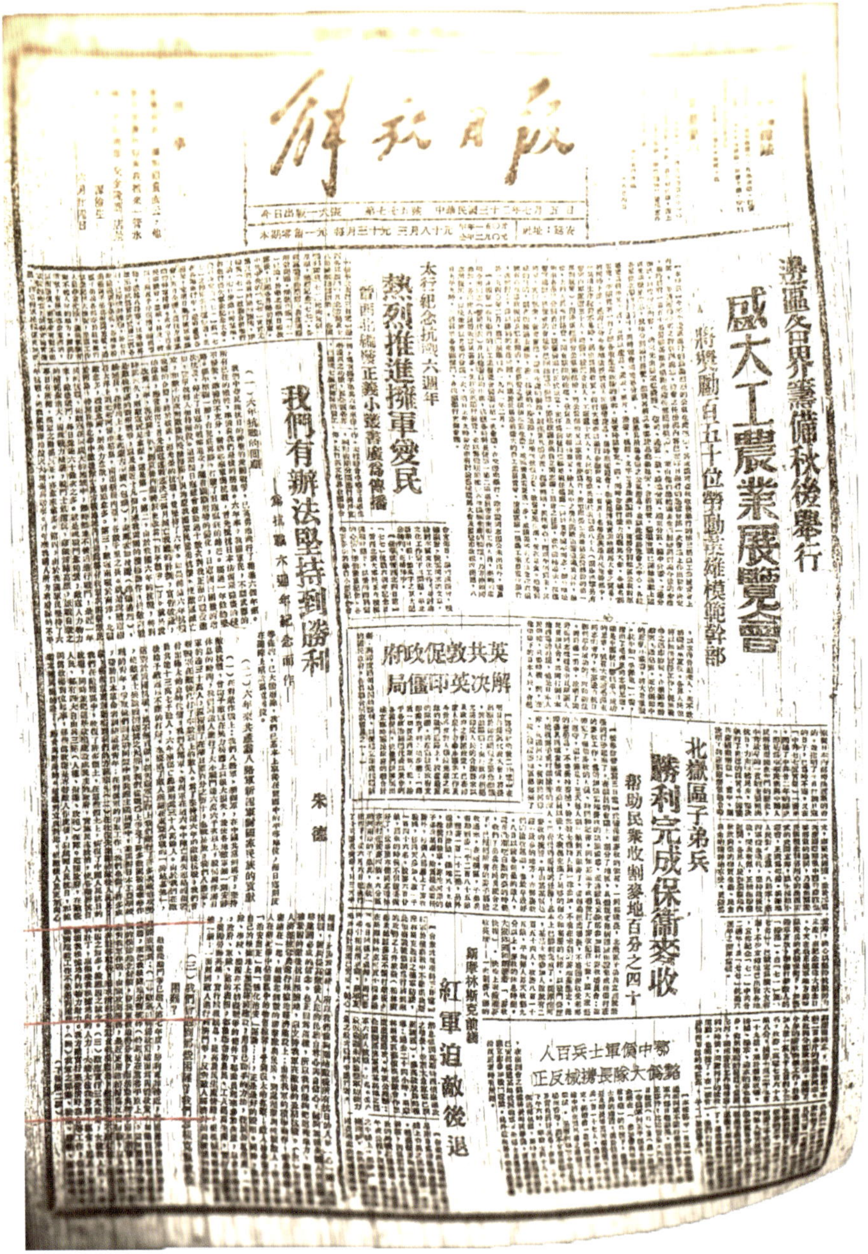

《我们有办法坚持到胜利》，发表于 1943 年 7 月 5 日的《解放日报》，珍藏于中国国家图书馆

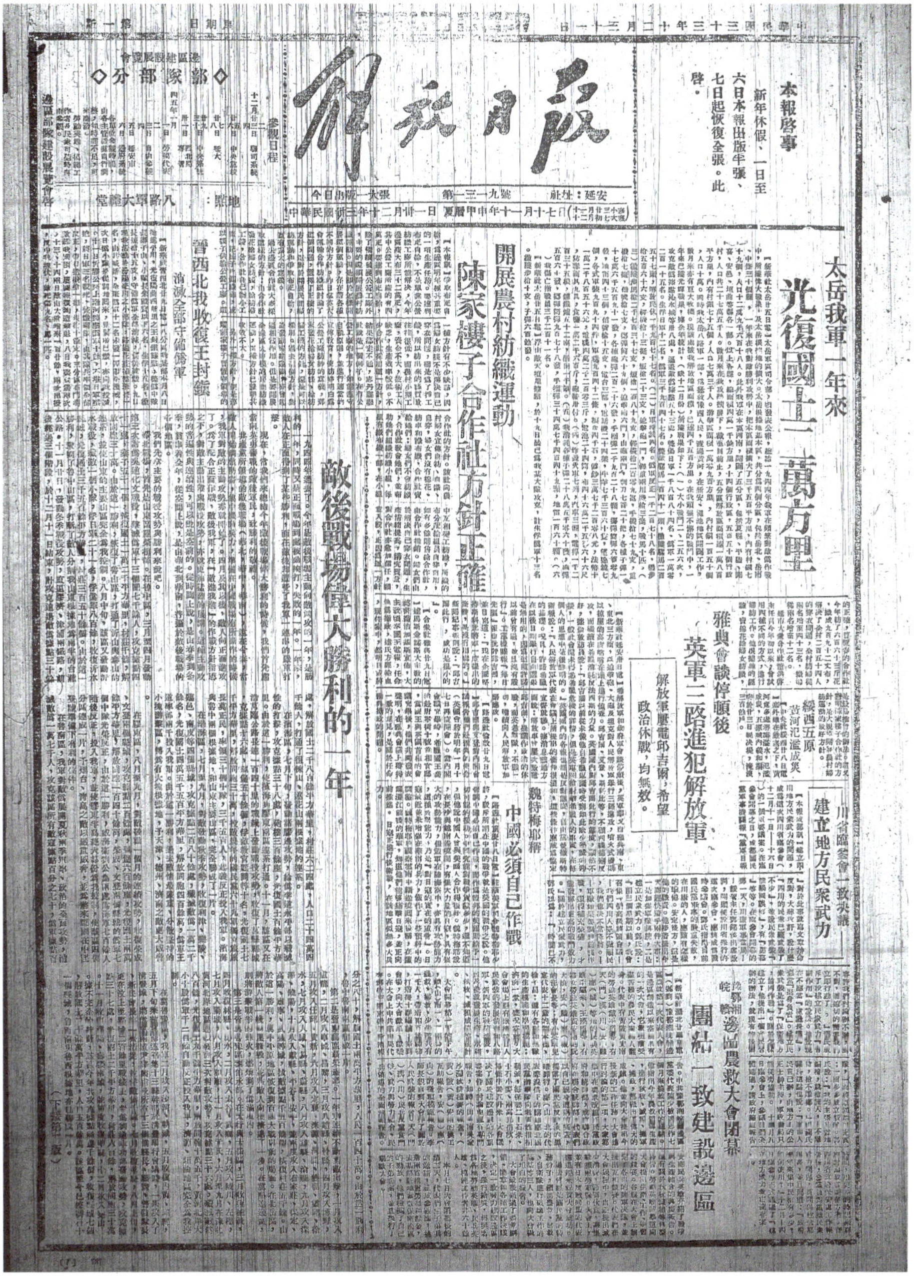

解放日報

本報啟事

新年休假，一日至六日本報出版半張、七日起恢復全張。此啟。

太岳我軍一年來

光復國土一萬方里

開展農村紡織運動

陳家樓子合作社方針正確

敵後戰場偉大勝利的一年

晉西北我收復王封鎮

消滅全部守備軍

雅典會談停頓後

英軍三路進犯解放軍

解放軍屢電邱吉爾，希望政治休戰，均無效。

綏西五原 黃河氾濫成災

川省臨參會一致決議

建立地方民眾武力

中國必須自己作戰

魏特梅耶稱

團結一致建設邊區

《敌后战场伟大胜利的一年》，发表于 1944 年 12 月 31 日的《解放日报》，珍藏于中国国家图书馆

后抗日军民对日伪军普遍开展局部反攻。这种反攻，从春季到冬季，此起彼伏，持续不断。

1944年12月31日《解放日报》发表了题为《敌后战场伟大胜利的一年》的社论，总结了1944年敌后战场的胜利，提出准备迎接最后反攻胜利的任务。

为了创建新抗日根据地，建立和扩大对日军战略反攻的前进阵地，中共中央先后命令八路军、新四军一部向河南、湘鄂赣边、苏浙皖边敌后挺进。根据中央的统一部署，粟裕率领新四军第一师主力于1944年12月27日渡江南下。1945年1月上旬到达浙江长兴地区与第16旅会合，成立苏浙军区。

在中央档案馆，保存着一份1944年9月27日中共中央下发的《关于开展苏浙皖地区工作给华中局的指示》。粟裕正是在接到该指示后，率领新四军南下苏浙皖边部队，克服困难，英勇作战，有力地打击了日伪军，粉碎了国民党顽固派军队的进攻和阻挠，开辟了苏浙皖边敌后新区，也留下了许多军民鱼水深情的动人故事。

新四军苏浙军区纪念馆原馆长梁奕建指着新四军苏浙军区纪念馆中的一门九二步兵炮，向记者介绍道："日军小林中队就用两匹战马拉着这门九二步兵炮，抢夺老百姓的财物。16旅得到这个信息后，马上派出48团做了一个埋伏圈，当时只打了1个小时，消灭敌人是100多名，并且缴获了这门九二步兵大炮。"

新四军对日伪军作战捷报连连，新四军指战员又以严明的纪律处理军政关系、军民关系，因此深受广大群众的热爱和拥戴。

新四军苏浙军区司令部旧址墙上的画描绘了粟裕将军一家跟长工侯阿苟发生的故事。

侯阿苟长子侯汉忠指着其中一幅画说："（这是）当年粟裕将军的爱人楚青帮我父亲缝被子的地方。"

梁奕建说："那时候是一个春天，侯阿苟是个长工，笨手笨脚就要去缝这个被子。然后楚青同志看到之后（说），你一个大男人缝被子缝得好吗？还是我们来给你缝吧！”

侯汉忠说：“（他们）边缝边聊天，问我父亲叫什么名字、是什么地方人啊，说了好多话。两个人慢慢地建立了友情，后来我父亲就一直帮新四军做事情。”

将军夫人为长工缝被子，只是人民军队贯彻“全心全意为人民服务”宗旨的寻常体现，是作为共产党员自然而然的随手之举。然而，对于受尽苦难的百姓而言，却让他们真正感受到，这是一支人民自己的军队。

“粟裕将军的爱人帮长工侯阿苟缝被子”，新四军苏浙军区纪念馆壁画

1944年，新四军在这里作战145次，每一次战斗都有当地老百姓参与。他们用实际行动表达着对新四军发自肺腑的热爱。

梁奕建拿出资料向记者介绍：“天目山三次反顽战役，就我们长兴县一个县当时登记在册的就有1401人。我们新四军能打胜仗，靠的是人民群众的支持。”

新四军在长兴时，一位女战士因难产在村民胡阿新家中去世。胡阿新将女战士葬在了自家祖坟地。从此胡家人世代守护着这位女战士，如今已过了70余年。

胡阿新老人之子胡学建说："那时候是我爷爷上的（坟），后来是我爸爸，80岁的时候他走不动了，后来年年是我来。等我也走不动了，就叫我儿子来，子子孙孙要传承下去。"

1945年4月23日至6月11日，中国共产党第七次全国代表大会在延安召开。

中共七大提出党的政治路线是：放手发动群众，壮大人民力量，在我党的领导下，打败日本侵略者，解放全国人民，建立一个新民主主义的中国。

大会指出：人民的军队、人民的战争、人民战争的路线和战略战术，构成了中国人民武装抗日的军事路线，是解放区战场在军事上取得胜利的关键所在。党领导的人民军队，是人民的子弟兵，它来自人民，紧紧地和中国人民站在一起，全心全意为人民服务。

七大通过的新党章规定：中国共产党以毛泽东思想作为自己一切工作的指针，在党的工作中必须坚持群众路线，这是党的根本的政治路线和组织路线。

这次大会为党领导人民去争取抗日战争的胜利和新民主主义革命在全国的胜利，奠定了政治上、思想上、组织上的基础。

就在中共七大胜利闭幕两个月后，1945年8月15日，日本无条件投降。9月2日，日本代表在投降书上签字，侵华日军128万人向中国投降。至此，中国抗日战争结束，世界反法西斯战争也胜利结束。

三天后，《解放日报》发表了《庆祝抗战最后胜利》的社论，指出：对于抗日战争的伟大胜利，中国共产党作了巨大的贡献。敌后解放区是坚持抗战、坚持团结、坚持进步的模范，是抗日战争取得胜利的决定因素之一。社论最后呼吁："让我们全中国人民在和平、民主、团结的大纛下，万众一心，迈步前进，扫除一切障碍，把中国建设成为独立、自由和富强的新民主主义国家！"

1945年10月，按照中共中央的部署，新四军苏浙军区部队离开长兴，转

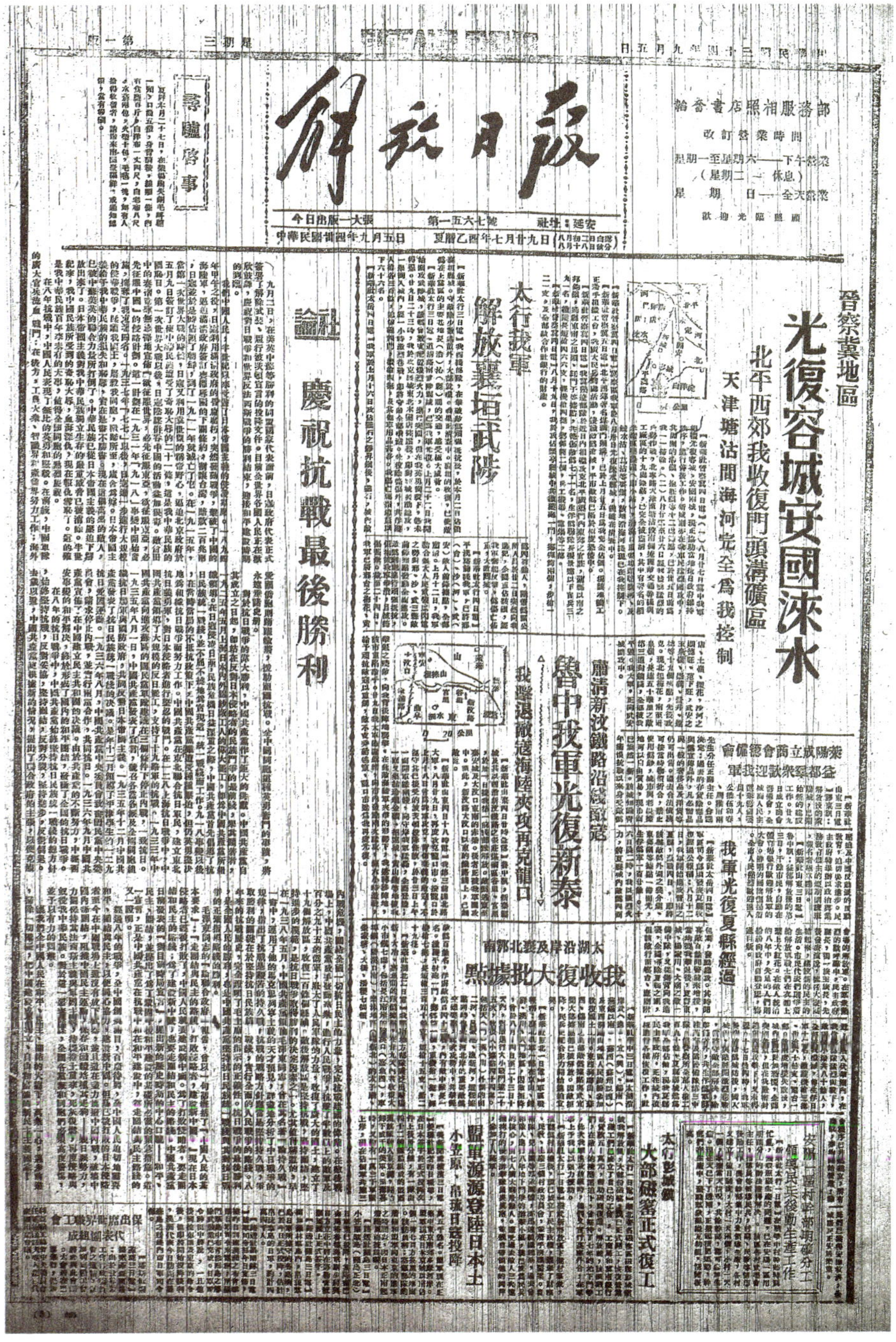

解放日報

中華民國三十四年九月五日

社論

慶祝抗戰最後勝利

晉察冀地區

光復容城安國淶水

北平西郊我收復門頭溝礦區

天津塘沽間海河完全為我控制

太行我軍

解放襄垣武陟

魯中我軍光復新泰

我軍光復夏縣經過

我收復大批據點

《庆祝抗战最后胜利》，发表于 1945 年 9 月 5 日的《解放日报》，珍藏于中国国家图书馆

战到长江北岸的靖江。此时，长兴发生的那些人民军队和百姓之间的故事已经远播四方，靖江人民用最热烈的方式欢迎新四军的到来。

1984年2月11日的《人民日报》，以全版的篇幅报道了粟裕同志逝世的消息。粟裕同志留下了一份特别的遗愿：希望将他的骨灰撒在曾经频繁转战过的江西、福建、浙江、安徽、江苏、上海、山东、河南几省市的土地上，与长眠在那里的战友们在一起。

尊重粟裕同志生前意愿，决定丧事从简，不举行葬礼

中共中央、中顾委、中央军委沉痛宣告

无产阶级革命家杰出军事家 党和军队优秀领导人

粟裕同志逝世

新华社北京2月10日电 中国共产党中央委员会、中国共产党中央顾问委员会、中央军事委员会沉痛宣告：久经考验的共产主义战士，党和军队的优秀领导人，无产阶级革命家、杰出的军事家、中央顾问委员会常务委员粟裕同志，因病于1984年2月5日16时33分在北京逝世，终年76岁。

粟裕同志1926年从事革命活动，加入中国共产主义青年团，1927年转为中国共产党党员，参加南昌起义。历任中国工农红军班长、连指导员、营党代表、团长、团政委、师长、师政委、军团参谋长、闽浙军区司令员。抗日战争时期，历任新四军支队副司令、江南指挥部和苏北指挥部副指挥、师长兼政委、苏中军区和苏浙军区司令员兼政委、苏中区和苏浙区党委书记。解放战争时期，历任华中军区副司令员、华中野战军司令员、华东军区副司令员、华东野战军副司令员、代司令员代政委、第三野战军副司令员。1949年5月以后，还担任过上海市军管会副主任、南京市军管会主任、南京市市长、华东军政委员会副主席。从1951年[illegible]长、中华人民共和国国防部副部长，军事科学院副院长、第一政委。粟裕同志是中国共产党第七届中央候补委员，第八届、九届、十届、十一届中央委员。他还是第三届、四届全国人民代表大会常务委员会委员，第五届全国人民代表大会常务委员会副委员长。

在长期的革命战争中，粟裕同志始终战斗在第一线。他努力学习并创造性地运用毛泽东军事思想，指挥过一系列重大的战役、战斗，尤其善于组织大兵团[illegible]

在十年动乱中，粟裕同志同林彪、江青两个反革命集团进行了坚决的斗争。粉碎"四人帮"后，他衷心拥护和贯彻执行党的十一届三中全会以来的路线、方针、政策，对党的十二大确定的伟大战略目标和我国社会主义建设的光辉前途，满怀必胜的信念，并和老同志互相勉励，要为党为人民发出最后的光和热。

粟裕同志对党对革命无限忠诚。他坚持真理，坚持实事求是，顾全大局，一切以党和人民的利益为重。他具有坚强的党性，坚持党的原则，严守党的纪律，维护党的团结。他襟怀坦白，光明磊落。他和蔼可亲，待人以诚，关心群众疾苦，是干部战士的知心朋友。粟裕同志具有高尚的道德情操，为壮丽的共产主义事业做到了鞠躬尽瘁。

粟裕同志生前曾表达他的意愿，在他身后，不要举行遗体告别，不要举行追悼会，希望把他的骨灰撒在曾经频繁战斗过的土地上，与长眠在那里的战友们在一起。中共中央、中顾委、中央军委尊重粟裕同志意愿，决定丧事从简，不举行葬礼。

粟裕同志的逝世，是我党、我军的重大损失。他永远值得我们怀念和学习。希望全党全军同志化悲痛为力量，以全面开创社会主义现代化建设和军队建设新局面的实际行动，来悼念为大家所敬爱的粟裕同志。

粟裕同志生前意愿

希望把骨灰撒在曾经频繁战斗过的土地上，与长眠在那里的战友们在一起

新华社北京2月10日电 粟裕同志逝世后，他的夫人楚青同志向党中央、中央军委领导同志转述了粟裕同志的生前意愿。粟裕同志说："我在革命战争年代，在党的领导下，身经数百战，在和我共同参加战役、战斗的同志中，牺牲了的烈士有十数万，而我还活着，见到了革命的胜利。在我身后，不要举行遗体告别，不要举行追悼会，希望把我的骨灰撒在曾经频繁转战的江西、福建、浙江、安徽、江苏、上海、山东、河南几省、市的土地上，与长眠在那里的战友们在一起。"

对粟裕同志逝世消息的报道，刊登于1984年2月11日的《人民日报》

按照粟裕同志的遗愿，他的部分骨灰就撒在浙江省长兴县的老宅前，以这种特别的方式纪念着那段与当地群众风雨同行的战斗生涯。如今，这里翠柏掩映、古槐参天。

新四军与长兴人民的故事，是中国共产党秉持一切为了人民、一切从人民利益出发的生动写照。这一宗旨不仅空前坚定了广大党员的人民立场，更为人民解放军解放全中国打下了坚实的基础。

1946年6月26日，国民党军队在完成内战准备后，以22万人悍然进攻中原解放区。其后，国民党军向其他解放区展开大规模进攻。全面内战由此爆发。

从1946年6月到1947年6月，人民军队处于战略防御阶段，战争主要在解放区内进行。人民解放军共歼敌112万人。解放区军民在国民党统治区人民的配合下，在解放战争第一年里取得重大胜利，为解放战争从战略防御转入战略进攻，进而把中国革命推向新高潮，创造了极为有利的条件。

1947年8月7日，刘邓大军千里跃进大别山区，紧紧依靠人民群众，经过艰苦作战，粉碎了国民党军的重点轮番进攻。到1947年11月共歼敌3万余人，建立了33个县的民主政权。刘邓大军千里跃进大别山能够站稳脚、扎下根，根本原因在于党同人民一条心、军民团结如一人。正如刘伯承所说："我们所依靠的是人民，蒋介石所依靠的是碉堡。"

1947年8月22日晚，陈赓、谢富治大军在西北野战军的策应下，在晋南、豫北交界处南渡黄河，挺进豫西。到8月底，共歼敌5万余人，建立39个县的民主政权，完成在豫陕鄂边地区的战略展开，有力地配合了刘邓大军和西北野战军的作战。

1947年9月26日，陈毅、粟裕大军主力分五路越过陇海路南下，进入豫皖苏平原，实行分敌作战。到11月，陈粟大军建立起25个县的民主政权，扩大了豫皖苏解放区，并完成了在这一地区的战略展开。

至此，三路大军都打到外线，布成“品”字形阵势，纵横驰骋于黄河以南、长江以北，西起汉水、东迄大海的广大区域。他们互为犄角，以鼎足之势，紧逼国民党的长江防线，直接威胁南京、武汉。

1948年9月8日至13日，中共中央在西柏坡召开政治局扩大会议，这是自抗日战争结束以来到会人数最多的一次中央会议。会议为人民解放军与国民党军进行战略决战，为最后打倒蒋介石、有计划有步骤地夺取新民主主义革命在全国的胜利，从思想上、政治上、组织上做了重要准备。

1948年秋，人民解放战争进入夺取全国胜利的决定性阶段，根据毛泽东和中央军委的部署，从1948年9月开始，规模空前的辽沈、淮海和平津三大战役陆续打响。1948年11月9日，东北全境解放，歼敌47.2万余人。

1948年11月6日，华东、中原两大野战军和晋冀鲁豫军区部队共60余万人，与80万国民党军打响了规模空前的淮海战役。

刘瑞龙的支前日记

在1949年1月27日的《人民日报》中，我们看到了一篇名为《三大解放区数百万民工支援淮海战役功勋卓著》的文章。

文章中写道：“直接参加支援前线工作的第一线常备民工、第二线转运民工以及第三线的临时民工，即达数百万人，他们包括了华东、中原、华北三大解放区的人民。……他们南腔北调，穿着式样不一，赶着大车、驮骡，推着小车，挑着担子，抬着担架，川流不息地沿着各交通线行进，夜以继日地为解放军输送给养、弹药，转运伤病员。”

全篇1531个字的生动描述，把我们又带回支前民工向着淮海战役主战场开进的场景之中。

在中国共产党历史展览馆展出的革命文物中，有一本老旧的日记。解放军出版社原社长朱冬生再次见到这本日记时，已过去了41年。

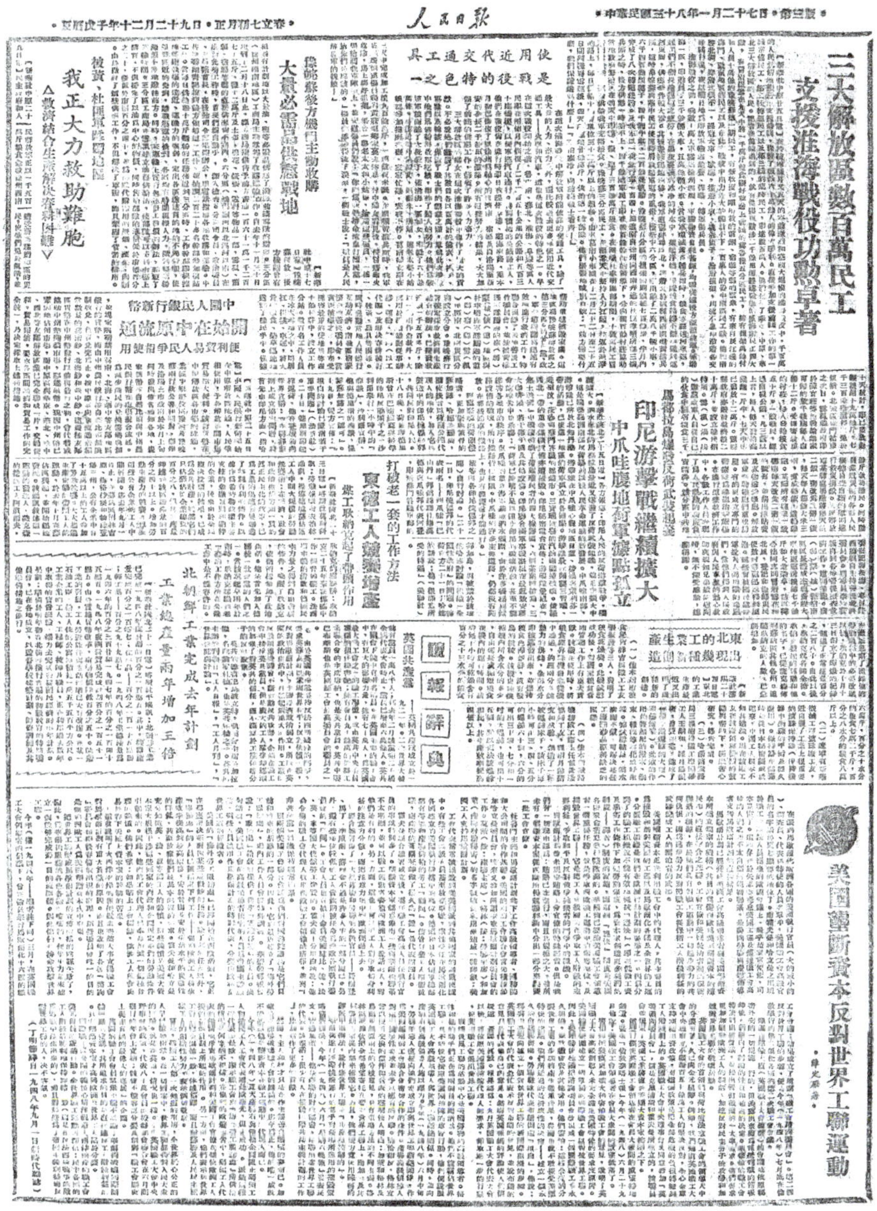

人民日報

中華民國三十八年一月二十七日

三大解放區數百萬民工
支援淮海戰役功勳卓著

使用近代交通工具
是戰役的特色之一

大量必需品供應戰地

我正大力救助難胞

印尼游擊戰繼續擴大

東德工人競賽熱潮

北朝鮮工業完成去年計劃

美國壟斷資本反對世界工聯運動

《三大解放区数百万民工支援淮海战役功勋卓著》，刊登于 1949 年 1 月 27 日的《人民日报》，珍藏于中国国家图书馆

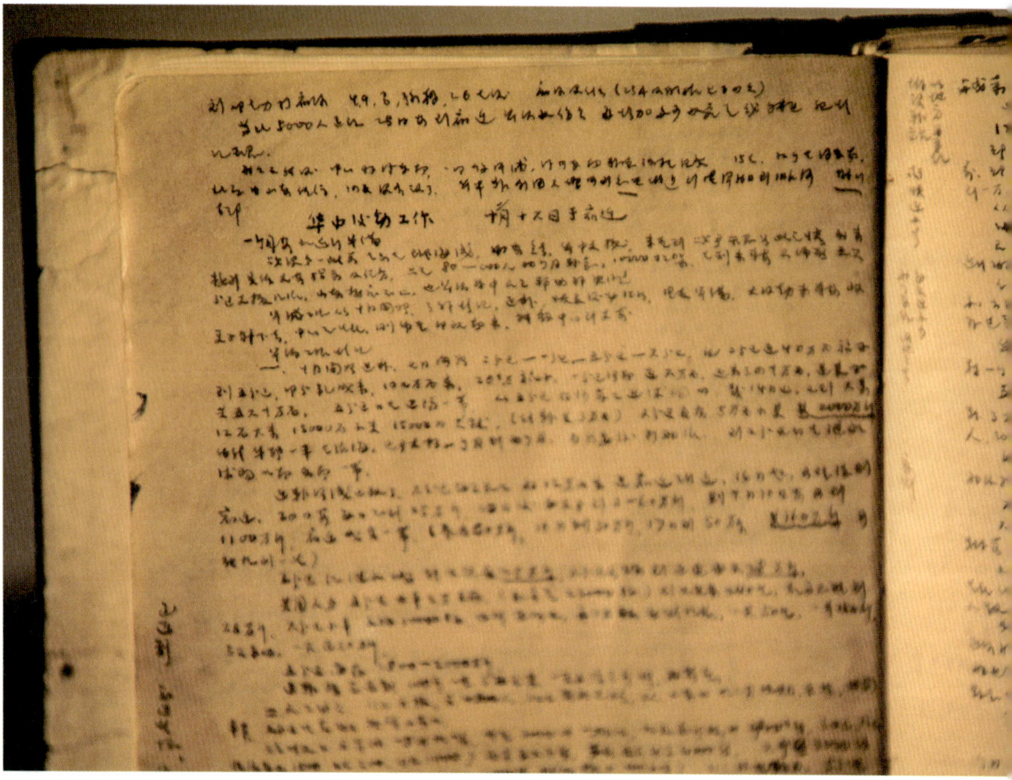

刘瑞龙的日记

日记的作者刘瑞龙，1927年加入中国共产党，淮海战役期间曾担任华东野战军后勤部长。他当年的这本支前日记中记录了淮海战役的诸多细节。

朱冬生说：“刘瑞龙请解放军出版社编他的淮海战役支前日记，这些日记编辑工作就是由我来负责的。”他读了其中的一段：“战役第一阶段，主要在陇海线，由山东负责，华中支援。未想到战争如此之快，尚未接到具体支前指示及任务，只是说准备80（万）到100万人的两个月的粮食，一万副担架。”

日记中短短的一段话将当时战争的急迫、物资的补给压力表露无遗。

朱冬生说：“山东战场根据地和老百姓，就成为我们淮海战役支前工作的主力军。”

唐和恩的小竹竿

与刘瑞龙的日记一同展览的，还有一根小竹竿，它的主人名叫唐和恩，出生于山东莱阳，曾经担任当地支前小车运输队第四小队队长。这根看似普通的小竹竿上刻满了密密麻麻的文字。

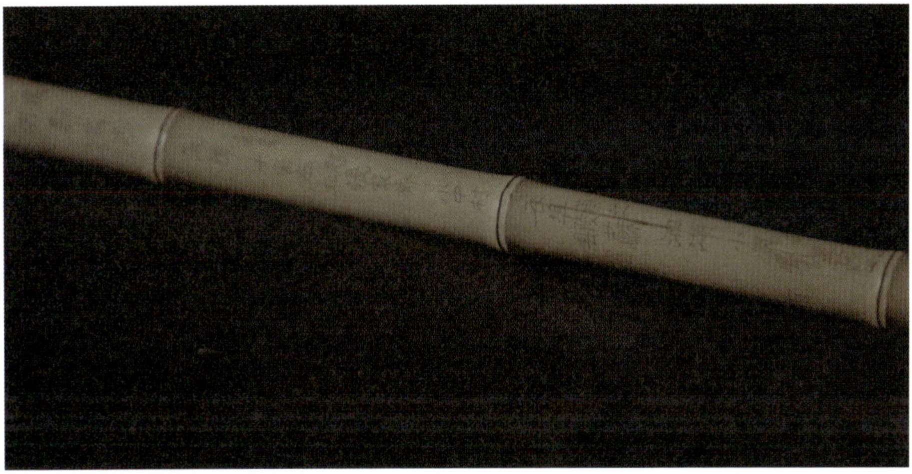

唐和恩的小竹竿

莱阳当地的胶东第一县委革命历史文化展览馆中，有一根唐和恩新中国成立后亲手复制的小竹竿仿品。其子唐振明提起父亲的小竹竿时，当年父亲给他讲述的支前往事历历在目。

当年，唐和恩的支前小队从山东莱东县出发后，天气入冬转寒，车队被一条数十米宽、结着薄冰的河面挡住了去路，附近没有桥梁，而前方战事紧急，支前工作刻不容缓。

唐振明说：“直接蹚过河去，队员们的腿肚子都叫冰割破了，同志们都没有怨言。”

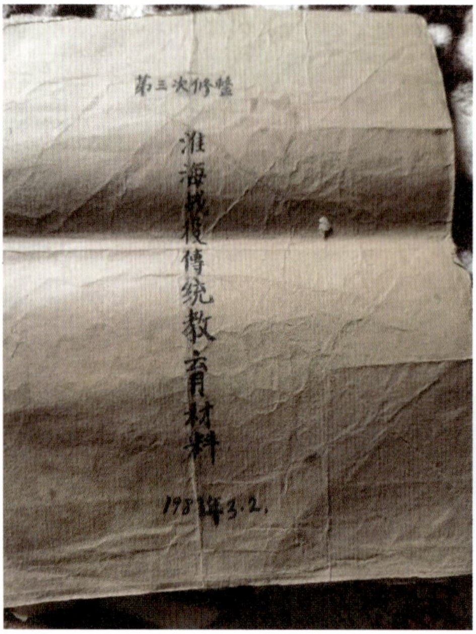
第三次修整

淮海战役传统教育材料

198[illegible]年3.2.

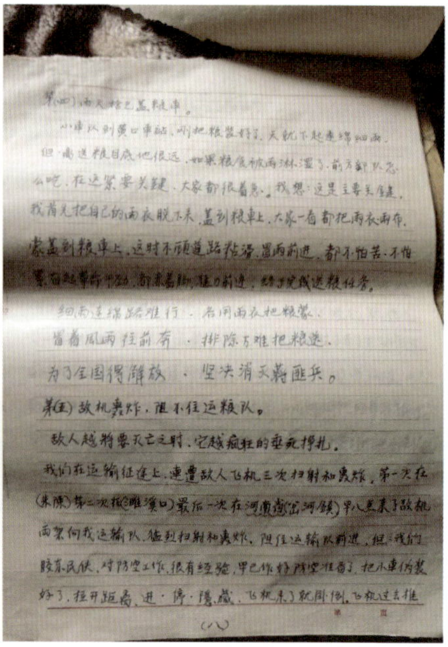
第(四)雨天拿之盖粮车。

小车队到黄口车站，刚把粮装好了，天就下起毛毛细雨。但离送粮目的地很远，如果粮食被雨淋湿了，前方部队怎么吃。在这紧要关键，大家都很着急。我想：这是主要关键，我首先把自己的雨衣脱下来，盖到粮车上，大家一看都把雨衣雨布，都盖到粮车上。这时不顾道路粘滑，冒雨前进，都不怕苦，不怕[illegible]，终于完成运粮任务。

细雨连绵路难行，各用雨衣把粮盖。

冒着风雨往前奔，排除万难把粮送。

为了全国得解放，坚决消灭蒋匪兵。

第(五)敌机轰炸，阻不住运粮队。

敌人越将要灭亡之时，它越疯狂的垂死挣扎。

我们在运输征途上，连遭敌人飞机三次扫射和轰炸，第一次在(宋陈)第二次在(睢溪口)最后一次在河南省(宋河镇)早八点来了敌机两架向我运输队猛烈扫射和轰炸，阻住运输队前进，但我们胶东民伕，对防空工作很有经验，早已作好防空准备了，把小车伪装好了，拉开距离，进·停·隐藏，飞机来了就卧倒，飞机过去推

(八)

唐和恩的手迹

《人民日报》中就曾描述过这个场景：山东小车团在12月22日至25日间同样冒雪送粮、四天内运粮20余万斤，供给第一线部队。他们喊出的口号是：“前方需要什么，我们保证送到什么！”“不怕寒冷，向前线战士们看齐！”

对于唐和恩乃至数百万的支前民工而言，支援前线的热情冲破了严冬的寒冷。

唐和恩的这根小竹竿其实就是一幅支前图。在淮海战役的支前路上，唐和恩每经过一个地方，就在小竹竿上刻上当地村镇的名字，细细数来竟多达88个。

山东莱阳史志办主任杨海峰告诉记者：“当时在支援淮海战役的时候，我们莱阳境内大约有50万人口，参军支前的民工达到了18347人。”

支前之路可谓充满荆棘，但前线物资紧张，唐和恩的小队一刻也不能耽搁。在一次小推车陷入泥坑时，为了拉出小推车，唐和恩还磕掉了一颗牙齿。

88个途经的村镇，4000里支前路，唐和恩走过的每一个足迹都代表着民众对党的信任支持。

焦裕禄的支前往事

为了解决淮海战役缺粮的问题，地处中原的河南省多地都成立了支前队伍。鲜为人知的是，焦裕禄曾经担任过河南省尉氏县彭店区支前大队长，带领1000多人的队伍开赴前线。

杨长兴，《焦裕禄的一生》一书的作者，一直在寻找焦裕禄支前的故事。

此时，杨颖颖女士找到了他，说她的爷爷杨春成是焦裕禄支前队伍中的一员。

杨颖颖说："杨老师，我家有一个老证书，您看一下。"

杨长兴说："这是立功证书啊，这就是焦裕禄给你爷爷颁发的，这个证书太珍贵了。"

老证书

杨长兴根据杨颖颖提供的线索以及长辈的回忆，了解了焦裕禄在淮海战役中支前工作的一些细节。

据杨长兴介绍：“焦裕禄身上带了一双新鞋，有一个民工光着脚，本来（焦裕禄）自己准备要换的鞋，就给了这个民工。然后，他就穿着那个露底儿的鞋，在雪地里、在路上就跑前跑后。”

1949年1月10日，淮海战役胜利的喜讯传遍大江南北：歼敌55.5万人。至此，国民党反动统治中心地带南京、上海直接暴露在人民解放军的铁拳面前，为解放军渡江作战创造了极为有利的条件。

陈毅曾说过：“淮海战役的胜利是人民群众用小推车推出来的。”

1949年1月31日，北平宣告和平解放，共歼灭和改编国民党军52万余人。辽沈、淮海、平津三大战役历时142天，共歼灭国民党军154万余人，国民党赖以维持其反动统治的主要军事力量基本上被摧毁。

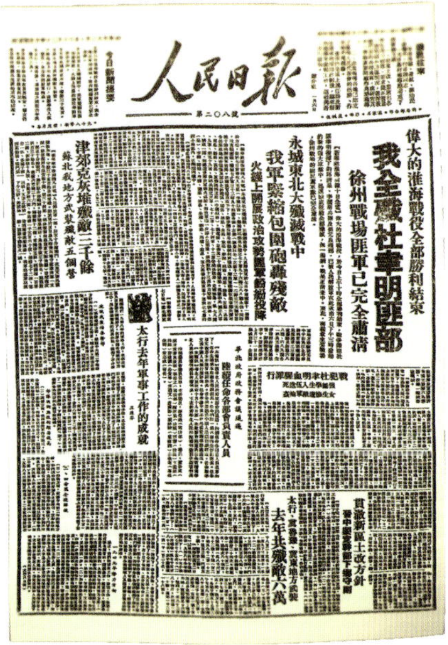
人民日報
偉大的淮海戰役全部勝利結束
我全殲杜聿明匪部
徐州戰場匪軍已完全肅清
永城東北大殲滅戰中 我軍緊縮包圍痛殲殘敵
太行去年軍事工作的成績
去年共殲敵六萬

《人民日报》上关于淮海战役的喜讯，珍藏于中国国家图书馆

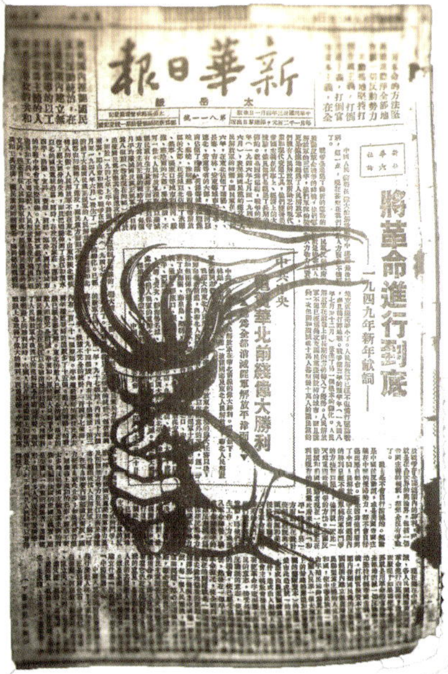
新華日報
將革命進行到底
一九四九年新年獻詞

《将革命进行到底》，刊登于1949年1月1日的《新华日报》，珍藏于中国国家图书馆

面对战场上的军事失败，国民党统治集团企图利用和平谈判的手段，达到“划江而治”的目的，以便争取喘息时间，保存残余的反革命势力，然后伺机卷土重来。

为此，1948年12月30日，毛泽东为新华社写了题为《将革命进行到底》的新年献词。在新年献词中，毛泽东明确指出，必须“用革命的方法，坚决彻底干净全部地消灭一切反动势力”，“在全国范围内推翻国民党的反动统治，在全国范围内建立无产阶级领导的以工农联盟为主体的人民民主专政的共和国”，“把伟大的人民解放战争进行到底”。

蒋介石政府已处在全民的包围中

在今天的江苏省档案馆，保存着一批解放战争期间的珍贵档案资料。其中，一份绘制于1948年的国民党沿江两岸兵力态势图，详细描绘了当时国民党在长

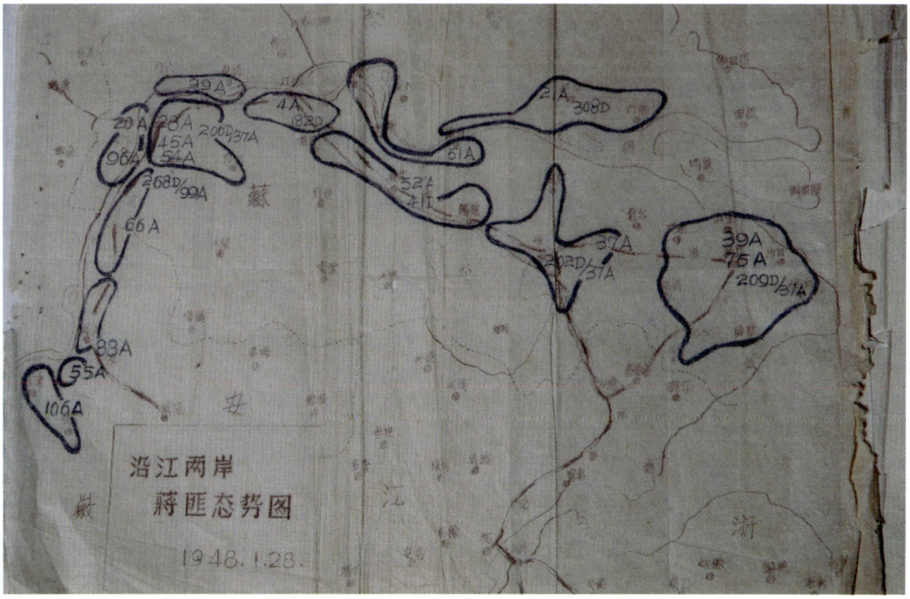

《沿江两岸蒋匪态势图》，珍藏于江苏省档案馆

江两岸的兵力分布情况，也将国民党负隅顽抗的企图揭露无遗。

江苏省档案馆副研究馆员刘鸿浩介绍道：“这幅图是华中工委江南工委全宗（档案集）的，是解放以后由南京市军管会移交给江苏省档案馆的。因为早在1948年的时候，我们就开始对国民党长江沿线的一些城市、军队和一些重要的国民党军队所驻扎的地点等方方面面的情况进行收集，所以说有这样的一张江防图，就相当于我们长了一双眼睛一样，对敌情可以做到了如指掌。”

虽然这份珍贵档案的确切来源已经很难考证，但可以确认的是，它是中国共产党领导下的广大人民群众为接管大中城市开展准备工作而留下的调查资料，也充分体现了人民群众对在中国共产党的领导下获得解放充满信心。

随着人民解放军的不断胜利，国民党反动统治的经济危机和政治危机也愈来愈严重。国民党为维持其统治，加强了对人民运动的镇压。

1947年5月20日，南京、上海、苏州5000余名学生走上南京街头，举行“挽救教育危机联合大游行”，高呼“反饥饿”“反内战”等口号，遭到反动当局镇压。同一天，北平7000余名学生也举行了“反饥饿、反内战”示威大游行。这就是五二〇运动。学生运动的高涨，促进了整个人民运动的高涨。

1947年，全国20多个大中城市中先后有300多万工人罢工。在农村，广大农民反抗抓丁、征粮和征税。

以学生为先锋的爱国民主运动同国民党政府之间的斗争，逐步形成配合人民解放战争的第二条战线。

人民解放军的军事斗争和国民党统治区的人民运动相互结合，推动着中国革命走向新高潮。正如毛泽东在1947年5月30日写的评论《蒋介石政府已处在全民的包围中》所指出的：“中国境内已有了两条战线。蒋介石进犯军和人民解放军的战争，这是第一条战线。现在又出现了第二条战线，这就是伟大的正义的学生运动和蒋介石反动政府之间的尖锐斗争。”“中国事变的发展，比人们预料的要快些。一方面是人民解放军的胜利，一方面是蒋管区人民斗争的前进，其速度都是很快的。为了建立一个和平的、民主的、独立的新中国，中国人民应当迅速地准备一切必要的条件。”

民主革命运动的堡垒——麦伦中学

上海继光高级中学，一所有着123年历史的老校。它的前身是麦伦中学，曾被誉为民主革命运动的堡垒，见证了中国共产党在国民党统治区第二条战线的建立。

上海继光高级中学

“亲爱的同学们，我今年90岁了。76年前我是麦伦中学的学生。”

说话的这位老人叫陈一心，90岁高龄。1947年时，他是麦伦中学党支部书记，也是国民党统治区第二条战线上的骨干，现在他重回母校给学生们讲述了当年的那段青春往事。

陈一心

他说："我担任支部书记的时候，有一位区委委员定期来跟我研究指导工作。我们每一个礼拜见一次面，跟他汇报工作，他就传达党中央上级的指示。"

1947年，身为麦伦中学学生自治会干部的陈一心负责在学生中间发展积极分子，同时向各阶层民众宣传党的思想。在中共上海地下党的领导下，上海第二条战线快速聚集了众多民众。上海市档案馆馆藏的重要档案《上海概况》，就是上海第二条战线取得的重要成果。

《上海概况》汇编于1949年上海解放前夕，书中详细记载了上海的城市、经济、文化、教育等各领域的概况，甚至连监狱的面积、职员名字等都清晰在册，像百科全书一样，当时上海的一切重要信息都汇总于此。这些信息获取的背后，是上海第二条战线中广大人民群众的巨大付出与牺牲。

原中共中央党史研究室研究员李蓉说："我们的地下工作者在解放军还没有进城之前，他们就要去把各方面敌人的各方面情况都摸清楚，了解清楚，然后写成报告，提供给我们的解放军作为参考，解放军在进城之前就知己知彼了，完全把这个敌人的情况掌握得一清二楚。"

《上海概况》，珍藏于上海市档案馆

国民党反动派为打击上海第二条战线中的学生骨干，以京沪杭警备总司令汤恩伯为首，大肆捕杀上海、浙江等区域学生中的共产党员和进步分子。

上海市档案馆保存的一份《淞沪警备司令部的逮捕档案册》中，我们看到："查此次逮捕各校匪嫌学生于四月二十六日，依据提名而分别执行计逮捕人数为三百五十六人……"这就是当时震惊全国的"四二六"大逮捕。

然而，就在国民党反动派大规模镇压之下，作为人民解放军入城的手册——《上海概况》中的很多信息都涉及国民党机密消息。学生以及其他各阶层群众又是如何获取的呢?

陈一心带领记者来到了中共上海地下组织斗争史陈列馆，当年，这里是中共上海地下党组织所在地，上海第二条战线上的领导人曾在这里办公。

20年后，陈一心再次见到了当年的老战友，当年大家一起舍生忘死收集信息的往事，瞬间涌上了他们的心头。

1949年上海解放前夕，上海第二条战线上的学生、工人、群众统一被调动起来。陈一心接到上级通知，指派他们负责提篮桥这个区域的信息搜索。他将任务分配给学校自治部的党员、积极分子。许福阂就参加了当年信息的搜集。

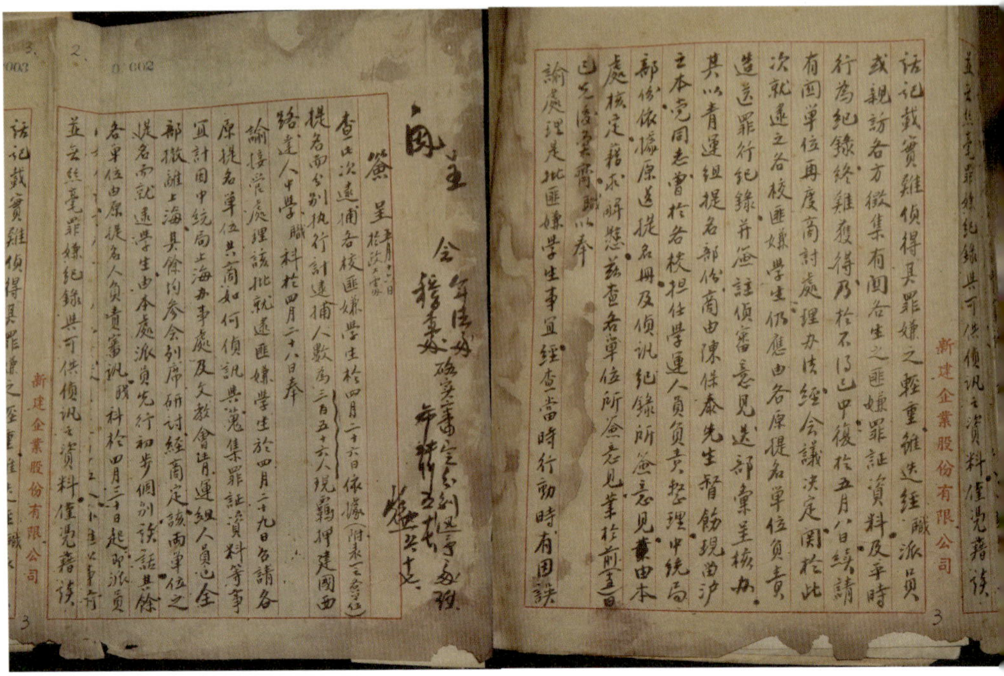

《淞沪警备司令部的逮捕档案册》，收藏于上海市档案馆

许福阂回忆道："早上我们四个人，那个时候也没有正常上课了，四个人就出去了，沿路走，说说笑笑看一看都记下来，看不清楚再走一圈，再看一看。每天回来就向一心汇报，一心就在一个大纸上把它画出来、标出来。"

陈一心接着说："就是每一个区、每一条街道，学校、工厂、商店、仓库，国民党的警察局、监狱要一个一个地按照门牌号画出来。"

当时麦伦中学学生执行任务的分配单被陈一心收藏至今。上面清晰地要求接到分配单的同学，要按照单子上的任务去执行。

例如，有的分配单会写："同学，请您在今明两天内完成下面三件工作，并将工作结果在5月13日12时以前交给您的小队长，再转交总部。"

通过小小的单子，我们可以感知到当年他们工作的细致与隐蔽。

为了让我们感受当年学生工作的艰难，陈一心老人将我们带到当年长阳路上的提篮桥监狱。

麦伦中学学生自治会合影

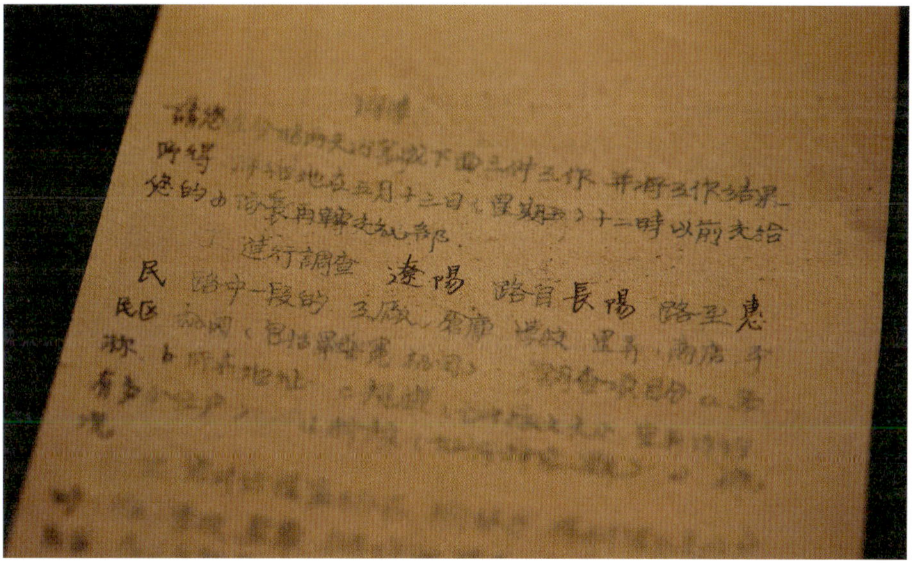

十二時以前交給

遼陽 路自 長陽 路至

麦伦中学学生执行任务的分配单

陈一心回忆道："这里的规模非常大，它是一个很严密的钢筋水泥的地方。你看它的仓门都是铁的，而且四周都是电网，这个进不去。"

提篮桥监狱，被誉为"远东第一监狱"。当年这里戒备森严，要想获取详细的军警分布、人员的信息，难度可想而知。

陈一心说："我们从对面过来，分批看这里的国民党军队的轮换，隐蔽在碉堡里的有多少国民党的士兵和机枪，要从外面来看。"

提篮桥监狱

关于提篮桥区域的调查结果，只占长达664页的《上海概况》中的短短3页。他们的故事也只是解放前夕上海第二条战线上发生的无数故事中的一个。

最终，上海的学生、群众、工人等搜集、调查的信息，经中共上海地下党统一汇总后，转送中共中央华东局社会部，整理汇编成了这本《上海概况》，送往驻扎在丹阳的解放军部队，为解放军接管上海提供了很多重要信息。

中国革命的胜利，正是不断取民心大势的胜利。毛泽东曾说："一切问题的关键在政治，一切政治的关键在民众。"这是一个根本问题、原则问题、决定一切的问题，毛泽东的这一思想必将在新的伟大斗争中继续引领方向！

档 | 案 | 揭 | 秘

中共中央、中央军委关于开展生产运动的指示

（一九四〇年二月十日）

各级军事、政治首长，各级政治部主任：

关于开展生产运动的指示：

甲、斗争已进入更艰苦阶段，财政经济问题的解决，必须提到政治的高度，望军政首长，各级政治机关努力领导今年部队中的生产运动。开辟财源，克服困难，争取战争的胜利。

乙、军委直属机关及后方留守部队，去年一年的生产成绩平均解决了二个月粮食，一套夏衣，全部冬季鞋袜。给养大大改善，大部能维持菜蔬肉食，商业利润除总合作社外，全部约在十二万元以上。使机关部队学校在物质艰难状况下，解决了可能和必须解决的困难，弥补了公费的短绌。

丙、现当阳春开始，应就这一经验在前线部队中广泛开展起来。依不同环境，不同部门，不同劳动条件，规定生产方向和生产方法，其方法如下：

（一）在比较巩固地区，一般可按延安的经验，同时进行农业、商业、手工业生产，普遍发展喂猪种菜等事业，达到改善生活，克服困难，节省公费之目的。

（二）在不巩固的地区，可经由地方党政府与当地群众订约，组

织军民生产协作，由军队酌量抽派人力牲畜，帮助农民耕作，由农民供给驻军以一定比例的粮食马料。

（三）行止无定的部队，应利用战斗间隙，普遍无代价的在自己地区之内，帮助农民春耕及各种农作劳动，进一步与群众打成一片，以便用另一种方式取得农民对军队自愿与踊跃输助。

（四）但部队经营商业必须取慎重态度，要有统一的组织与管理，规定营业范围，红利支配，严密监督，不可放任，否则可能促成政治上的蜕化，干部的腐化，资本主义影响的生长，危险性很大。

（五）生产运动要有广泛深入的政治动员，与政治任务紧密联结，提高劳动热忱与政治积极性，要有合理的组织工作与实际从事指导的生产委员会，监督管理这一运动的进行。

（六）提出一面战斗（非战斗机关是一面工作）、一面生产、一面学习的口号，三者合一，我们就能战胜一切。

丁、如能依照上述各项坚决努力，我们相信一定会有成绩的。共产党领导的军队不怕任何困难，我们将以自力更生的精神，战胜物质困难，完成党的军事、政治任务。

中央、军委

二月十日

（根据中共中央党校出版社一九九一年出版的《中共中央文件选集》第十二册刊印）

中共中央关于开展苏浙皖地区工作给华中局的指示

（一九四四年九月二十七日）

华中局：

敌寇目前已进占衢县、丽水、温州等地，其目的在控制浙江海岸线以预防盟军登陆。我军为了准备反攻，造成配合盟军条件，对苏浙皖地区工作应有新发展的部署，特别是浙江工作应视为主要发展方向，建议作如下部署：

一、浙东挺进纵队派一个得力部队约两个团到天台山，去发展天台、黄岩、临海、乐清等地工作，沿公路沿海岸进行游击，创造游击区，背靠四明山，用推进方法，沿敌伪区进军，解决顽方地方武装，造成将来大部歼灭顽部的条件。

二、向天台山脉进军后，依据可能程度，由浙东派一个精干连（或营）配一部分干部，由刘亨云、张文碧等率领，携带电台、相机挺进至平阳山区与龙跃汇合，造成该区的扩张形势。龙跃地区的中心任务是沿温州及浙闽交界的海岸线力求蔓延式的发展，海岸线愈长愈好。

三、苏南部队除巩固现有地区外，中心工作应放在太湖西南岸，沿京杭国道伸入天目山，造成过钱塘江与浙东打通的战略形势。浙东区党委，应加强金华、义乌、衢县、桐庐、富春等地的敌伪区的游击工作，以迎接苏南部队的南进。

四、估计到苏南地区现有兵力不敷分配，且必需加强干部，建议派叶飞、朱克靖等同志率两个主力团，由华中局抽调苏南、浙江一批干部，随同渡江，汇合十六旅，共同担任南进任务。

五、建议恢复六师师部，以叶飞任师长。苏南区党委名单及六师军政人选，请考虑提出交中央核准，将来六师师部可设在天目山。

六、中央正准备派一部干部到苏浙皖等地工作，要明春才能动身。目前为了发展苏浙皖工作，故派遣叶飞等先往，部队抽调转移，交替的妥善办法，请与苏南、苏中商定电告。

中　央

申　感

（根据中共中央党校出版社一九九二年出版的《中共中央文件选集》第十四册刊印）

蒋介石政府已处在全民的包围中 *

（一九四七年五月三十日）

毛泽东

和全民为敌的蒋介石政府，现在已经发现它自己处在全民的包围中。无论是在军事战线上，或者是在政治战线上，蒋介石政府都打了败仗，都已被它所宣布为敌人的力量所包围，并且想不出逃脱的方法。

蒋介石卖国集团及其主人美国帝国主义者，错误地估计了形势。他们曾经过高地估计了自己的力量，过低地估计了人民的力量。他们把第二次世界大战以后的中国和世界，看成和过去一样，不许改变任何事物的样式，不许任何人违背他们的意志。在日本投降以后，他们决定要使中国回复到过去的旧秩序。经过政治协商和军事调处等项欺骗办法赢得时间之后，蒋介石卖国政府就调动了二百万军队实行了全面的进攻。

中国境内已有了两条战线。蒋介石进犯军和人民解放军的战争，这是第一条战线。现在又出现了第二条战线，这就是伟大的正义的学生运动和蒋介石反动政府之间的尖锐斗争。学生运动的口号是要饭

* 这是毛泽东为新华社写的评论。

吃，要和平，要自由，亦即反饥饿，反内战，反迫害。蒋介石颁布了《维持社会秩序临时办法》。蒋介石的军警宪特同学生群众之间，到处发生冲突。蒋介石用逮捕、监禁、殴打、屠杀等项暴力行为对付赤手空拳的学生，学生运动因而日益扩大。一切社会同情都在学生方面，蒋介石及其走狗完全陷于孤立，蒋介石的狰狞面貌暴露无遗。学生运动是整个人民运动的一部分。学生运动的高涨，不可避免地要促进整个人民运动的高涨。过去五四运动时期和一二九运动时期的历史经验，已经表明了这一点。

由于美国帝国主义及其走狗蒋介石代替了日本帝国主义及其走狗汪精卫的地位，采取了变中国为美国殖民地的政策、发动内战的政策和加强法西斯独裁统治的政策，他们就宣布他们自己和全国人民为敌，他们就将全国各阶层人民放在饥饿和死亡的界线上，因而就迫使全国各阶层人民团结起来，同蒋介石反动政府作你死我活的斗争，并使这个斗争迅速发展下去。全国人民除此以外，再无出路。被蒋介石政府各项反动政策所压迫、处于团结自救地位的中国各阶层人民，包括了工人、农民、城市小资产阶级、民族资产阶级、开明绅士、其他爱国分子、少数民族和海外华侨在内。这是一个极其广泛的全民族的统一战线。

蒋介石政府所长期施行的极端反动的财政经济政策，现在被空前的卖国条约即中美商约所加强了。在中美商约的基础上，美国的独占资本和蒋介石的官僚买办资本紧紧地结合在一起，控制着全国的经济生活。其结果，就是极端的通货膨胀，空前的物价高涨，民族工商业日益破产，劳动群众和公教人员的生活日益恶化。这种情形，迫使各阶层人民不得不团结起来为救死而斗争。

军事镇压和政治欺骗，是蒋介石维持自己反动统治的两个主要工具，现在人们已经看到这些工具的迅速破产。

蒋介石的军队，无论在哪个战场，都打了败仗。从去年七月到现在共计十一个月中，仅就其正规军来说，即已被歼灭约九十个旅。不但去年占长春、占承德、占张家口、占菏泽、占淮阴、占安东时候的那种神气，现在没有了，就是今年占临沂、占延安时候的那种神气，现在也没有了。蒋介石、陈诚曾经错误地估计了人民解放军的力量和人民解放军的作战方法，以为退却就是胆怯，放弃若干城市就是失败，妄想在三个月或六个月内解决关内问题，然后再解决东北问题。但在十个月之后，蒋介石全部进犯军已经深入绝境，被解放区人民和人民解放军所重重包围，想要逃脱，已很困难。

蒋介石军队在前线打败仗的消息传到后方的日益增多，被蒋介石反动政府压迫得喘不过气来的广大人民群众，就日益感觉自己的出头翻身有了希望。恰在这时，蒋介石的一切政治欺骗，由于蒋介石的迅速扮演而迅速破产。一切出于反动派意料之外。什么召开国民大会制定宪法呀，什么改组一党政府为多党政府呀，其目的原是为着孤立中共和其他民主力量；结果却是相反，被孤立的不是中共，也不是任何民主力量，而是反动派自己。从此以后，中国人民从自己的经验中，知道什么是蒋介石的国民大会，什么是蒋介石的宪法，什么是蒋介石的多党政府。在这以前，中国人民中的许多人，主要地是中间阶层的分子，对于蒋介石的这些手法是多少存了幻想的。对于蒋介石的所谓和谈也是这样。在几次庄严的停战协定被蒋介石撕毁得干干净净之后，在用刺刀向着要和平反内战的学生群众之后，除了存心欺骗的人们或者政治上毫无经验的人们之外，什么人也不会相信蒋介石的所谓和谈了。

一切事变都证明我们估计的正确。我们曾经不断地向人们指出，蒋介石政府不是别的，仅仅是一个卖国内战独裁的政府。这个政府欲以内战的手段，削平中共和一切民主力量，达到变中国为美国殖民地和维持自己独裁统治的目的。这个政府因为采取了这些反动政策，它就在政治上变得毫无威信，毫无力量。蒋介石政府的强大只是暂时的，表面的，它实际上是一个外强中干的政府。它的进攻是能够打败的，不论是在什么地方和在什么战线上。它的前途必然是众叛亲离，全军覆灭。一切事变，都已经证明并且将继续证明这些估计的正确性。

中国事变的发展，比人们预料的要快些。一方面是人民解放军的胜利，一方面是蒋管区人民斗争的前进，其速度都是很快的。为了建立一个和平的、民主的、独立的新中国，中国人民应当迅速地准备一切必要的条件。

（根据人民出版社一九九一年出版的《毛泽东选集》第四卷刊印）

在众多革命纪念馆中，珍藏着中国共产党人留下的一封封家书。字里行间所饱含的万千情感，忠诚、无悔、坚韧、无我，穿越历史空间，直击人们的内心。

这些家书见证了中国共产党人在黑暗迷雾中对于光明的执着；见证了中国共产党人为中国人民谋幸福、为中华民族谋复兴的初心与使命；见证了中国共产党人坚持真理、坚持理想，践行初心、担当使命，不怕牺牲、英勇斗争，对党忠诚、不负人民的崇高精神。

第五章

字里行间

赵云霄的绝笔信

这是92年前赵云霄在狱中给襁褓中的女儿写下的绝笔，讲述的是一个共产党员的选择。它已经成为一个红色经典，被众多节目所传颂。

央视《信 中国》中的片段，朗读者胡可深情演绎赵云霄绝笔信中的内容："启明，我的小宝贝：启明是我们在牢中生你的时候为你起的名字。小宝宝！你是民国十八年正月初二日生的，但你的母亲在你才有一月有（又）十几天的时候，便与你永别了。"

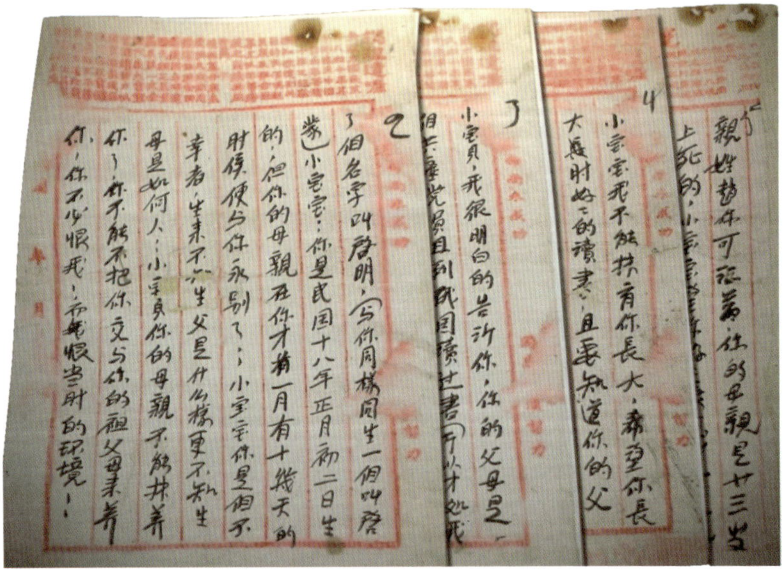
4
小宝宝，我不能扶育你長大，希望你長
大長时好好的讀書，且要知道你的父

丁
小宝貝，我很明白的告訴你，你的父母是一

乙
了一個名字叫啓明。（与你同樣同生一個叫啓
蒙）小宝宝，你是民國十八年正月初二日生
的，但你的母親在你才有一月有十幾天的
时候，便与你永别了。小宝宝，你是個不
幸者，生来不知生父是什么樣，更不知生
母是如何人。小宝貝，你的母親不能抚养
你了，你不能不把你交与你的祖父母来养
你，你不必恨我，而要恨当时的环境！

赵云霄的绝笔信复制件，原件珍藏于中国人民革命军事博物馆

胡可说："非常心疼的感觉，因为为人母，谁都知道那种感觉是什么样子，但是我觉得第二个带给我的感受，可能更是崇敬。我觉得真的很难做到，但是她做到了。"

1929年3月24日，赵云霄接到了死刑判决书。这个23岁的柔弱女子就要和自己一个多月大的孩子永世分离了，而她的丈夫陈觉已经在4个月前英勇就义。

胡可接受采访时说："其实，我觉得，她非常希望她的孩子能够记住她，也非常希望她的孩子能去理解她。我觉得这对一个妈妈非常重要，不管因为什么样的一个理由，可能对于孩子来讲，妈妈的离开，都是非常不能够被接受的。"

在绝笔信中赵云霄对女儿说："小宝宝，你是个不幸者，生来不知道生父是什么样子，更不知生母是如何人？小宝宝！我很明白地告诉你，你的父母是共产党员，且到俄国读过书。小宝贝，你的父母你是再不能看到。"

赵云霄的侄女赵宗宴对绝笔信的内容感同身受："几十年来，我就一直在脑海里头翻滚的画面，她在牢中，在写这封信的时候，这个小宝宝只有43天。所以我就在想她这样一个温柔的女人，她对这个小宝宝该是怀着多少怜爱和万般的不舍。"

1927年，蒋介石、汪精卫先后发动四一二、七一五反革命政变，许多共产党员和革命群众惨遭杀害。优秀共产党员汪寿华、陈延年、赵世炎等，都是在这场浩劫中英勇就义。

中国第二历史档案馆收藏的《清党・剿匪・戡乱》中，记录着蒋介石在那一时期的多次训令："消灭赤匪与完成革命""国家兴亡决于剿匪""剿匪成效如何为国家生死存亡的关键"。这是中国共产党面临的至暗时刻。

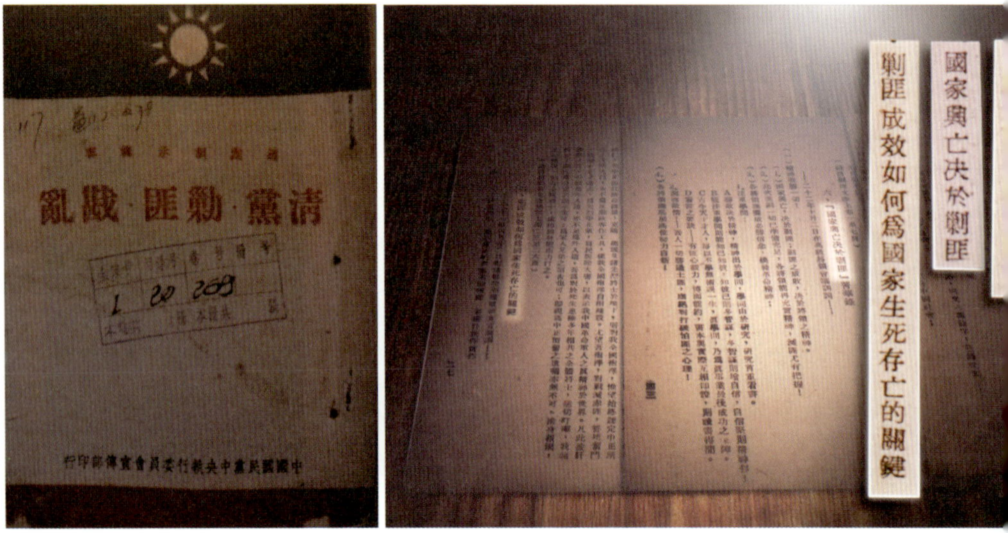

《清党·剿匪·戡乱》，收藏于中国第二历史档案馆

赵云霄于1925年加入中国共产党，同年被派往莫斯科中山大学学习。在校期间与陈觉相识，并结为革命伴侣。

1927年9月，他们从苏联结束学业回到祖国。在《醴陵市志》中记载了他们指挥农民暴动、成立游击队、开办兵工厂，直面白色恐怖，在沉沉黑暗中发出星星之光。

“小宝宝！我不能抚育你长大，希望你长大时好好地读书，且要知道你的父母是怎样死的。我的启明，我的宝宝！当我死的时候，你还在牢中，你是不幸者……”看着《信 中国》节目中，胡可声情并茂地朗读赵云霄的绝笔信，陈觉、赵云霄的继子陈树勋眼含热泪地说：“作为一个母亲，知道自己一个多月的孩子，就要跟她离开，有几个不是心如刀绞。按理说，看过一次、哭过一次了，发泄了，下次就不会流泪了，每次看到这个信，还是泪流满面。”

1928年，赵云霄和丈夫陈觉不幸先后被捕，此时赵云霄已经怀上了小启明。初为人母的赵云霄把对孩子及新生活的万般不舍，投入到有限的文字中。在遗书中，“小宝宝”3个字多达14处，字字血泪。

当时夫妻二人曾经有继续存活下去的机会，只要签下悔过书就可以重获自由，抚育女儿长大成人。

在中国第二历史档案馆中，收有1928年国民党政府颁布的《共产党员自首法》，里面详细规定了对于“变节者”的各种减刑和优待措施：“行状善良，后悔有据者，应准保释！”国民党反动派妄图以此瓦解共产党员的信仰和共产党组织。

但在忠诚与背叛面前，赵云霄与陈觉选择了忠诚。

陈树勋说：“声明都写好了，就让他俩签名，签完名就可以走了，就可以回来。谁无父母，谁无妻儿，但是他抛弃了小家，为了大家，这就是我们现在所说的共产党人初心吧。”

在革命处于极度低潮时期，很多人对革命前途感到悲观失望，此时哪怕是作为权宜之计的签字，至少可以保全个人的生命。然而，这是任何一个忠诚于党的事业的革命志士所无法接受的。

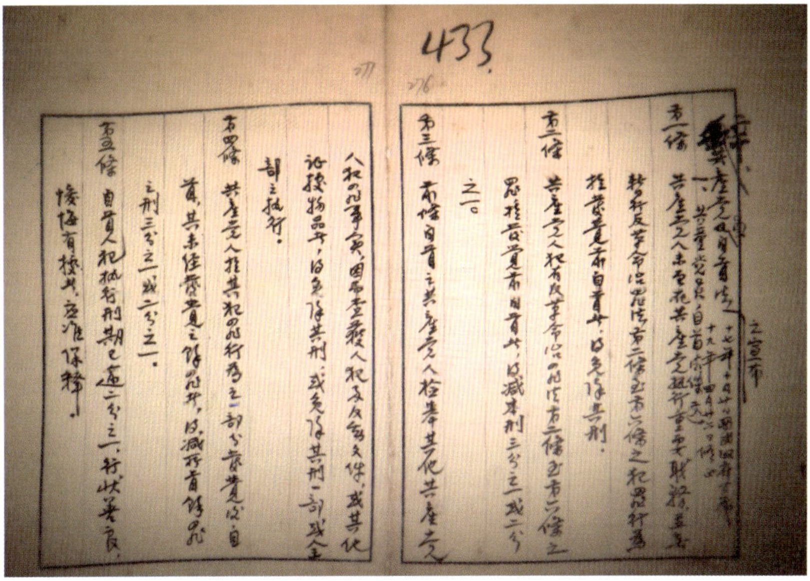
433
共产党人自首法
第一条 共产党之人未曾充共产党组织重要职务且未犯暂行反革命治罪法第二条至第六条之犯罪行为，经党员介绍自首者，得免除其刑。
第二条 共产党之人犯有反革命治罪法第二条至第六条之罪，经党员介绍自首者，得减本刑三分之二或二分之一。
第三条 前条自首之共产党人检举其他共产党之人犯罪事实，因而查获人犯及重要文件，或其他证据物品者，得免除其刑，或免除其刑一部或全部之执行。
第四条 共产党人将其犯罪行为之一部分向党员自首，其未经发觉之余罪，得减本刑三分之二或二分之一。
第五条 自首人犯执行刑期已逾二分之一，行状善良，后悔有据者，应准保释。

《共产党员自首法》，收藏于中国第二历史档案馆

中央档案馆中保存着1928年中共湖南省醴陵县委的一份报告，讲述了当时国民党政府对共产党员的残暴手段，如“钉两掌悬于壁上，以火烘背”。他们中很多人虽然没有留下姓名，但却为后世诠释了选择忠诚信仰的最高境界。

“小宝宝，望你好好长大成人，且好好读书，才不负你父母的期望。可怜的小宝贝，我的小宝宝。”

赵云霄、陈觉夫妇

1929年3月26日，赵云霄就义。但女儿小启明并没有像她希望的那样长大成人，因体弱多病在11个月时夭折了。于是长辈们将陈觉的侄儿过继到了夫妻二人的名下，起名陈树勋。

何谓对党忠诚，正如陈觉就义之前写给赵云霄的信中所言：“云！谁无父母，谁无儿女，谁无情人！我们正是为了救助全中国人民的父母和妻儿，所以牺牲了自己的一切。”

关押过赵云霄、陈觉的长沙陆军监狱署，如今变成了一座幼儿园。孩子们的一张张灿烂笑脸，可能是对他们最好的告慰。

囊中羞涩的总司令

一份份写于1937年9月到10月间的电文，共同指向了国共第二次合作初期，朱德率领八路军将士完成的名动天下的平型关战斗和雁门关战斗等，打破了所谓的日军不可战胜的神话。

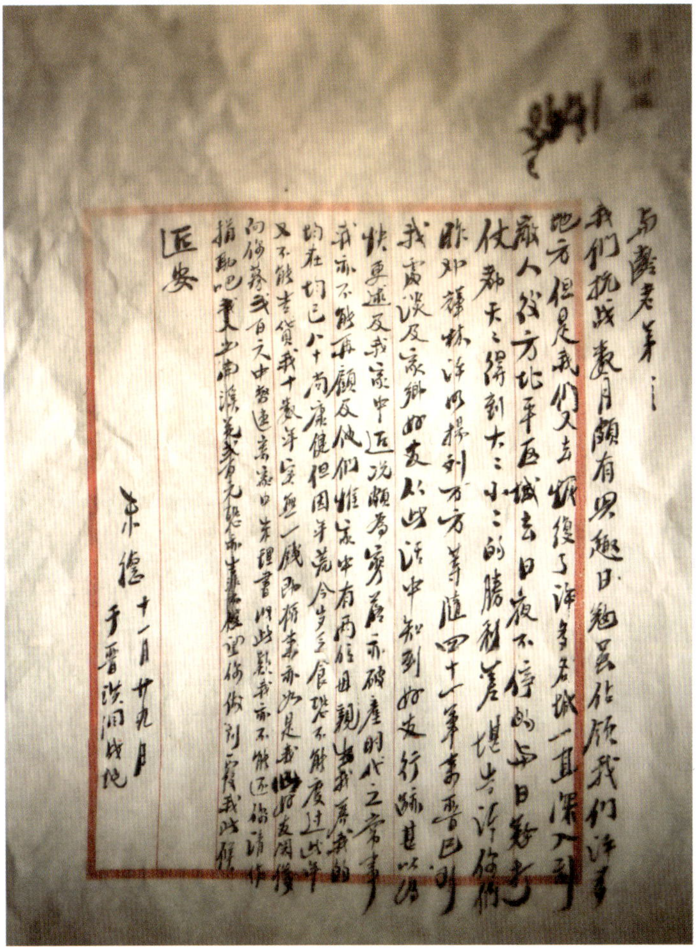

雨农老弟：

我们抗战数月，颇有兴趣，日寇虽占领我们许多地方，但是我们又去收复了许多县城，一直深入到敌人后方北平区域去，日夜不停的与日寇打仗，都天天得到大小小的胜利，虽苦堪告慰你们。昨邓锡侯、[illegible]将军随四十一军来晋已到，我当谈及家乡好友，于此话中知到好友行踪，甚以为快。要述及我家中近况，颇为穷苦，亦破产时代之常事，我亦不能再顾及他们。惟家中有两位母亲，生我养我的均在，均已八十，尚康健，但因年荒，今岁之食粮不能度过此年，又不能告贷。我十数年实无一钱，即将来亦如是。我以好友关系，向你募贰百元，中swift速寄家中朱理书收。此款我亦不能还你，请作捐助吧。[illegible]望你做到，我此候

近安

朱德　十一月廿九日

于晋洪洞战地

朱德借款信，珍藏于八路军太行纪念馆

在朱德笑容的背后，人们很难察觉到他内心隐隐的焦虑，这种焦虑来自他的家乡四川仪陇县。

太行山八路军纪念馆保存着朱德于1937年11月29日写给好友戴与龄的一封借款信，让人们感受到了他当时的焦虑心情："惟家中有两位母亲，生我养我的均在，均已八十，尚康健，但因年荒，今岁乏食，恐不能度过此年，又不能告贷。"

当时朱德的家乡究竟发生了什么，让他如此焦虑呢？

四川省仪陇县档案馆馆长龚勇说："这是我们仪陇县的县志，里面记载了1936年到1937年仪陇连遭两年特大旱灾，因灾死亡及迁徙者8万余人。可见仪陇当时旱灾特别严重。"

大灾之年，家乡年逾80的生母和养母让朱德牵挂万分，于是他向自己年少时的好友戴与龄求助。

"我十数年实无一钱，即将来亦如是。我以好友关系向你募二百元中币，速寄家中朱理书收。"

此时身为八路军总司令的朱德竟然身无分文，需要写信向好友借钱救济母亲。

山西省武乡县砖壁村八路军总部旧址

这里是朱德在八路军总部居住过的房间。狭小的农家土屋，简陋的土炕，他和老百姓生活在一起，与普通战士一起工作。

80多年前，作为八路军儿童团团长的肖江河经常在这玩耍，对那段岁月依然记忆犹新。据他回忆："当年我经常来这个院子里耍，（朱德）总司令穿的是粗布灰军装，上面还补着补丁。"

在太行山八路军纪念馆，可以看到大量珍贵档案，忠实地记录了当时与日寇奋勇作战的八路军在生活上处于非常艰难的境地。

八路军太行纪念馆讲解员陈静给参观者介绍红军当年用过的行军锅："红军出征时用过的行军锅锅底补了17个补丁。当时很多战士为了保护这口锅都献出了自己宝贵的生命，所以说这口锅可以说见证了八路军多年抗战的艰难历程。"

而在参加革命之前，朱德在昆明的生活却是另外一番模样。1917年护国战争之后，朱德在滇军中任少将旅长，后来又担任云南陆军宪兵司令部司令官。

朱德在昆明的旧居近400平方米，家具陈设精致高雅，花园庭院设计别致。

衣食无忧，高官厚禄，不必借住百姓土炕，不必借钱救母，朱德本可以这样生活。但是他选择了离开荣华与显贵，选择了完全不同的人生，清贫却高尚。

朱德之孙朱和平告诉记者："这不是一封简单的借款信，而是反映了我们共产党人的信仰和精神追求的一封信。这封信说明了我们共产党是什么样的人。"

依靠戴与龄的资助，朱德的生母和养母得以渡过难关，此时距离他们母子上次相见已经过去了将近16年。直到1944年生母离世，朱德也未能与她见上一面。

朱德在生母去世后撰写了一篇文章，刊登在1944年4月5日的《解放日报》上，今天已经被收入语文课本。

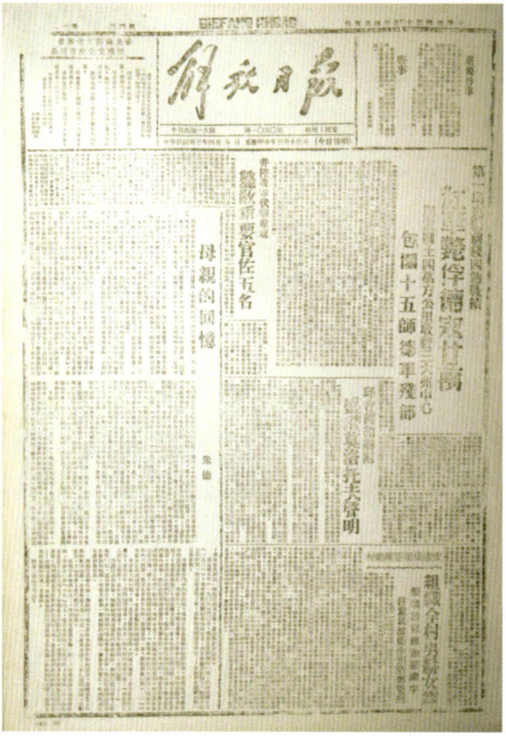
解放日報

母親的回憶

朱德

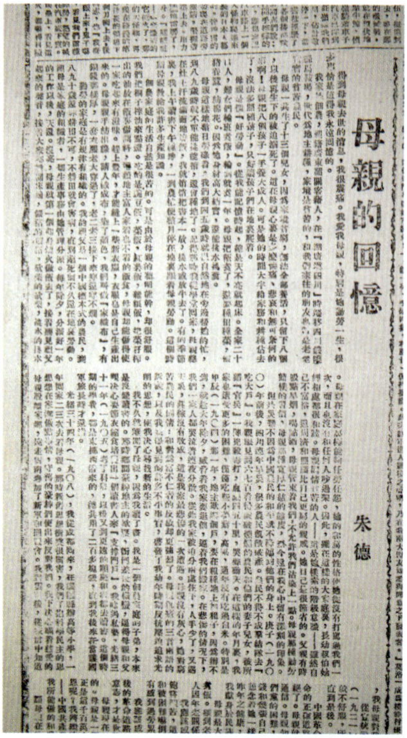
母親的回憶

朱德

《母亲的回忆》

如今，学生们可以饱含深情地诵读《母亲的回忆》：

“我用什么方法来报答母亲的深恩呢？我将继续尽忠于我们的民族和人民，尽忠于我们的民族和人民的希望——中国共产党。”

朱和平说：“他说他最大的遗憾是没有为老母亲尽孝。那么在忠和孝之间，他选择了忠于国家；在小家与大家之间，他选择了国家，选择了人民，选择了民族。”

中国共产党从1921年建立初期的50余人，经过百年的艰难历程，发展到今天9500多万党员，创造了世界历史上的一个奇迹。这其中的密码之一，就是一代代共产党人初心和使命的薪火相传。

是遗言，更是暗语密信

一份建设红色空军的计划草稿、一封暗语遗书、一道逮捕令，这三件极为珍贵的档案，既是中国空军启航的见证，也是共产党人精神传承的缩影。

1940年蒋介石给甘肃省政府签发了一道逮捕令：“新疆方面有十余辆汽车，装载纸张与人员赴延安……如果到兰，应一律扣留，等待中央命令，不得放行。”短短几十个字，足以看出这批人员和物资的重要。

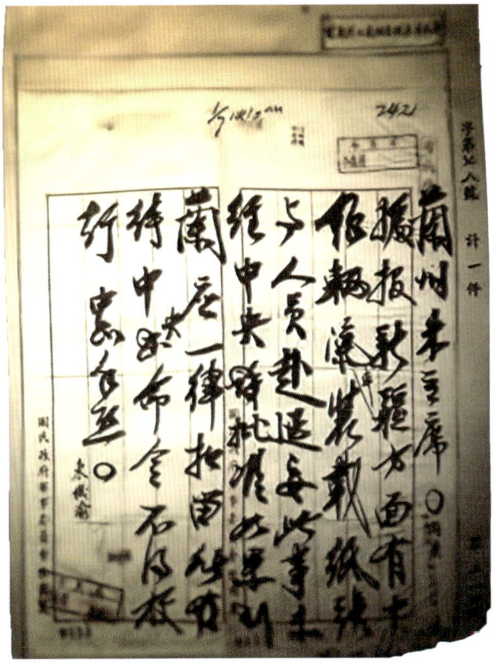

《蒋委员长致朱绍良七月东电》，收藏于台北档案机构

蒋介石下令逮捕的人员，是新疆八路军办事处航空训练班的教员和学员。日后这些人里走出了中华人民共和国的4位空军司令、3位航校校长、一位民航局局长。蒋介石针对他们的逮捕令，就是意图将中国共产党创建空军的希望彻

底扼杀。

为了纪念新疆航空训练班的贡献，东北老航校的后代们正在设计一面雕塑墙。中国人民解放军空军指挥学院研究员常砢向记者介绍说："中间的这个以郑德为主，他是总理专门从新四军派到新疆去的。"

郑德1932年毕业于广东航空学校，作为飞行员参加了淞沪抗战，1935年加入中国共产党。

1938年，郑德被派往八路军驻新疆办事处航空训练班，并担任班长。他与王弼、常砢的父亲常乾坤在这里编译出了共产党的第一批航校教材，为中国空军育鹰筑巢。

在中央档案馆中，保存着时任八路军驻新疆办事处负责人陈潭秋，以徐杰的化名发给中共中央书记处的一封电报，阐述了航空训练班所肩负的责任："航空队同志是我们准备将来空军的第一批干部，他们的责任非常重大。"

常砢说："郑德当班长，当时党组织是有安排的。因为在我们党内懂俄（英）语、能够飞行的，可能也就郑德一位同志。"

空军新疆航空队纪念馆雕塑

1940年夏，因为蒋介石签发的这封逮捕令，郑德在前往延安的路途中不幸被捕。59年后，他在狱中写给妻子的遗书才被人们所发现。

曾任中国人民解放军总装备部科技委员会主任徐小岩接受采访时说：“当时应该讲我很激动，心里也觉得很震撼。因为原来有些内容知道，但是一直就没有看它的原貌，非常震撼。”

这是一封极为特殊的遗书，全部用暗语写成。为保护家人和同志们的安全，郑德在信中将妻子称呼为文哥。

“文哥，我落病已八月，能否出院尚难意料，但我总算应命来了！我很想念着你。”

常砢说：“他是以一种暗语的方式写出来，坐牢不能写坐牢，说我住院了，然后说我这病可能出不了院了等等，来表示他可能会牺牲。”

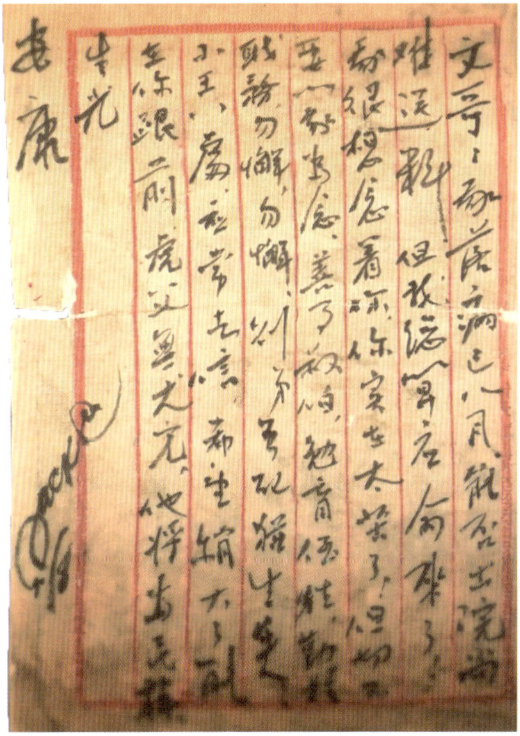

郑德的暗语信

经党组织的营救，被国民党反动派逮捕的大部分成员得以脱险，顺利到达延安。

在中国航空博物馆里，保存着一份建设中国红色空军计划的草稿，这是郑德的战友常乾坤和王弼绕过封锁线前往延安的途中起草的。这份计划为人民空军的创建绘制了蓝图：“空军的建设亦具有重大意义，首先要培养出大批航空干部。”

这也是郑德的心愿，在遗书中他仍然用暗语做了表达：“勤于职务，勿懈勿懈！则弟虽死犹生矣！”

徐小岩解释道：“用了两个‘勿懈’加以重复，这是对他的妻子，也是对所有革命同志的一种要求。特别是最后他提到了，则弟虽死犹生矣。”

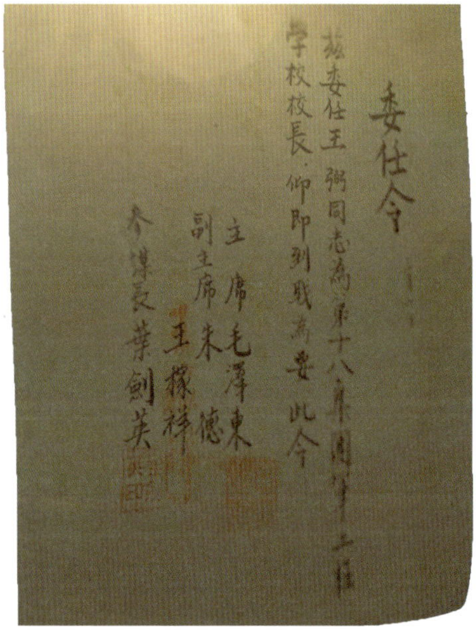
委任令

茲委任王弼同志為第十八集團軍工程學校校長·仰即到職為要 此令

主席 毛澤東

副主席 朱德 王稼祥

參謀長 葉劍英

《中央军委任命第十八集团军工程学校校长委任令》，珍藏于中国航空博物馆

这是保存于中国航空博物馆的一份珍贵档案，1941年3月2日由中央军委发布：“兹委任王弼同志为第十八集团军工程学校校长。”它标志着中国共产党的红色航校——第十八集团军工程学校在延安安塞成立。

同年8月，郑德在狱中被国民党反动派残忍杀害。

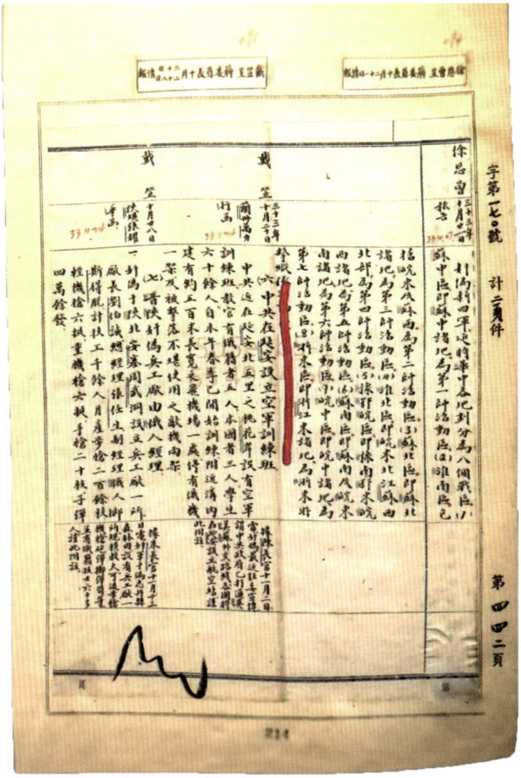

《戴笠呈蒋委员长情报》，收藏于台北档案机构

这是1944年戴笠给蒋介石的一封情报：“中共在延安设立空军训练班……教官有俄籍者五人，本国者三人，学生六十余人，自本年春季已开始训练……建有约五百米长宽之飞机场一处，停有俄机一架。”

1946年3月1日，东北民主联军航空学校建立，它的创业者们有一半是原先与郑德在新疆航空训练班学习的学员。这是郑德的愿望，正如他信中所愿：忠诚于党，世代相传。

曾任沈阳军区空军后勤部参谋长的徐怀堂告诉记者：“现在的空军到达这个水平，到达这个先进的高度，是从我们过去流血牺牲、艰苦奋斗得来的。”

曾任中国人民解放军海军东海舰队航空兵司令员的王天保动情地唱道：“没有共产党，就没有新中国，没有共产党就没有新中国。”

穿越硝烟的浪漫家书

在中国人民大学内有一个家书博物馆，收藏着5万封家书。其中有一封家书让馆长张丁印象深刻。这封家书是70多年前解放军战士宋云亮写给爱人胡玉华的情书，穿越硝烟保留至今。

中国人民大学家书博物馆馆长张丁向记者介绍："它不仅记载了个人的感情、家庭的琐事，而且记载了历史的大事件，像平津战役、北平和平解放。"

宋云亮，14岁前往延安投入抗日战争，16岁进入抗大（中国人民抗日军事政治大学）学习并加入中国共产党，曾参加过百团大战、平津战役和抗美援朝战争。这封信写于1949年刚刚和平解放的北平。

信中说："玉花，我们从保定出发……本来想赶去参加新保安战斗的，但我们刚到平绥路上，新保安就解放了；后来想去参加打张家口，还没有出发，张家口又解放了。"

宋云亮与胡玉华的合照

信中短短的几十个字，讲述了平津战役中重要的两个战斗。在中央档案馆保存的一封封4A级密电中，我们看到了整个战斗的全部过程。新保安战斗持续两天，全歼国民党第35军，拉开了平津战役的序幕。随后的张家口战斗用时两天，歼敌5.4万人，切断了傅作义军团西线的退路，为最终和平解放北平打下了重要的基础。

中央档案馆保存着一份新华社通稿（《收复张家口　全歼逃敌》），经过毛泽东的亲笔修改，由此可见，张家口战斗的胜利对于平津战役的重要意义。

宋云亮的爱人本名胡玉华，但在他的信中一般昵称为“玉花”“花”。胡玉华老人如今生活在西安，已经90岁高龄。

胡玉华回忆起丈夫，动情地说：“在华北走遍了这个战场，一个战役下来（他）给我写封信，光报告胜利，好着呢，战争顺利得很，怕我担心。”

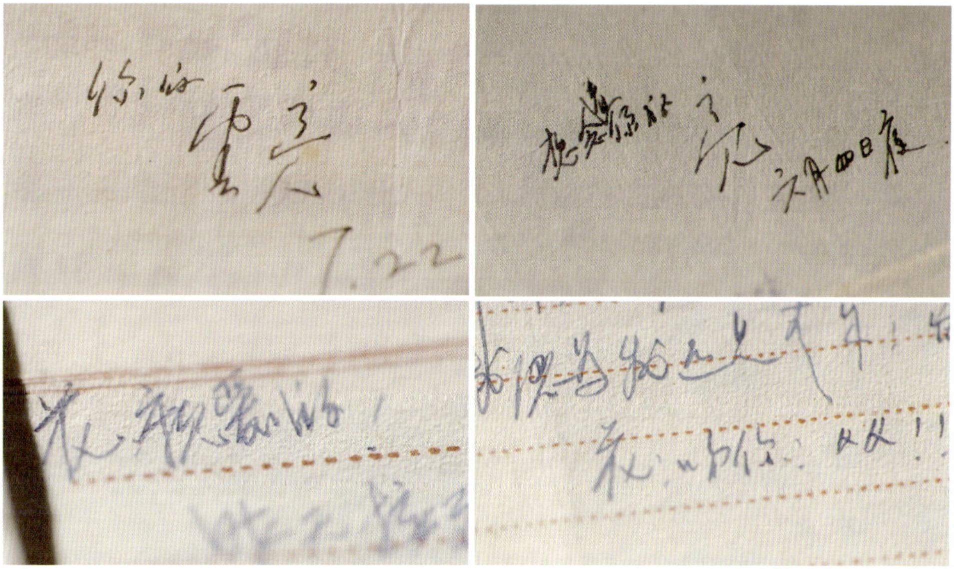

宋云亮的家书

因为这封家书，张丁在2005年与胡玉华老人相识，已经有十几年没有见过面了。

张丁说："下了好多次决心，想去见见胡阿姨，可是不知不觉胡阿姨已经90高龄了。哎呀，真是岁月不饶人啊。"

胡玉华老人保存着爱人宋云亮的50多封写于前线的家信，从解放战争直到抗美援朝。每隔一段时间，她就和女儿们把这些信件在阳光下晾晒一下。这是他们在战火中寄托思念的见证。

宋云亮的长女宋维薇回忆道："我们眼里（父亲）是很严厉的一个人，生活当中他还有很温柔的、很浪漫的（一面）啊。"

宋云亮的三女儿宋萱萱说："用的那些称呼呀，还有一些信里的一些词语啊，就是挺意外的，怎么我爸爸还是这样子的一个人。"

宋云亮写给爱人的这封信包含了丰富的内容，他用生动的笔墨给胡玉华描述了刚刚和平解放的北平。

"北平可真热闹，街上有电车，有稠密的行人，有很多的商店。来往的汽车，真比驮粮的小毛驴还多哩！……听说明天让去参观故宫，就是金銮殿，北海公园、中南海、万寿山等，明天晚上还可能看戏。"

1949年2月2日的新华社新闻稿，印证了宋云亮的经历："中国共产党中央委员会电贺解放平津的伟大胜利。电称：林彪、罗荣桓、聂荣臻、薄一波诸同志及东北人民解放军、华北人民解放军全体同志们：庆祝你们解放北平、天津，从而在基本上解放了全华北的伟大胜利。"

张丁说："真是感觉内心的一种自豪，感觉理想实现了，这种感觉，我觉得他代表了很多中国人的心声。"张丁时隔十几年再次拜访胡玉华老人，老人跟张丁说："所有的他的来信，我都做了保留，怀念他的时候就打开看一遍，自己把门一关，在屋里统统地看一遍。"

宋云亮写给胡玉华的50多封信告诉人们，在这些年中他们能够相聚的时间非常短暂，在枪林弹雨中只能以家信作为情感寄托。

常常重温宋云亮家书的胡玉华老人饱含深情地说："这个人值得怀念，走了40多年，我依然怀念他，依然怀念。"

这一封封家书，是中国共产党人对于理想的一种选择，选择奉献，而这种奉献精神始终不曾改变。每当国家和人民处于危难之际，他们总是置个人和家庭于不顾，义无反顾地站在最前沿，以对党的忠诚诠释了奉献的最高境界。

李卡的遗书

清明节前夕，一位老人在一座残破的民居前久久徘徊。这里是她父亲李卡曾经生活过的地方。

李卡之女李水田告诉记者："我都没有见过他，我是1946年出生，他1949年9月就牺牲了，我都不认识。"

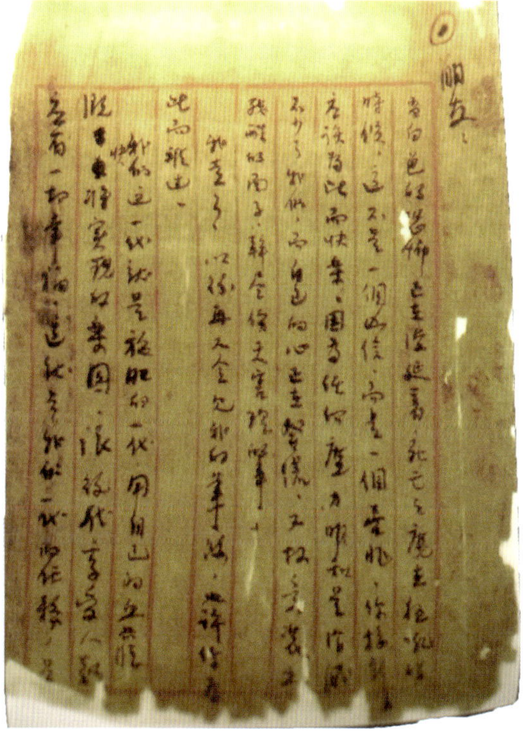

李卡的遗书，珍藏于广东南路革命纪念馆

在李卡的家乡，一部音乐剧《我在黑暗中等待黎明》，即将进入排练阶段，音乐剧讲述的就是李卡的故事。

李卡是谁？为什么至今仍被人们所怀念？

中共广东韶关市委党史研究室主任科员邵文来为我们解惑：“我们在档案馆找到了李卡的记录。他是曲南武工队长，这可能是我们第一次在档案上看到他的名字和相关的职务。”

李卡是一名普通共产党员，而他之所以让人们怀念，是这封牺牲前留下的遗书：“朋友……我走了，以后再不会见我的笔迹，也许你为此而难过。”

音乐剧《我在黑暗中等待黎明》导演陈娜娜深有感触地说：“当时看完之后，我还记得我当时的感受，就是我鸡皮（疙瘩）都起来了，因为他的这种依依不舍、毫不犹豫、不回头。”

从李卡旧居的残砖片瓦，依然可以感受到这是一个书香世家。他中学毕业后因为追求进步，被党组织安排到香港达德学院继续学习。完成学业后李卡选择弃笔从戎，于1947年5月加入北江第一支队，在深山密林之中与国民党军队展开了游击战。

他的遗书被镌刻在广东省翁源县革命烈士纪念碑上，至今仍然感动着人们。

“我们这一代就是施肥的一代，用自己的血灌溉快将实现的乐园，让后代享受人类应有一切幸福，这就是我们一代的任务。”

在音乐剧《我在黑暗中等待黎明》中扮演李卡的演员王喆告诉记者：“我觉得他会把死亡写得很美，这种审美我觉得是非常非常有冲击力的，谁也不会把生命的逝去跟美结合在一块。”

1947年7月，中国人民解放军拉开了战略进攻的序幕。蒋介石为了加强在广东的统治，提出了“肃清平原、围困山区”的“清剿”计划，以消灭华南人民武装。李卡正是在这个艰难的时刻，投入到了反“清剿”的游击战中。

当年北江第一支队的老战士们，依然对那段岁月记忆犹新。

广东省翁源县革命烈士纪念碑碑文

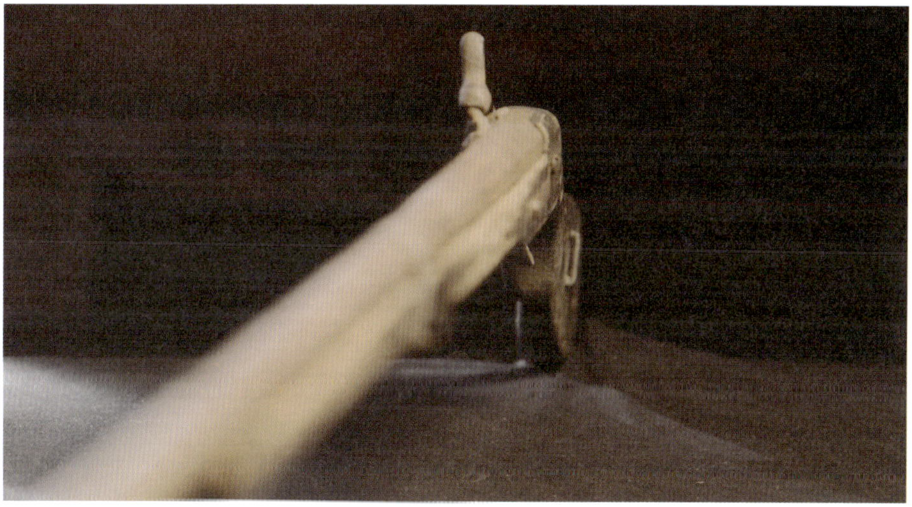

北江第一支队使用过的土枪

原北江第一支队战士现年（2021年）88岁的江华回忆道：“生活条件是很艰苦的，经常吃不上饭的，在山里面被国民党包围，有时甚至一两天吃不上饭。”

原北江第一支队三团战士现年（2021年）90岁的许生接着说：“那些时候，

我就拿一支很老的套筒的枪，有6发子弹。”

原北江第一支队三团战士现年（2021年）88岁的刘新权说：“很艰苦啊，有时一个晚上走三四十公里。总之你就要走，不走的话敌人发觉，就要集中兵力来‘追剿’你。”

1949年1月14日，李卡在国民党的“清剿”中不幸被捕，被关押在韶关芙蓉监狱。

当李卡预感到生命即将结束时，便写下了这封致战友的遗书：“几多英雄勇士为此而流血，抛出自己的头颅，我不过是大海中一滴水、平原的一株草，大海无干旱之日，烈火亦无烧尽野草之时。”

陈娜娜导演说：“他对死亡的理解确实是升华了，我不怕死，我死了还有更多的中国人会站出来。”

中央档案馆保存着1949年7月16日由毛泽东亲笔书写的一封中央军委指示，关于解决广东残敌的问题：“广东只有残破不全之敌军四万余人，而我则有超过四万人之游击部队，只需要两个军加上曾生两个小师，即够解决广东问题。”从这几句话，就足以体现出华南人民武装力量的蓬勃发展，这就是李卡遗书中所说的野草的力量。

1949年8月25日，李卡在狱中给战友留下了这最后的绝笔：“我走了，太阳我带不走，你跟着它呀，永远地跟着它呀！天一亮，你就会看见太阳微笑。”

1949年9月4日，年仅27岁的李卡就义；10月1日，中华人民共和国成立；10月7日，李卡战斗过的韶关市解放，人们看到了太阳的微笑。

李水田说：“肯定欣慰啦，并不单见到我，见到我们中国的伟大，见到中国人民有这样的生活。”

从1921年到1949年，为人民解放、民族独立而牺牲的共产党员和革命志士共有两千万人，李卡是其中的一个缩影，用生命书写了对党忠诚的誓言。

他们生于乱世，却没有被乱世裹挟，而是在混沌迷雾中选择光明，在民族危难中选择出生入死，在革命低潮之时选择忠贞不屈，用鲜血铸就了中华人民共和国。

中国共产党的百年历史，是一部不懈奋斗史、思想探索史、自身建设史。这一百年是矢志践行初心使命的一百年，是筚路蓝缕奠基立业的一百年，是创造辉煌开辟未来的一百年。

这一件件档案资料，见证着中国共产党人的初心与使命、勇气与智慧、责任与担当，过去、现在、未来，都不会改变。

后　记

向年轻一代讲好党史故事 *

任　超

在2021年国庆期间，中央广播电视总台隆重推出了重点纪录片《红色密档》，为党的百年诞辰诚挚献礼。该片共5集，每集50分钟，以一系列极具代表意义的相关档案为切入点，聚焦于大的时代背景下档案背后的真实故事。节目通过寻访者、亲历者、见证者、知情者的视角，运用悬念叙事的手段，拨开层层迷雾，还原了一段段伟大岁月和传奇故事，系统展示了从中国共产党建党到中华人民共和国成立这28年的光辉历程，以档案实证探求中国共产党的精神品格和胜利密码。

一、从档案切入，触摸历史脉搏

在《红色密档》制作过程中，我们团队的足迹遍及全国各地20多个省、市、自治区的50余处档案馆、纪念馆以及红色地标，对数千份档案资料进行了收集拍摄、深入挖掘和比照分析。

这些档案资料，不仅包括中国共产党历次重要会议的决议、发言稿、电报，还包括书信、日记、报刊、录音、影像等众多品类。片中所呈现的诸多机密档案，都清晰记录了书写者的细腻笔触。

从中央档案馆保存的一封封密电中，我们还能看到很多著名战役的全部过程。毛泽东修改的新华社新闻稿《收复张家口　全歼逃敌》印证了张家口战斗的胜利，也可以看出这场战斗的胜利对于平津战役的重要意义。在这场战斗中，

* 发表于《人民日报》（海外版），2021年11月15日第07版，有删改。

用时两天歼敌5.4万人，切断了傅作义军团西线的退路，为最终和平解放北平打下了重要的基础。

这些档案是中国共产党历史的真实记录，也是中国共产党人精神的物质载体。

二、以小视角展现大时代，探索宏大叙事的微观表达

在启动之初,《红色密档》制作团队就有一个强烈的愿望，那就是要向年轻一代讲好党史故事，让党史题材也能够“潮”起来。为了这个愿望，我们决定打破理论文献类纪录片惯有的模式，运用悬念叙事的手段开展多个时空维度的叙事。

在《红色密档》中，通过档案研究者、亲历者来到档案所记录的事件现场，或通过档案中的线索寻找档案记录中的人物、故事等方式，构建起了该片的现实纪录维度。这个维度不仅提供了鲜活的现实人物故事，大大扩展了故事性，也对档案本身的价值提供了现实注脚。

比如为挖掘上海解放前夕中共地下党组织提供给解放军的《上海概况》的背后故事，摄制组重点采访了对该档案资料形成作出过重要贡献的三位老人，重走了当年他们收集档案资料的路线，逐步勾勒出当年上海“第二条战线”上的进步青年们艰辛危险但又英勇无畏的工作图景。这种现实纪录的呈现，让档案的故事变得愈加鲜活。

再比如，片中通过一份在延安革命纪念馆陈列的挑战书，展开了对挑战书作者高兰英的一系列寻找过程。虽然最终并没有找到高兰英的后人，但在寻找过程中，伴随着受访者们的回忆片段，延安大生产运动的点滴细节逐步呈现，使主题更加清晰明朗，让观众充分感受到了挑战书背后的那个火热的时代。

依托这些维度，纪录片《红色密档》在努力呈现层次鲜明的理论框架的同时，也贯穿了有血有肉的故事细节，宏观的家国历史与微观的个体命运交融，尘封的档案与现实的故事交织。

三、首播收官，融合传播效果显著

《红色密档》在央视播出的同时，在各大主流媒体与新媒体平台上获得大量

曝光，我们欣喜地看到这样一部重大题材纪录片受到了众多网友，特别是年轻人的欢迎。

微博平台相关话题累计阅读量超过2.4亿。其中，微博话题#纪录片红色密档#话题阅读量超过1.2亿；微博话题#现存最早的写有入党誓词的文物#登上微博江西同城热搜榜第2位，阅读量达1.1亿。

微信平台方面，“CCTV纪录”微信公众号发布的《50多封穿越战火的家书，从解放战争写到抗美援朝……》《央视剧评｜〈红色密档〉：从密档里走出来的革命叙事与历史对话》阅读量都达到了10万+。

网友们评价：“可谓亲眼见证了毛主席是如何写出无数巨作的，正是：到人民群众中去！”“喜欢这样意义非凡的纪录片，能够让更多的年轻人去了解历史，与革命前辈隔空对话。”“红色文化所承载的红色精神也必将继续激励一代又一代中华儿女为理想和信仰拼搏奋斗。”“一封封家书，是他们在小家与大家之间的选择，也是他们在战火中寄托思念的见证！”

这是广大观众对中国共产党百年奋斗史的深切共鸣。百年党史，与人民同心、与时代同频。《红色密档》从档案资料中走近革命先辈，将观众带入那个动荡不安却又热血沸腾的时代，与历史对话，体会中国共产党人一以贯之的初心和使命。

正如习近平总书记所说：“唯有不忘初心，方可告慰历史、告慰先辈，方可赢得民心、赢得时代，方可善作善成、一往无前。”

图书在版编目（CIP）数据

红色密档/《红色密档》主创团队著.—北京：中国国际广播出版社，2022.6

ISBN 978-7-5078-4926-4

Ⅰ.①红…　Ⅱ.①红…　Ⅲ.①中国共产党—党史　Ⅳ.①D23

中国版本图书馆CIP数据核字（2021）第108170号

红色密档

著　　者	《红色密档》主创团队
出 版 人	张宇清　田利平
策　　划	李　卉　张娟平
责任编辑	筷学婧
校　　对	张　娜
设　　计	王广福　姜馨蕾　张　泽
出版发行	中国国际广播出版社有限公司［010-89508207（传真）］
社　　址	北京市丰台区榴乡路88号石榴中心2号楼1701 邮编：100079
印　　刷	北京汇瑞嘉合文化发展有限公司
开　　本	710×1000　1/16
字　　数	240千字
印　　张	18
版　　次	2023 年 2 月　北京第一版
印　　次	2023 年 2 月　第一次印刷
定　　价	89.00 元